D1877478

तुलनात्मक अध्ययन

भारतीय भाषाएं और साहित्य

तुलनात्मक अध्ययन

भारतीय भाषाएँ और साहित्य

सम्पादक

भ. ह. राजूरकर

राजमल बोरा

वाणी प्रकाशन

प्रकाशन के उत्कृष्टतम 62 वर्ष

सजिल्द प्रथम संस्करण : 1992
सजिल्द द्वितीय संस्करण : 2008
सजिल्द तृतीय संस्करण : 2015
सजिल्द चतुर्थ संस्करण : 2025

vaniprakashan.com

वाणी प्रकाशन

4695, 21-ए, दरियागंज, नयी दिल्ली-110 002

फ़ोन : + 91 11 23273167, 23275710

शाखाएँ

अशोक राजपथ, पटना-800 004, बिहार

कॉफ़ी हाउस कैम्पस, महात्मा गांधी मार्ग, प्रयागराज-211 001, उत्तर प्रदेश

महात्मा गांधी अन्तरराष्ट्रीय हिन्दी विश्वविद्यालय, वर्धा-442 001, महाराष्ट्र

sales@vaniprakashan.in
vaniprakashan@gmail.com

Tulnatmak Adhyayan : Bhartiya Bhashayen Aur Sahitya
Edited by B.H. Rajoorkar, Rajmal Bora

ISBN : 978-81-7055-238-3
Criticism

© सम्पादकगण

मूल्य : ₹ 395

इस पुस्तक के किसी भी अंश का किसी भी माध्यम में उपयोग करने के लिए प्रकाशक से लिखित अनुमति लेना अनिवार्य है।

जी.एस. ऑफ़सेट, दिल्ली-110 095 में मुद्रित

वाणी प्रकाशन का लोगो मक़बूल फ़िदा हुसैन की कूची से

सम्पादकीय

16, 17, 18 मार्च को हिन्दी विभाग में 'तुलनात्मक अध्ययन संगोष्ठी' का आयोजन हुआ। उक्त आयोजन विभाग एवं महाराष्ट्र राज्य हिन्दी साहित्य अकादमी के तत्वावधान में हुआ। इसमें जो आलेख-पाठ हुए उनको सम्पादित कर प्रकाशन की योजना बनी। तदनुसार इस पुस्तक से पहले एक ऐसी ही पुस्तक 'तुलनात्मक अध्ययन : स्वरूप और समस्याएं' छप चुकी है। उसी क्रम में यह दूसरी पुस्तक है।

प्रस्तुत पुस्तक का विषय प्रधान रूप से 'भारतीय भाषाएं और साहित्य' है। 'विषय प्रवेश' के अन्तर्गत पुस्तक के विषय को स्पष्ट किया गया है। व्यावहारिक रूप में 'तुलनात्मक अध्ययन' से सम्बन्धित जिन आलेखों का पठन हुआ, उन्हें इस पुस्तक में स्थान दिया गया है।

पुस्तक को तीन खण्डों में विभाजित किया गया है—(1) हिन्दी-मराठी, (2) हिन्दी तथा अन्य भाषाएं तथा (3) अन्य विषय।

महाराष्ट्र की भाषा मराठी और महाराष्ट्र के पड़ोस की गुजराती, तेलुगु तथा कन्नड़ भाषाओं के तुलनात्मक अध्ययन से सम्बन्धित लेख पुस्तक में संकलित हैं। हिन्दी तथा उर्दू—दोनों ही भाषाएं महाराष्ट्र, विशेष रूप से मराठवाड़ा, में आंचलिक बोलियों के रूप में भी प्रचलित रही हैं। दोनों का मिला-जुला नाम दक्खिनी रहा है। भारतीय स्वतन्त्रता आन्दोलन में हिन्दी तथा उर्दू दोनों भाषाओं का ऐतिहासिक योगदान रहा है। इस विषय पर विशेष लेख पुस्तक में दिये गये हैं।

तुलनात्मक अध्ययन से सम्बन्धित शोधकार्य महाराष्ट्र और पड़ोस के प्रदेशों के विश्वविद्यालयों में ही नहीं, अपितु सारे देश में अब होने लगे हैं। ऐसे कार्यों के सर्वेक्षण से सम्बन्धित दो लेख पुस्तक में हैं—(1) हिन्दी-मराठी तुलनात्मक अध्ययन : शोध-सर्वेक्षण और (2) हिन्दी-तेलुगु तुलनात्मक अध्ययन : शोध-सर्वेक्षण। अपनी सीमाओं में ये दोनों ही लेख इन विषयों पर कार्य करने वालों का दिशा-निर्देश करेंगे।

तुलनात्मक अध्ययन विषय को मात्र भाषा और साहित्य तक सीमित मानना उचित नहीं है। इसके अन्तर्गत ज्ञान-विज्ञान की अन्य शाखाएं भी सम्मिलित हो सकती हैं। इसीलिए जब हमारे विभाग में 'तुलनात्मक अध्ययन संगोष्ठी' का आयोजन हुआ तो उसमें साहित्येतर विषयों के विद्वान भी सम्मिलित हुए और उन्होंने संगोष्ठी के लिए लेख भी लिखे। ऐसे दो आलेख इस पुस्तक के तीसरे खण्ड में हैं। एक, अर्थशास्त्र से सम्बन्धित है और दूसरा, समाज-विज्ञान से सम्बन्धित है। दोनों आलेखों का हिन्दी अनुवाद किया गया है।

पुस्तक को विषयानुरूप उचित आकार प्रदान करने में सभी लेखकों ने महत्व-पूर्ण कार्य किया है। उनके सहयोग के बिना यह पुस्तक कैसे तैयार हो सकती थी? संगोष्ठी में लेखकों ने न केवल अपने आलेखों का वाचन किया, अपितु बाद में पुस्तक में प्रकाशन हेतु उन्हें ठीक भी किया है। शोध-सर्वेक्षण वाले लेख तो विशेष रूप से लिखवाए गए हैं और अन्य विषयों से सम्बन्धित दोनों लेखों के अनुवाद करवाए गए हैं। हम इन सबके हृदय से आभारी हैं।

महाराष्ट्र राज्य हिन्दी साहित्य अकादमी ने विभाग को सामयिक सहयोग दिया है, जिसके कारण न केवल संगोष्ठी का आयोजन सम्भव हुआ, अपितु पुस्तकों को उचित आकार भी दिया गया। और अन्त में हम प्रकाशक-बन्धु श्री अरुण महेश्वरी का भी आभार व्यक्त करते हैं जिनके कारण यह पुस्तक पाठकों तक पहुंच रही है।

भ० ह० राजूरकर
राजमल बोरा

अनुक्रम

द्वितीय खण्ड : हिन्दी एवं अन्य भाषाएं

तृतीय खण्ड : अन्य विषय

विषय प्रवेश

भारतीय भाषाएं और साहित्य

डॉ० भ० ह० राजूरकर

भारतवर्ष बहुभाषी देश है। गुजराती, मराठी, कन्नड़, मलयालम, तमिल, तेलुगु, उड़िया, बंगला, असमी, कश्मीरी, पंजाबी, सिन्धी, हिन्दी तथा उर्दू भारतवर्ष की प्रधान आधुनिक भाषाएं हैं। ऐतिहासिक रूप में ये सभी भाषाएं प्रधानतः संस्कृत, प्राकृत, पाली, अपभ्रंश भाषाओं से जुड़ी हुई हैं। भारतवर्ष के स्वतंत्र हो जाने के बाद ही भारतवर्ष की आधुनिक भाषाओं का सम्मान बढ़ा है और उनके विकास की ओर ध्यान दिया गया है। आज प्रायः सभी आधुनिक भाषाएं अपने-अपने प्रदेशों में विकसित हो रही हैं। उन्हें शिक्षा का माध्यम बनाया गया है। माध्यम के रूप में विश्वविद्यालय स्तर तो अभी सब भाषाओं को प्राप्त नहीं हुआ है, किन्तु विद्यालय तथा महाविद्यालय स्तर तक तो उन्हें माध्यम बनाया गया है। सभी अपनी-अपनी भाषा में शिक्षा प्राप्त कर सकें, ऐसी सुविधा पहले की अपेक्षा अधिक उपलब्ध है। परिणाम यह हुआ है कि ये सब भाषाएं पहले की अपेक्षा अधिक व्यवहार में हैं और इनका तुलनात्मक अध्ययन करना सुलभ हो गया है।

हिन्दी में आरम्भ में केवल बंगला या मराठी भाषा की साहित्यिक रचनाओं के अनुवाद होते रहे हैं, किन्तु आज तो भारतवर्ष की कोई भी ऐसी भाषा नहीं है जिनके अनुवाद हिन्दी में न होते हों। अनुवादों के माध्यम से एक भाषा के साहित्य का परिचय दूसरी भाषा जानने वालों को होने लगा है। भारतवर्ष की प्रायः सभी आधुनिक भाषाओं की उत्कृष्ट साहित्यिक कृतियों को साहित्य अकादमी की ओर से प्रतिवर्ष पुरस्कार दिए जा रहे हैं और ऐसी पुरस्कृत रचनाओं के हिन्दी अनुवाद प्रकाशित हो रहे हैं। दिल्ली से छपनेवाली 'प्रकर' पत्रिका प्रतिवर्ष 'पुरस्कृत भारतीय साहित्य' से सम्बन्धित विशेषांक छापने लगी है। इन विशेषांकों में प्रत्येक पुरस्कृत रचना की विस्तृत समीक्षा होती है। 1982 ई० के पुरस्कृत भारतीय साहित्य से सम्बन्धित विशेषांक नवम्बर 1983 ई० छपा और तब से लगातार प्रतिवर्ष ये विशेषांक छप रहे हैं। विशेषांकों की इस परम्परा ने तुलनात्मक अध्ययन के द्वार खोल दिए हैं।

बात केवल पुरस्कृत साहित्य तक की नहीं है। सच तो यह है कि अनेक साहित्यिक कृतियों के अनुवाद भारतीय भाषाओं में हो रहे हैं। अनुवादों के कारण भाषाएं समृद्ध हो रही हैं। किसी रचना का अनुवाद किसी दूसरी भाषा में हो जाता है तो उससे वह रचना अधिक पाठकों तक पहुंचती है। अनुवादों के बल पर रचनाओं का भौगोलिक विस्तार हो जाता है और उक्त भाषा की महत्ता का बोध अन्य क्षेत्र के लोग अनुभव करने लगते हैं। बंगाल के दो लेखक रवीन्द्रनाथ ठाकुर तथा शरतचन्द्र चट्टोपाध्याय अनुवादों के बल पर सारे भारतवर्ष के पाठकों के प्रिय हो गए। उन्हें पढ़कर अन्य लेखकों को अपनी-अपनी भाषा में लिखने की प्रेरणा मिली है। ऐसे और भी लेखक तथा कवि हैं। संस्कृत साहित्य, अंग्रेजी साहित्य तथा अन्य भाषाओं का साहित्य—इसी तरह हिन्दी भाषा में आया है। स्वयं आचार्य रामचंद्र शुक्ल ने आरंभ में अनुवाद का कार्य किया था। उन्होंने अंग्रेजी तथा बंगला की रचनाओं के अनुवाद हिन्दी में किए। अनुवाद करने वाला अपनी भाषा के अतिरिक्त अन्य भाषा की साहित्यिक रचनाएं पढ़ता है और उसे अनुभव होता है कि ये उत्कृष्ट रचनाएं अपनी भाषा में आएं तो भाषा समृद्ध होगी। इस चिन्तन से प्रभावित होकर वह अनुवाद कार्य करता है और इस तरह तुलनात्मक अध्ययन अपने-आप होने लगता है।

भारतीय भाषाओं का आपस में सम्पर्क बढ़ना चाहिए। एतदर्थ ऐसे प्रयत्न हो रहे हैं जिनसे एक भाषा के साहित्य का परिचय दूसरी भाषा में दिया जा सके। लखनऊ में 'भुवनवाणी ट्रस्ट' नामक संस्था है। इसने भारतीय भाषाओं की कुछ प्रसिद्ध श्रेष्ठ कृतियों का हिन्दी अनुवाद, मूल रचनाओं के साथ प्रकाशित किया है। कुछ नाम इस प्रकार हैं—

(1) कृत्तिवास कृत 'रामायण' (बंगला), (2) अेळुत्तच्छनकृत 'महाभारत' (मलयालयम), (3) प्रकाशराम कुर्यगामीकृत 'रामावतारचरित' (कश्मीरी), (4) 'बाइबलसार' (सालोमन के नीतिवचन), (5) श्री 'रुस्वा' कृत 'शरीफ़जाद' (आर्यपुत्र, उर्दू), (6) 'जपुजी तथा सुखमनी साहब' गुरुमुखी मूल पाठ तथा 'गीता' के यशस्वी अनुवादक खा० ब० ख्वाजः दिलमुहम्मद कृत उर्दू पद्यानुवाद (गुरुमुखी), (7) 'सिर्रे अक्बर' (दाराशिकोह कृत ईश, केन, कठ, प्रश्न, मुण्डक, माण्डूक्य, ऐतरेय, तैत्तरीय, श्वेताश्वतर) की फारसी व्याख्या का हिन्दी अनुवाद, (8) 'जादे सफ़र' (इस्लामी हदीस), (9) 'तिरूक्कुरल', नागरी में मूल, हिन्दी गद्य पद्यानुवाद (तमिल), (10) 'श्रीरामविजय', श्रीधर स्वामीकृत सानुवाद (मराठी), (11) भानुभक्तकृत 'रामायण' (नेपाली)

इसके अलावा 'कम्ब रामायण' (तमिल), 'पम्परामायण' (कन्नड़), 'रंगनाथ रामायण' (तेलुगु), 'माधवकंदली रामायण' (असमी), 'मोल्लु रामायण' (तेलुगु), 'गिरधर रामायण' (गुजराती), तुञ्चत अेळुत्तच्छनकृत 'अध्यातम रामायण'

(मलयालम); 'वैदेहीश-विलास', उपेन्द्र मञ्ज (ओड़िआ), 'स्वामी केसलोक' (सिंधी), श्रीधर स्वामीकृत 'श्री हरिविजय' (मराठी), 'श्री गुरु ग्रंथसाहब' (गुरुमुखी), 'गुजश्तः लखनऊ', मो. शरर (उर्दू) 'लल्लद्यद' (कश्मीरी), दाराशिकोहकृत 50 उपनिषदों की फारसी-व्याख्या, पदम भगतकृत 'रुक्मिणीमंगल' (राजस्थानी), 'रियाजुस्सालिहीन' (हदीस), 'जाद सफर' (अरबी), 'रामचरितमानस' तुलसीकृत, संस्कृत पद्यानुवाद तथा बंगला लिपि में लिप्यन्तरण एवं बंगला पद्यानुवाद—आदि का कार्य भी भुवनवाणी ट्रस्ट, लखनऊ द्वारा हो रहा है।

भारतीय भाषाओं में लिप्यन्तरण भी हो जाता है तो रचनाओं की समझ बढ़ती है। भारतीय भाषाओं की अभिजात रचनाओं में सांस्कृतिक साम्य है। इसका प्रधान कारण यह है कि संस्कृत भाषा का भौगोलिक विस्तार आधुनिक भाषाओं के साहित्यिक रूप में विकसित होने से बहुत पूर्व हो गया था और भारतवर्ष की प्रायः प्रत्येक आधुनिक भाषा चाहे वह आर्य परिवार की हो या द्रविड़ परिवार की पारम्परिक रूप में संस्कृत वाङ्मय से सम्बद्ध रही है। संस्कृत भाषा में जो कुछ लिखा गया और लिखा जाता रहा, उस सबकी परम्परा बाद में आधुनिक भाषाओं में चलती रही है। इसीलिए भारतीय भाषाओं के साहित्य में सांस्कृतिक समानता है। भुवनवाणी ट्रस्ट द्वारा प्रकाशित रचनाएं इस तथ्य को उजागर करती हैं।

आर्य और द्रविड़ परिवार की भाषाओं का पारिवारिक विभाजन विदेशी विद्वानों ने किया है। इस विभाजन की ऐतिहासिक मीमांसा की जाए तो निष्कर्ष रूप में हमें दोनों परिवारों को भारतीय परिवार के रूप में मानना होगा। तुलनात्मक अध्ययन ही हमारी मूल धारणाओं को ठीक-ठीक पहचानने में सहायक हो सकता है। ऐसे प्रयास जितने अधिक होंगे राष्ट्र की मूल चेतना उतनी ही उजागर होगी।

डॉ० रामविलास शर्मा ने 'भारतीय साहित्य के इतिहास की समस्याएं' पुस्तक में भारतीय भाषाओं और साहित्य से सम्बन्धित समस्याओं पर ऐतिहासिक आधार पर विचार किया है। पुस्तक दो खण्डों में विभाजित है। प्रथम खण्ड—'बहुजातीय राष्ट्रीयता और साहित्य' है और द्वितीय खण्ड—'साहित्य में देशी भाषाओं की प्रतिष्ठा' है। दोनों ही खण्ड एक प्रकार से भारतीय साहित्य की पहचान करवाते हैं और इसमें भारतवर्ष की सभी आधुनिक भाषाओं को पारिवारिक रूप में अलगाया नहीं गया है। देशी भाषाओं की प्रतिष्ठा में भारतवर्ष की प्रायः आधुनिक भाषाओं को सम्मिलित किया गया है। उनकी कुछ मान्यताएं इस प्रकार हैं :

किसी भी भाषा के साहित्य का निर्माण अन्य भाषाओं के साहित्य से नितान्त अलगाव की अवस्था में नहीं होता। लोग यूरोपियन साहित्य की बात करते

> हैं, भारतीय साहित्य की बात भी करते हैं। यूरुप राष्ट्र नहीं है भारत राष्ट्र है। लोग भारत के राष्ट्रीय स्वाधीनता आन्दोलन की बात करते हैं, यूरुप के स्वाधीनता आन्दोलन की बात नहीं करते, शायद उन्हें ऐसे आन्दोलनों की जरूरत नहीं पड़ी। यूरुप में साझा मंडी है पर यूरुप का कोई राष्ट्रीय अर्थ-तंत्र नहीं है। यूरोपियन साहित्य यूरुप का राष्ट्रीय साहित्य नहीं है। भारतीय साहित्य भारत का राष्ट्रीय साहित्य है।[1]

और भी—

> जो लोग भारत में अनेक जातियों का अस्तित्व नहीं मानते, वे भी यहां अनेक भाषाओं का अस्तित्व मानते हैं। साहित्य में इन भाषाओं की प्रतिष्ठा एक ही समय पर क्यों नहीं हुई? यह प्रश्न करते ही भारत के विभिन्न प्रदेशों में सामाजिक विकास की विषम गति स्पष्ट हो जाएगी। विभिन्न प्रदेशों में सामाजिक विकास की विषम गति वास्तव में यहां की जातियों के सांस्कृतिक विकास की ही विषम गति है। अतः वह बहुजातीय राष्ट्रीयता के विकास की विषम गति भी है। किसी एक भाषा के साहित्य का इतिहास लिखते समय इस समस्या पर विचार करना आवश्यक होगा, भारतीय साहित्य का इतिहास लिखते समय भी।[2]

डॉ० रामविलास शर्मा इस तरह 'भारतीय भाषाओं और भारतीय साहित्य की संकल्पना' को ऐतिहासिक तथ्यों के आधार पर स्पष्ट करते हैं और उनका विचार है कि—

> साहित्य के इतिहास विवेचक बहुजातीय राष्ट्रीयता अथवा साहित्य में देशी भाषाओं की प्रतिष्ठा पर जरा कम विचार करते हैं। उनकी परम्परा के अनुयायी कह सकते हैं, साहित्य के लिए ऐसी समस्याएं हैं ही नहीं, न मूल समस्याएं हैं न गौण समस्याएं हैं। हो सकता है, साहित्य के लिए न हों, पर साहित्य के इतिहास के लिए अवश्य हैं। शाश्वत मूल्यों वाले लोकोत्तर आनन्द देने वाले, विशुद्ध कलात्मक सौन्दर्य वाले साहित्य का कहीं इतिहास होता है? जहां साहित्य का इतिहास है वहां ऐसी समस्याएं भी होंगी। चाहे भारतीय साहित्य का इतिहास लिखा जाये, चाहे हिन्दी साहित्य का, ऐसी समस्याओं पर विचार करना अनिवार्य है।[3]

भारतीय भाषाएं और भारतीय साहित्य की समस्याओं का स्वरूप 'तुलनात्मक अध्ययन' से स्पष्ट होता है। इससे हम भाषाओं का अंतरंग ठीक से जान सकते हैं। राम, कृष्ण, शिव ही नहीं, अनेक पौराणिक पात्रों और ऐतिहासिक पात्रों, जो भारत की समस्त भाषाओं के साहित्य में अभिव्यक्ति पाते रहे हैं, से हमारा परिचय होता है और हमारी समझ बढ़ती है। हमारा राष्ट्र मात्र भाषाओं के आधार पर विभाजित नहीं हो सकता। अभिव्यक्ति के ये विविध रूप भौगोलिक

हैं, किन्तु इनमें ऐतिहासिक धारा समान रूप से प्रवाहित है। इतिहास की विकृत व्याख्याएं कर देशवासियों को विभाजित करने का प्रयास विदेशियों ने किया है। हमारा इतिहास ठीक से एक क्रम में लिखा जाए तो उससे देश में पुनः एकता की भावना बढ़ेगी और इससे राष्ट्र बलवान होगा।

इतिहास में विकास का एक अर्थ स्वाधीनता की धारणा में विकास भी है। इतिहास 'समय की पहचान' बढ़ाने में हमारी सहायता करता है और चिन्तन के लिए हमें उत्तेजित भी करता है। इतिहास वास्तव में अतीत, वर्तमान और भविष्य को जोड़ने वाली शृंखला है। उक्त शृंखला में हम कहां पर स्थित हैं और हमें क्या करना है, यह सब बतलाने वाला इतिहास ही है। और हमारे देश का यह इतिहास एक भाषा को आधार बनाकर नहीं लिखा जा सकता। हमें भारत की समस्त भाषाओं को इस कार्य के लिए महत्वपूर्ण मानना होगा। किसी भाषा का सम्मान करने का अर्थ होता है उस भाषा को बोलने वाले समुदाय का सम्मान। हिन्दी भाषा का सम्पर्क यदि भारतवर्ष की अन्य भाषाओं से निरंतर बढ़ता रहेगा तो निश्चित ही हिन्दी के माध्यम से राष्ट्र की भावनाओं की अभिव्यक्ति में सहायता मिलेगी। तुलनात्मक अध्ययन का यह महत्कार्य है।

सन्दर्भ

1. डॉ० रामविलास शर्मा, 'भारतीय साहित्य के इतिहास की समस्याएं', वाणी प्रकाशन, नई दिल्ली-110002, प्र० सं० 1986, पृ० 6-7
2. वही, पृ० 8
3. वही, पृ० 8-9

प्रथम खण्ड

हिन्दी-मराठी

मराठी और पड़ोस की भाषाएं

डॉ० राजमल बोरा

मराठी भाषा को आर्य परिवार की भाषाओं के अन्तर्गत रखा गया है। वस्तुत: दक्षिण भारत का भाग होने पर भी महाराष्ट्र को दक्षिण भारत का भाग नहीं माना जाता। आर्य परिवार की भाषाओं में महाराष्ट्र दक्षिण में है। भाषा परिवार के भेद के कारण महाराष्ट्र उत्तर भारत से जुड़ा हुआ है।

मराठी का सम्बन्ध महाराष्ट्री प्राकृत से बतलाया जाता है। ऐतिहासिक रूप में मराठी को महाराष्ट्री प्राकृत का विकसित रूप मानना चाहिए। किन्तु महाराष्ट्री प्राकृत और मराठी के बीच के अन्तराल को जोड़ने वाले ऐतिहासिक सूत्रों का अभी तक उद्घाटन ठीक-ठीक नहीं हुआ है। इस विषय पर खोज अपेक्षित है।

डॉ० कृष्णचन्द्र आचार्य ने मार्कण्डेय के 'प्राकृत-सर्वस्वम्' ग्रन्थ का सम्पादन किया है। वे 'प्राकृत-सर्वस्वम्' का रचनाकाल 1560 और 1565 ई० के बीच मानते हैं।[1] अर्थात् इस ग्रन्थ की रचना सोलहवीं शती में हुई। ग्रन्थ संस्कृत में लिखा गया है किन्तु उसमें विवेचन प्राकृत भाषाओं का है। प्राकृत की प्राय: सभी बोलियों का उल्लेख उसमें है। एक प्रकार से भारतवर्ष की भाषाओं का सर्वेक्षण उसमें है। यह सर्वेक्षण ग्रियर्सन और काल्डवेल से बहुत पहले का है। इसमें भारतवर्ष की भाषाओं का पारिवारिक भेद नहीं है। आर्य परिवार और द्रविड़ परिवार जैसा कोई विभाजन नहीं है। सम्पूर्ण भारत को राष्ट्र के रूप में इकाई मानकर प्राकृत के विविध भौगोलिक नामों का उल्लेख इस ग्रन्थ में है।

हमें मार्कण्डेय के भाषा सर्वेक्षण पर विचार करना चाहिए। उसने कुल सोलह भाषाओं पर विचार किया है। वर्गीकरण इस प्रकार है—

भाषा : महाराष्ट्री/शौरसेनी/प्राच्या/अवन्ती/और मागधी/—5
विभाषा : शाकारी/चाण्डाली/शाबरी/आभीरी/और टाक्की/—5
अपभ्रंश : नागर/ब्राचड़/और उपनागर/—3
पैशाची : कैकयी/शौरसेनी/और पांचाली/—3

इन सोलह भाषाओं पर ही मार्कण्डेय ने विचार किया है। यों तो भाषा के

अन्तर्गत आठ, विभाषा के अन्तर्गत सात, अपभ्रंश के अन्तर्गत 27 तथा पैशाची के अन्तर्गत 11—भाषा के विविध रूपों का उल्लेख उसने किया है किन्तु उसके विवेचन का आधार प्रधान रूप से 16 भाषाएँ ही हैं। कुल 20 पाद उक्त ग्रन्थ में हैं। इनमें विवेचन क्रम इस प्रकार है—

प्रथम से आठवें पाद तक : महाराष्ट्री (1) नौवां पाद : शौरसेनी (2) दसवां पाद : प्राच्या (3) ग्यारहवाँ पाद : अवन्ती (4) (इसी के साथ बाह्-लीकी का अन्तर्भाव है); बारहवाँ पाद : मागधी (5) (इसी के साथ अर्धमागधी का अन्तर्भाव है), तेरहवाँ पाद : शाकारी (6) चौदहवाँ पाद : चाण्डाली (7) पन्द्रहवाँ शाबरी (8) (इसी के अन्तर्गत औड्री का अन्तर्भाव है) और आभीरी (9) सोलहवाँ पाद : टाक्की (10) सत्रहवाँ पाद : नागर अपभ्रंश, (11) अठारहवाँ : ब्राचड (12) और उपनागर (13) उन्नीसवाँ पाद : पैशाची-केकय (14) और बीसवाँ पाद : शौरसेनी (15) तथा पांचाली (16) [पैशाची के अन्य दो रूप]। भाषा से सम्बन्धित इन नामकरणों में विविधता है।

मार्कण्डेय ने भाषाओं के रूपगत भेद बतलाये हैं। सूत्रात्मक शैली में ही सब कुछ लिखा है। अपने से पूर्व के आचार्यों का उल्लेख उसने किया है। सोलहवीं शती में उसने 'प्राकृत-सर्वस्वम्' लिखा किन्तु उसने अपने समय की आधुनिक भाषाओं पर विचार नहीं किया। प्राकृत भाषा पर उसने उस समय विस्तार से लिखा है, जबकि प्राकृत के रूप प्रचलित नहीं थे। संस्कृत के ग्रन्थों में संस्कृत के आचार्यों ने उसके समय तक प्राकृत भाषा के विविध रूपों को जिस क्रम में रखकर और जिस प्रकार से विचार किया है, उसी क्रम को सामने रखते हुए मार्कण्डेय ने प्राकृत के विवेचन को अति संक्षेप में पूर्णता प्रदान करने का प्रयत्न किया है। बात यह है कि संस्कृत भाषा तो सारे भारतवर्ष में व्याप्त थी किन्तु देश-भेद से प्राकृत भाषाओं के विविध रूप देश में प्रचलित रहे। अत: संस्कृत के आचार्यों ने देश-भेद के आधार पर प्राकृत के भेदों पर समय-समय पर विचार किया है। इनमें एकरूपता रहना सम्भव नहीं था। प्रयोजन-भेद से, देश-भेद से, काल-भेद से एवं व्यावहारिक कारणों से—इन भाषाओं में अन्तर रहा है और इस अन्तर को संस्कृत के आचार्यों ने जैसे अनुभव किया है, उसे लिखा है। एक अर्थ में प्राकृतों के देशगत, बोलीगत नाम संस्कृत भाषा के अनुरूप हैं। मार्कण्डेय ने अपनी दृष्टि से प्राकृत के विविध रूपों का उल्लेख कर विषय का उपसंहार किया है। ग्रन्थ का नाम 'प्राकृत-सर्वस्वम्' सार्थक है। सब प्रकार की प्राकृतों के नाम प्राय: उसमें आ गये हैं।

संस्कृत भाषा के साथ देशगत, बोलीगत नाम नहीं जुड़े हैं। प्राकृतों के साथ ऐसे नाम मिलते हैं और ये नामकरण संस्कृत के आचार्यों द्वारा किये गये हैं। बात इतनी है कि उन्होंने सभी को प्राकृत कहा है। 'प्राकृत-सर्वस्वम्' के अन्तर्गत सभी आ जाते हैं।

सभी प्राकृतों में महाराष्ट्री प्राकृत को साहित्यिक स्थान प्राप्त हुआ। उसे महत्त्वपूर्ण माना गया और राजदरबार की भाषा के रूप में उसका आदर हुआ है। उसी का व्याकरण विस्तार से लिखा गया है। पश्चिम में (गुजरात में) हेमचन्द्र ने 'सिद्ध हैमशब्दानुशासन' (1143 ई०)[2] की रचना की और पूर्व में (उड़ीसा) में मार्कण्डेय ने 'प्राकृत-सर्वस्वम्' (1560-1565 ई० के बीच) की रचना की। दोनों ने महाराष्ट्री प्राकृत को महत्त्वपूर्ण माना है।

महाराष्ट्री प्राकृत साहित्यिक प्राकृत है। उसमें लौकिक वाङ्मय विपुल परिमाण में लिखा गया है। प्राकृत भाषा के लालित्य की प्रशंसा दण्डी ने चौथी शताब्दी में की है। मार्कण्डेय 'प्राकृत-सर्वस्वम्' में महाराष्ट्री प्राकृत के सम्बन्ध में लिखते समय सबसे पहले दण्डी का स्मरण करता है। 'काव्यादर्श' की पंक्तियाँ उद्धृत कर महाराष्ट्री प्राकृत की महत्ता ज्ञापित करता है। उसने सोलह भाषाओं में महाराष्ट्री प्राकृत को सर्वप्रथम स्थान दिया। उसका कारण बतलाते हुए वह लिखता है[3]—

> अतः षोडशधा भिन्न भाषा लक्ष्म प्रचक्ष्महे।
> वेधा विदग्धैस्य शस्तत्तद्देशानुसारतः ॥7॥

तन्त्र सर्वभाषोपयोगित्वात् प्रथमं महाराष्ट्री भाषा अनुशिष्यते । यथाह परमाचार्यों दण्डी—

> महाराष्ट्राश्रयां प्रकृष्टं प्राकृतं विदुः।
> सागर : सूक्तिरत्नानां सेतुबन्धादि यन्मयम् ॥ इति ॥
>
> (काव्यादर्श 1.39)

महाराष्ट्र की आज जो भौगोलिक सीमाएँ हैं, उसका राजनीतिक रेखांकन सबसे पहले देवगिरि के यादव राजाओं के समय में मिलता है। अलाउद्दीन खिलजी के आक्रमण से पूर्व यादव राजा रामचन्द्र देव के समय में—यादव राजाओं के राज्य की जो सीमाएँ थीं उसमें आज के सम्पूर्ण महाराष्ट्र की सीमाएँ प्रायः आ जाती हैं। उत्तर में नर्मदा और दक्षिण में कृष्णा और तुंगभद्रा तक महाराष्ट्र का विस्तार रहा है। यादव राजाओं के समय में मराठी भाषा ने अपना साहित्यिक रूप प्राप्त कर लिया था। 'ज्ञानेश्वरी' और 'लीळाचरित्र' जैसी श्रेष्ठ साहित्यिक कृतियाँ यादव काल की हैं। वस्तुतः यादवों से पूर्व मराठी भाषा के ऐतिहासिक स्वरूप पर हमें विचार करना है।

यादवों से पूर्व चालुक्यों का शासन था। चालुक्यों के पूर्व राष्ट्रकूटों का और राष्ट्रकूटों से पहले वाकाटकों का शासन था। बहुत पीछे जाते हैं तो सातवाहनों का शासन मिलता है। उससे पीछे जायें तो महाभारत तथा रामायण के काल में जाना होगा। वह प्राक् इतिहास है। हम सातवाहनों से आरम्भ करें। सातवाहनों की राजधानी पैठण (प्रतिष्ठान) नगरी रही है, जो गोदावरी के तट पर है। पैठण

औरंगाबाद के निकट 32 मील दक्षिण में है। सातवाहनों का शासन ई० पू० 230 से आरम्भ हुआ और इस वंश ने 450 वर्षों तक शासन किया।[4] सातवाहनों के समय में इस क्षेत्र में प्राकृत भाषा रही है। इसी प्राकृत को महाराष्ट्री प्राकृत कहा गया है। सातवाहनों के समय से यादवों के समय तक के अन्तराल के भाषा सम्बन्धी सूत्रों की खोज हमें करनी है। यह काल लगभग एक हजार वर्षों का है।

सातवाहनों के काल की महाराष्ट्री प्राकृत से यादव काल की मराठी के आपसी सूत्रों का पहचानना हमारा प्रयोजन है।

श्री विश्वनाथ काशीनाथ राजवाड़े एवं प्रो० ज्यूल ब्लॉख आदि विद्वानों ने मराठी भाषा के स्वरूप पर विचार किया है। उन्होंने महाराष्ट्री प्राकृत से मराठी का सम्बन्ध जोड़ा है।

महाराष्ट्र में प्राकृत भाषा का उत्कर्ष हुआ है। सातवाहनों के काल से पुलकेशिन द्वितीय के काल तक प्राकृत भाषा (ईसा की सातवीं शती तक) यह उत्कर्ष रहा है। पुलकेशिन द्वितीय के समय से फिर संस्कृत भाषा का महत्व बढ़ता गया है। सातवाहनों के पहले संस्कृत थी और पुलकेशिन द्वितीय के बाद पुनः संस्कृत प्रबल हो गयी। ऐतिहासिक रूप में प्राकृत का काल बीच का है।

मराठी भाषा ऐतिहासिक क्रम में विषय-वस्तु की दृष्टि से संस्कृत से जैसे सीधे जुड़ती है, वैसे प्राकृत से नहीं जुड़ती। ऐसा क्यों है? इस पर ध्यान देने की आवश्यकता है।

बात यह है कि मराठी का भाषिक स्वरूप प्राकृत भाषा से उद्भूत प्रतीत होता है किन्तु मराठी का उपलब्ध प्राचीनतम साहित्य पारम्परिक रूप में सीधे संस्कृत वाङ्मय से जुड़ा हुआ है। ज्ञानेश्वरी, चक्रधर और म्हाइभट—संस्कृत जानते थे। वे प्राकृत जानते थे या नहीं? हम इसका ठीक उत्तर नहीं दे सकते। उनकी मराठी में प्राकृत के रूप हैं, इसे हम स्वीकार कर सकते हैं। और यह खोज का विषय है। ज्यूल ब्लॉख ने इस प्रकार की खोज की है। ज्यूल ब्लॉख के बाद ऐसा प्रयत्न किसी और ने किया हो, यह मेरी जानकारी में नहीं है।

ज्यूल ब्लॉख ने अपनी पुस्तक में मराठी का प्राकृत के साथ सम्बन्ध जोड़ते हुए अपने विचार लिखे हैं। वह लिखता है—

"महाराष्ट्री प्राकृत का कई शताब्दियों तक वाङ्मय भाषा के रूप में उपयोग हुआ है। इस नाते मराठी का प्राकृत के साथ प्रत्यक्ष सम्बन्ध मानना ठीक होगा। इस तथ्य को स्वीकार करना चाहिए। वैयाकरणों की ओर से इसकी पुष्टि हुई है। महाराष्ट्र में काव्य भाषा के रूप में प्राकृत का जब से उद्भव हुआ, उसी समय से भरत ने शौरसेनी को जो महत्ता प्रदान की थी, वह घटती गयी। छठी शती तक दंडी ने (ज्यूल ब्लॉख दंडी का समय छठी शती मानते हैं। पीछे मैंने जयशंकर त्रिपाठी के आधार पर दंडी का समय चौथी शती दिया है) महाराष्ट्री को उत्तम

प्राकृत के रूप में स्वीकार किया और वैयाकरणों ने प्राकृत भाषा के लक्षण महाराष्ट्री प्राकृत को आधार मानकर लिखना शुरू कर दिया। हेमचंद्र की देशी नाममाला में प्राकृत और मराठी के सम्बन्ध को दर्शाने वाले उत्तम उदाहरण मिलते हैं। हेमचन्द्र गुजरात में हुआ और उसके कोष में पाये जाने वाले बहुत से शब्द गुजराती और मराठी से सम्बन्ध रखने वाले मिलते हैं।[5]

ज्यूल ब्लॉख मराठी भाषा की भौगोलिक सीमाएँ बतलाते हैं। उत्तर भारत तथा दक्षिण भारत से महाराष्ट्र का सम्पर्क ज्ञापित करते हैं। वे मानते हैं कि मराठी वस्तुतः मूल रूप में (भौगोलिक कारण से कहना चाहिए) द्रविड़ आधार लिये हुए है। इसीलिए वह आर्य परिवार की अन्य भाषाओं से भिन्न भी है। ऐसी विशेषताओं को उजागर करते हुए वे लिखते हैं—

"मराठी स्वयं द्रविड़ मूल से सम्बन्ध रखने के नाते उसमें स्थानीय द्रविड़ अवशेष स्पष्ट दिखलायी देते हैं। उनमें से कुछ अवशेष सारे भारतवर्ष में प्राचीन काल से सभी आधुनिक आर्य परिवार की भाषाओं में समान हैं। उदाहरणार्थ मूर्द्धन्य ध्वनियों का एक नया वर्ग, ईषत्स्पृष्ट स्पर्शों का अभाव (देखिए LSI मुंड-दा० पृ० 280-291), एक सामान्य विभक्ति का निष्पन्न होना और उसे दोनों वचनों में समान रूप में शब्दयोगी अव्यय के रूप में जुड़ जाना, षष्ठी का उपयोग सम्बन्ध विशेषण के रूप में होना—इन सबको छोड़ दें तब भी मराठी में ऐसे दो प्रकार के उच्चारण प्रचलित हैं जिसके कारण वह अन्य आर्य परिवार की भाषाओं से भिन्न हो जाती है और वे रूप पड़ोसी की द्रविड़ परिवार की भाषाओं में ही मिलते हैं। उनमें से एक अर्थात् कण्ठ मूलोद्भव स्वरों पूर्व अर्धस्पर्श तालव्यों के तालव्यत्व का लोप है। मराठी-तेलुगु में यह प्रवृत्ति समान रूप से मिलती है। दूसरी बात आदि 'ए' और 'ओ' दोनों में व्यंजन श्रुति के लक्षण 'ये' और 'वो' के रूप में मिलते हैं। यह प्रवृत्ति सभी द्रविड़ भाषाओं में समान रूप से मिलती है।"[6]

ज्यूल ब्लॉख की पुस्तक की एक विशेषता यह भी है कि उसने मराठी शब्दों की व्युत्पत्ति सूची दी है। इस सूची को ध्यान से देखा जाये तो उसमें मराठी शब्दों से साम्य रखने वाले अन्य भारतीय भाषाओं के (हिन्दी, गुजराती, पंजाबी, प्राकृत, संस्कृत, सिंधी, बंजारा आदि) शब्द भी हैं।

ज्यूल ब्लॉख की पुस्तक पढ़ने के बाद लगता है कि मराठी संस्कृत की तुलना में प्राकृत भाषा के अधिक निकट है। व्युत्पत्ति सूची में आर्य परिवार की अन्य भाषाओं के जो समान रूप दिये गये हैं, उन्हें देखने से लगता है कि आधुनिक भाषाओं (मराठी, गुजराती, सिंधी, पंजाबी, हिन्दी आदि) में काफी समानता है। यह समानता ध्वनिगत और रूपगत दोनों है। लगता है हमारी आधुनिक भाषाएं संस्कृत की तुलना में प्राकृतों के अधिक निकट हैं।

विश्वनाथ काशीनाथ राजवाड़े प्राकृत भाषा के सम्बन्ध में उसकी परम्परा

को बतलाते हुए लिखते हैं—

"सातवाहनों के राज्यकाल में राज्यकर्ता प्राकृत भाषा-भाषी थे, इससे महाराष्ट्री भाषा को प्रोत्साहन मिला। प्रोत्साहन का फल इतना ही पाया जाता है कि सौ-दो सौ महाराष्ट्री कवि सिर्फ गुनगुनाना सीखे। हाल-सातवाहन ने 'गाथा-सप्तशती' में कई महाराष्ट्री कवियों की रचनाओं के उद्धरण दिये हैं। काव्य छोड़ दें तो शास्त्र, व्याकरण, मीमांसा, गणित, ज्योतिष जैसे गहन विषयों पर महाराष्ट्री में एक भी पंक्ति नहीं लिखी गयी। वही गौडवहो, कर्पूरमंजरी आदि सस्ते साहित्य की चार-पांच बड़ी कहलाने वाली रचनाएं महाराष्ट्री की ग्रन्थ सम्पत्ति हैं, पर ये चार-पांच रचनाएं भी तब की हैं जब महाराष्ट्री अन्तिम सांसें गिन रही थी, तब की नहीं जब वह पूर्ण यौवन में थी। जैन-महाराष्ट्री भिन्न भाषा थी इसलिए उसके धर्म-विषयक ग्रंथों का समावेश नहीं किया जा सकता। संस्कृत नाटकों में उच्च वर्ग की स्त्रियों से जो पद्य कहलाये गये हैं वे इतना ही दिखलाते हैं कि महाराष्ट्री भाषा में सुन्दर पद्य रचना हो सकती थी। उच्च कुल की स्त्रियां महाराष्ट्री इसलिए व्यवहार में लाती थीं कि भारत के प्रायः समस्त राजा महाराष्ट्रिक स्त्रियों से विवाह करना गौरव की बात समझते थे—वह भी इस कारण कि उस काल में महाराष्ट्रिक या महाराजिक जनों का वंश अत्यन्त शुद्ध माना जाता था। महाराष्ट्रिकों की भाषा का यही विस्तार था। वाङ्मय-विपुलता में वह भी नष्ट हो गयी। शक संवत् 500 (578 ई०) के लगभग महाराष्ट्री का पतन होना आरम्भ हो गया। शक संवत् 500 तक शिलालेख, ताम्रपट, काव्य ग्रंथ प्राकृत भाषा में रचे जाते थे, चालुक्यों की पताका फहराते ही वे संस्कृत में लिखे जाने लगे।"[7]

महाराष्ट्री प्राकृत का पतन क्यों हुआ? इसके कारणों की पूरी जांच आवश्यक है। जो कुछ कहा गया और लिखा गया है, उससे पूर्ण संतोष नहीं होता। राजवाड़े जी कहते हैं: प्राकृत का स्थान संस्कृत ने लिया। तो संस्कृत ने कौन सा स्थान लिया? वह शिलालेखों की भाषा हो गयी, ताम्रपटों की भाषा हुई, काव्य-ग्रंथों की भाषा हो गई। किन्तु जनसाधारण—सामान्य जनता—अपने व्यवहार में शक संवत् 500 में ही क्या मराठी भाषा का व्यवहार करती थी? इस सम्बन्ध में राजवाड़े जी चुप हैं। संस्कृत का स्थान प्राकृत ने लिया और पुनः प्राकृत का स्थान संस्कृत ने लिया। महाराष्ट्र में संस्कृत कभी बोलचाल की भाषा रही होगी, ऐसा नहीं कह सकते। ठीक इसी प्रकार अपने उन्नत काल में—सातवाहनों के समय में—भी प्राकृत भाषा, सामान्य लोगों की बोलचाल की भाषा रही होगी, इसमें सन्देह है। प्राकृत भाषा, राजभाषा थी, इसे हम स्वीकार करेंगे किन्तु व्यवहार में क्या वह सामान्य लोगों की भाषा थी? इसकी जांच करना आवश्यक है।

महाराष्ट्री प्राकृत एकमात्र प्राकृत भाषा का वह रूप है, जिसे स्तरीय प्राकृत कहा गया, उसे वैयाकरणों ने मान्यता प्रदान की। प्राकृत का यह रूप महाराष्ट्र में

बना। प्राकृत का भौगोलिक विस्तार हुआ। इस विस्तार में वह महाराष्ट्र में वह पहुंची है। महाराष्ट्र में ही उसे राज्य भाषा के रूप में स्वीकृति मिली। इस स्वीकृति के कारण ही वह दरबार में आदर पाने लगी। और इसी नाते से प्राकृत में जो कुछ लौकिक वाङ्मय रचा गया उसे संस्कृत के आचार्यों ने स्वीकार किया। संस्कृत भाषा के लौकिक वाङ्मय लिखने वाले श्रेष्ठ कवियों ने प्राकृत भाषा—विशेष रूप से महाराष्ट्री प्राकृत भाषा—को परम्परा के रूप में अपनाया। संस्कृत वाङ्मय में शृंगार रस की जो परम्परा चली है, मुक्तक काव्यों का जो विकास हुआ है या नीतिपरक सूक्तियां लिखी गयी हैं और इसी प्रकार चरित-काव्यों की रचनाएं हुई हैं—उन सबमें प्राकृत वाङ्मय की छाया है। संस्कृत भाषा ने प्राकृत भाषा के वाङ्मय को (महाराष्ट्री प्राकृत) अध्ययन की सामग्री माना। उन्होंने प्राकृत ग्रंथों के अनुवाद सस्कृत में किये। इन अनुवादों के कारण संस्कृत भाषा प्राकृत के निकट पहुच गयी। एक प्रकार से प्राकृत भाषा का संस्कृतीकरण, संस्कृत में हुआ। प्राकृतों के संस्कृत अनुवाद को प्राकृतों का संस्कृतीकरण कहना चाहिए। प्राकृतों के संस्कृतीकरण के कारण लौकिक संस्कृत बलवान् हुई है। इस तथ्य को उजागर करने की आवश्यकता है।

अनुवाद विषय की महत्ता के कारण होते हैं। अनुवाद के कारण एक भाषा के ज्ञान का विस्तार दूसरी भाषा में होता है। मूल भाषा में तो वह ज्ञान रहता ही है किन्तु अनूदित भाषा में उस ज्ञान का हस्तान्तरण हो जाने से दूसरी भाषा (जिसमें अनुवाद किया गया है) भी बलवान् होती है। इस प्रकार से विचार करने पर हमारा ध्यान इस तथ्य की ओर भी जाता है कि प्राकृत ग्रंथों के अनुवाद तो संस्कृत में हुए किन्तु संस्कृत ग्रंथों के अनुवाद प्राकृतों में भी हुए हों तो उस परिमाण में नहीं हुए जिससे कि प्राकृत भाषाएं आगे बनी रहतीं। संस्कृत भाषा जानने वाले प्राकृत जानते थे किन्तु प्राकृत जानने वाले संस्कृत जानते थे क्या? और जानते थे तो संस्कृत के उत्तम ग्रंथों का अनुवाद उन्होंने प्राकृतों में क्यों नहीं किया? इस विषय में जांच आवश्यक है। हम यह मानते हैं कि जिस भाषा में अनुवाद होता है, वह भाषा व्यावहारिक रूप में जीवित है और चूंकि संस्कृत में प्राकृत ग्रंथों के अनुवादों की परम्परा निरन्तर चलती रही इसलिए प्राकृत की तुलना में संस्कृत को व्यावहारिक रूप में अधिक जीवित मानना चाहिए।

संस्कृत में जिस प्रकार शिक्षा-ग्रंथों की (विशेष रूप से व्याकरण आदि) रचनाएं हुई हैं, वैसे प्राकृत भाषा में रचनाएं नहीं हुई। यही नहीं, प्राकृत के शिक्षा ग्रंथ संस्कृत में ही रचे गये हैं। प्राकृत सीखने के लिए संस्कृत के शिक्षा ग्रंथ पढ़ना आवश्यक है।

श्री विनायक लक्ष्मण भावे ने 'महाराष्ट्र सारस्वत' की रचना 1901 ई० में की है। बाद में उसके संशोधित और परिवर्द्धित संस्करण प्रकाशित हुए हैं। एक

प्रकार से यह मराठी साहित्य का इतिहास है। इसके पृष्ठों की संख्या 1000 से कुछ अधिक है। इस ग्रंथ में मराठी भाषा के उद्भव के सम्बन्ध में जो कुछ लिखा है, वह प्रश्न-चिह्नों के रूप में ही है। उपलब्ध तथ्यों को एक क्रम में रखकर उनका सांस्कृतिक मूल्यांकन भावेजी ने बड़े ही आत्मीय रूप में किया है। मराठी भाषा के उद्भव के सम्बन्ध में श्री भावे लिखते हैं—

"उत्तर भारत से जो लोग पहले इस ओर (महाराष्ट्र में) आये संभवत: वे नाग लोग थे। उनकी अपनी मूल संस्कृति थी। किन्तु ये आर्यों की भाषा एवं संस्कृति से प्रभावित थे। यहाँ आकर इन्होंने कुछ गाँव बसाये। नागोठणे/पनवेल (< पन्नग पल्ली)/नागपुर/नागांव/नागपाडा जैसे नाम इस तथ्य को आज भी सूचित करते हैं। इनकी संस्कृति यहां के श्वपचों से ऊंचे स्तर की थी किन्तु आर्यों से कुछ नीची थी। संभवत: ये लोग महाभारत के युद्ध के बाद, जनमेजय के यज्ञ के पश्चात् कहना चाहिए, यहां आये हों। इसके पश्चात् पाणिनि के अनन्तर शक संवत् से पूर्व छठी या सातवीं शती के आसपास राष्ट्रिक, वैराष्ट्रिक एवं महाराष्ट्रिक तीन संघ या लोग इस ओर आये और बाद में उन सबके सम्मिलन से यहां 'मरहट्ट' या 'मराठा' लोगों का उद्भव हुआ। नाग लोग वैदिक अपभ्रंश बोलते थे और महाराष्ट्रिक यहां की महाराष्ट्री बोलते थे। इन दोनों के मिश्रण से मराठी भाषा का उद्भव हुआ। यह सब कैसे हुआ? क्या हुआ? इसके प्रमाण ठीक-ठीक उपलब्ध नहीं हैं।"[8]

श्री विनायक लक्ष्मण भावे के विचार श्री विश्वनाथ काशीनाथ राजवाड़े के विचारों से मिलते हैं। वे भी नाग लोगों के आगमन को स्वीकार करते हैं। वे लिखते हैं—

"महाराष्ट्रिकों का नागों से जब दक्षिण में संगम, सहवास तथा सहगमन हुआ तब नागों की प्राचीन वैदिक अपभ्रंश तथा महाराष्ट्रिकों की महाराष्ट्री—इन दो अपभ्रष्ट आर्य भाषाओं का सम्मिलन हुआ और वह मराठी भाषा उदित हुई जिसमें दोनों की विशेषताएं दृष्टिगोचर होती हैं। मराठी में जो ऐसे प्रयोग, प्रत्यय तथा क्रिया रूप पाये जाते हैं जो महाराष्ट्री में नहीं परन्तु वैदिक भाषा में है, जो संस्कृत में नहीं परन्तु वैदिक भाषा में है, उसका कारण नागों की वह वैदिक अपभ्रंश भाषा है जो महाराष्ट्री से अधिक प्राचीन है।"[9]

राजवाड़े जी के अनुसार मराठी तो सीधे वैदिक अपभ्रंश से जुड़ती है। उसे प्राकृतों के माध्यम से विकसित होने वाले क्रम को वे पूरे रूप में स्वीकार नहीं करते। उनके विचारों को ध्यान से पढ़ जायें तो लगता कि महाराष्ट्री प्राकृत—अपने उत्कर्ष काल में—महाराष्ट्र में बोलचाल या व्यवहार की भाषा नहीं रही। जैसे लौकिक संस्कृत किसी भी प्रदेश की बोली भाषा नहीं रही, ठीक उसी प्रकार महाराष्ट्री प्राकृत भी महाराष्ट्र में बोली भाषा नहीं रही। वह तो प्राकृतों में मानक

भाषा (स्तरीय भाषा कहिए) थी और जिसको प्राकृत भाषा के प्रायः सभी प्रचलित रूपों में विशेष स्थान दी जाने वाली भाषा कहना चाहिए।

सच तो यह है कि सातवाहनों के समय में बोलचाल की भाषा मराठी रही होगी, यह अनुमान किया जा सकता है। इस अनुमान के प्रमाण में दो बातें स्पष्ट हैं। एक तो यह कि महाराष्ट्री प्राकृत बोलचाल की (बोली रूप में प्रचलित भाषा) भाषा कभी नहीं रही। वह सदैव साहित्यिक और काव्य भाषा रही। दूसरा प्रमाण यह है कि संस्कृत भाषा भी बोली भाषा नहीं रही है। अतः तीसरा विकल्प हमारे सामने यही रह जाता है कि वह मराठी भाषा रही होगी। चाहे उसका नामकरण उस समय न हुआ हो।

इतनी बात सत्य है कि सातवाहनों के काल में मराठी भाषा का मूल ढांचा रहा होगा। वह बोली रूप में होगा। उसमें दक्षिण की भाषा के संस्कार अधिक होंगे। क्या कारण है कि पश्चिमी घाट का आधा किनारा (बम्बई से गोवा तक) मराठी भाषा से सम्बन्धित है और ठीक उसी के समान्तर पूर्वी घाट का आधा किनारा श्रीकाकुलम, विशाखापट्टनम् से नेल्लूर-गुडुर तक का आधा किनारा तेलुगु भाषा से सम्बन्धित है। एक आर्य परिवार की भाषा है और दूसरी द्रविड़ परिवार की। ऐसा क्यों? पश्चिमी किनारा उत्तर से जुड़े और पूर्वी किनारा दक्षिण से जुड़े। भाषागत भेद के कारणों की खोज आवश्यक है।

डॉ० बी० एच० कृष्णमूर्ति लिखते हैं :

"ई० पू० पांचवीं शती से ई० के पश्चात् 5वीं शती तक (लगभग एक हजार वर्ष तक) आर्य संस्कृति तेलुगु भाषी प्रदेश में प्राकृत एवं संस्कृत भाषा के माध्यम से प्रसार पाती रही है। सातवाहन काल के अभिलेखों के आधार पर इस तथ्य की पुष्टि होती है। श्री के० ईश्वरदत्त ने आन्ध्रप्रदेश के सामाजिक एवं राजनीतिक इतिहास के विवरण में यह सब बतलाया है। बहुत से प्रशासन सम्बन्धी नाम और विभाग सातवाहन काल के हैं—हार/आहार/रट्ट/मंडल/राष्ट्र / विषय/राज्य / सीमा/ भोग—जैसे रूप संस्कृत भाषा से सम्बन्धित हैं। केवल/नाडु/ एवं /पाडी/ स्थानीय हैं। स्थानीय रूप बाद के अभिलेखों में मिलते हैं। इसी प्रकार व्यक्तियों को तथा मन्दिरों को जो दान-पत्र दिये गये हैं, उनकी भाषा भी प्रधान रूप से अ-तेलुगु रही है..."[10]

डॉ० बी० एच० कृष्णमूर्ति तेलुगु भाषा के अस्तित्व को ई० पू० 1000 वर्ष तक स्वीकार करते हैं। इस दृष्टि से सातवाहनों के काल में तेलुगु भाषा के अस्तित्व को स्वीकार करना चाहिए। सातवाहनों के राज्य का विस्तार पूर्वी तट के प्रदेशों तक तेलुगुभाषी प्रदेश पर कहना चाहिए था ? ऐसा हुए बिना सातवाहनों की शासकीय शब्दावली आंध्रदेश के स्थानों में कैसे मिलती ? सातवाहनों की राजधानी पश्चिम में थी। इसका तात्पर्य यह हुआ कि सातवाहनों के राज्य की सीमाओं में

शासकीय भाषा एक ही प्रकार की थी। दानपत्रों की भाषा या अन्य अभिलेखों की भाषा महाराष्ट्र और आन्ध्रप्रदेश दोनों ही स्थानों पर समान थी। आन्ध्रप्रदेश की जनता उस समय में यदि तेलुगु भाषा का व्यवहार करती थी तो महाराष्ट्र की जनता मराठी भाषा का व्यवहार करती थी। मराठी-तेलुगु का अन्तर उस समय में विशेष नहीं रहा होगा।

सातवाहनों के राज्य की सीमाएं हम ठीक-ठाक नहीं बता सकते। उत्तर तथा दक्षिण में पूर्व-पश्चिम में उनका विस्तार कितना था ? यह सब अभी ठीक से ज्ञात नहीं है। इतनी बात सच है कि उनके शासन-काल में राज्य-स्तर पर संस्कृत तथा प्राकृत दोनों भाषाओं का उपयोग होता था। उनकी राजधानी पश्चिम में थी। नागरी-प्रचारिणी पत्रिका के संवत् 2005 वर्ष 53, अंक 3-4 में श्री सूर्यनारायण व्यास ने 'सातवाहन राजवंश'—शीर्षक लेख लिखा था। उसमें नासिक के निकट त्रिरश्मि (त्रिरराहु) पर्वत की तीसरी गुफा में उत्कीर्ण अभिलेख के आधार पर गौतमीपुत्र शातकर्णी के राज्य की सीमाओं के संकेत हैं। लिखा है—

"वह (गौतमीपुत्र शातकर्णी) हिमालय, सुमेरु और मंदर पर्वतों के समान सारवान् था। अतिक, अश्मक, मूलक, सुराष्ट्र, कुक्कुर, अपरांत, अनूप, विदर्भ, आकर और अवंति पर उसका राज्य था। उसके राज्य में विन्ध्य, ऋक्षवाने, पारियात्र सह्य, कृष्णगिरि, मंच, श्री स्तन, मलय, महेन्द्र, श्वेतगिरि और चकोर पर्वत थे। तीन ओर से समुद्र उसके विस्तृत राज्य की सीमा थी, उसने क्षत्रियों के दर्प और अभिमान को चूर कर दिया था। शक यवन और पह्लवों का उसने संहार किया था और क्षहरात वंश का तो उसने मूलोच्छेद ही कर दिया था।"[11]

इस राजा ने 56 वर्ष तक राज्य किया [ई० पू० 147-91; वि० पू० 91-34]।"[12]

सातवाहनों में प्रथम सिमुक था और उसके शासन काल का आरंभ ई० पू० 231 बतलाया गया है। कुल 30 शासकों ने ई० सन् 225 तक लगभग 460 वर्षों तक शासन किया है।[13] यदि इन कथनों को स्वीकार कर लें तब तो समस्त दक्षिण भारत पर सातवाहनों का शासन मान लिया जायेगा। अर्थात द्रविड़ भाषा परिवार का समस्त क्षेत्र सातवाहनों के राज्यों की सीमाओं का भाग होगा। सातवाहनों के राज्य का शासकीय केन्द्र (राजधानी कहिए) प्रतिष्ठान (पैठण) रहा है। उत्तर में सातवाहन राजा अवन्ती तक और पूर्व में कलिंग की सीमाओं तक पहुंचे थे। मौर्य साम्राज्य के अनन्तर भारतवर्ष में दूसरा प्रधान राज्य सातवाहनों का है। परम्परा के रूप में मौर्य साम्राज्य की अनेक विशेषताएं सातवाहनों को प्राप्त हुई हों। इस संबंध में इतिहास चुप है। भाषा की दृष्टि से प्राकृत भाषा स्वयं मौर्यों की देन है और मौर्यों के शासन काल में (स्वयं अशोक के भी) प्राकृत भाषा का उतना सम्मान नहीं हुआ जितना सम्मान सातवाहनों के काल में हुआ है। मौर्य

के राजनीतिक केन्द्र (पाटलिपुत्र) में तो प्राकृत भाषा भौगोलिक बोली रही है। महाराष्ट्र में वह भौगोलिक बोली नहीं रही है। महाराष्ट्र में उसे काव्यभाषा तथा दरबार की भाषा का स्थान मिला। अभिलेखों, ताम्रपत्रों, दानपत्रों, सभी शासकीय कार्यों में उस भाषा का उपयोग हुआ है। समस्त दक्षिण भारत में प्राकृत भाषा के प्रसार का कारण सातवाहनों का साम्राज्य है।

सातवाहनों को आन्ध्र या आन्ध्रभृत्य कहा गया है। इस स्थिति को स्पष्ट करते हुए डॉ० के० ए० शास्त्री लिखते हैं :

"उन्हें (सातवाहनों को) आन्ध्र इसलिए कहा जाता था कि वे आन्ध्र जाति के थे और जिस समय पुराण-सूचियों का संकलन हो रहा था उस समय संभवतः उनका शासन आन्ध्रप्रदेश तक सीमित था। दूसरा नाम आन्ध्रभृत्य पड़ने का कारण यह हो सकता है कि सातवाहन राजाओं के पुरखे मौर्य साम्राज्य की सेवा में थे और इस प्रकार अशोक के बाद उक्त साम्राज्य का सौभाग्य-सूर्य अस्त हो जाने पर वे पश्चिमी दक्कन में चले गये और वहां एक स्वतन्त्र राज्य कायम किया।"[14]

सातवाहन राजा आन्ध्र के थे, पूर्व के थे। बस गये पश्चिम में आकर और उन्होंने प्राकृत तथा संस्कृत भाषा को महत्त्व दिया। उस समय में तेलुगु—और मराठी—दोनों भाषाओं में ऐसी विभाजन रेखा नहीं थी। उन भाषाओं के अलगाव स्पष्ट नहीं हुए थे। तेलुगु द्रविड़ परिवार की भाषा और मराठी आर्य परिवार की भाषा—इस प्रकार का अलगाव बहुत बाद में हुआ।

सातवाहनों के शासन काल में पूर्व में जब तेलुगु भाषा का अस्तित्व था (डॉ० बी० एच० कृष्णमूर्ति यही मानते हैं) तो पश्चिम में निश्चित ही मराठी भाषा रही होगी। किन्तु दोनों ही स्थानों पर प्राकृत भाषा एवं संस्कृत भाषा में काम-काज होता होगा। सातवाहनों का मूल केन्द्र पश्चिम में (महाराष्ट्र में) था। यहीं से उन्होंने शासन किया। इस नाते हमें यह मानना चाहिए कि मराठी भाषा की भौगोलिक सीमाओं का निर्धारण भले ही सातवाहनों के काल में न हुआ हो किन्तु उसने उस समय में आकार ग्रहण कर लिया हो।

सातवाहनों के बाद में दक्षिण भारत में उनका राज्य अलग-अलग राज्यों में बंट गया। उत्तर पश्चिम में आभीरों का राज्य हुआ। कृष्णा-गुंटुर में इक्ष्वाकुओं का और महाराष्ट्र तथा कुन्तल में चुतुओं का राज्य हुआ, दक्षिण-पूर्व में पल्लवों का राज्य हुआ, जिनकी राजधानी कांचीपुरम् थी। ये सभी राज्य ऐतिहासिक रूप में पहले सातवाहनों से जुड़े हुए थे। बाद में सातवाहनों के पतन के बाद स्वतंत्र हो गये, और भी छोटे-छोटे राज्य हैं, जिनका पूरा विवरण ठीक-ठीक उपलब्ध नहीं है। अलग-अलग राज्य हो जाने से स्थानीय भाषाओं का महत्त्व धीरे-धीरे बढ़ता गया। भाषाओं का प्रचार-प्रसार राजधानियों के माध्यम से भी होता है। संस्कृत-प्राकृत भाषाएं सामान्य भाषा के रूप में तथा व्यावहारिक रूप में आदान-प्रदान की

भाषा के रूप में अनकहे ही (बिना घोषित किये ही) सब राज्यों में प्रश्रय पाती रही हैं। सातवाहनों के समय तक प्राकृत भाषा-समस्त दक्षिण भारत में प्रश्रय पाती रही किन्तु बाद में धीरे-धीरे संस्कृत ने उसका स्थान पुनः ले लिया। यही नहीं बाद में दक्षिण भारत की अन्य भाषाएं भी अवसर पाकर प्रकाश में आने लगीं।

सातवाहनों के समय में महाराष्ट्र, आन्ध्र या कर्नाटक जैसे नाम प्रादेशिक अर्थ में और भाषाओं की अलग-अलग पहचान के रूप में प्रचलित नहीं थे। संभव है स्वयं महाराष्ट्री प्राकृत जैसा नाम भी बाद में प्रचलित हुआ हो। फिर भी महाराष्ट्री प्राकृत की रचनाएं उस समय की हैं। सातवाहनों के समय में भाषाओं का पारिवारिक भेद नहीं था। मराठी भाषा और तेलुगु-कन्नड़ भाषाएं पड़ोस की भाषाएं थीं। सातवाहनों के समय में इन भाषाओं के भौगोलिक अस्तित्व को स्वीकार करना चाहिए।

महाराष्ट्र के भौगोलिक जनपदों के नामों का स्पष्टीकरण श्री रघुनाथ महारुद्र भुसारी ने किया है। ये नाम सातवाहन काल के हैं। स्पष्टीकरण इस प्रकार है—

(1) असक अर्थात अश्मक : मराठवाड़ा के औरंगाबाद, बीड़, परभणी (आज के जिले) से सम्बन्धित प्रदेश अश्मक था। एक दूसरा विचार यह भी है कि नान्देड़ एवं निजामाबाद (आज के जिले) से सम्बन्धित प्रदेश को अश्मक कहा जाता रहा हो।

(2) मूलक : प्रतिष्ठान (पैठण) और उसके आस-पास का प्रदेश। पैठण सातवाहनों की राजधानी थी किन्तु इस रूप में उल्लेख नहीं मिलता।

(3) अपरांत : आज का कोंकण प्रदेश। ठाणा के आस-पास के प्रदेशों को अपरांत कहा जाता था। कोंकण नाम बाद का है।

(4) विदर्भ : आज के बरार प्रदेश को विदर्भ भी कहा जाता है। यह नाम प्रचलित है। विदर्भ नाम बहुत प्राचीन है। उपनिषद्, महाभारत एवं हरिवंश पुराण में इसका उल्लेख मिलता है। दमयंती, रुक्मिणी, लोपामुद्रा आदि विदर्भ की राजकन्याएं थीं। इस जनपद की राजधानी कुंडिनपुर थी। इन नामों के साथ-साथ करहाटक, भोगवर्धन (भोकरदन), वत्सगुल्म (वासिम), नासिक आदि जनपद प्रसिद्ध थे।[15]

ऊपर जो नाम दिये गये हैं, वे सब पीछे के अनुच्छेदों में आये हैं। महाराष्ट्र से सम्बन्धित नामों का स्पष्टीकरण ऊपर किया है। महाराष्ट्र की तरह महाराष्ट्री प्राकृत का नामकरण भी सातवाहनों के बाद में ही रूढ़ हुआ है। सातवाहन राजा आन्ध्र के थे या नहीं, इस सम्बन्ध में विद्वानों में मतभेद है। श्री रघुनाथ महारुद्र भुसारी उन्हें आन्ध्र का नहीं मानते।[16]

सातवाहनों के बाद में उनके अधीन रहने वाले सामंत तथा राजा अपने-अपने स्थान में स्वतंत्र हो गये। जिस समय समुद्रगुप्त ने दक्षिण भारत पर आक्रमण

किया, उस समय उसकी विजय-यात्रा पूर्वी तट की रही। पहले वह उड़ीसा पहुंचा और बाद में दक्षिण में कृष्णा तथा कावेरी की ओर बढ़ता गया। उसकी दक्षिण विजय की यात्रा पूर्वी घाट तक ही सीमित थी। पश्चिम की ओर वह बढ़ा नहीं। उस समय में वाकाटक वंश का विदर्भ शक्तिशाली राज्य था। सातवाहनों के बाद महाराष्ट्र में वाकाटकों का राज्य प्रबल था। समुद्रगुप्त का संघर्ष वाकाटकों से नहीं हुआ। समुद्रगुप्त जब वाकाटकों की ओर भी नहीं मुड़ा तो पश्चिम में सातवाहनों के केन्द्र स्थल पर उसके मुड़ने का प्रश्न ही नहीं था। पूर्वी तट के राज्य निश्चित ही इस समय स्वतंत्र थे। उन पर वाकाटकों का शासन नहीं था। आरम्भ में वे सातवाहनों के अधीन थे परन्तु बाद में सातवाहनों के कमजोर होने पर स्वतंत्र हो गये। वाकाटकों के प्रबल हो जाने के कारण पूर्वी तट के राजा स्वतंत्र हो गये और उन्हें परास्त करना समुद्रगुप्त के लिए कठिन काम नहीं था। वाकाटकों के समय में आंध्र प्रदेश और महाराष्ट्र का अलगाव राजनीतिज्ञ रूप से अनकहे हो गया। वाकाटकों की सीमाओं में महाराष्ट्र का भाग आता है। नर्मदा से लेकर हैदराबाद तक का महाराष्ट्र का पश्चिमी भाग (जिसे विदर्भ कहा गया है) वाकाटकों का क्षेत्र रहा है। सातवाहनों के समय में यह अलगाव नहीं था। पश्चिमी तट से पूर्वी तक एक ही बात थी। भाषाएं भिन्न रही भी हों तो उनमें राजनीतिक अलगाव नहीं था। सभी जगह प्राकृत भाषा रही है।

पूर्वी तट के राज्य एवं वाकाटक राज्य की सीमाएं प्रथम बार इतिहास में भाषागत सीमाओं को—मराठी और तेलुगु की सीमाओं को—आर्य और द्रविड़ परिवार की सीमाओं को व्यक्त करते हैं।

वाकाटकों का सम्बन्ध उत्तर में हिन्दी भाषा की सीमाओं को छूता है। एक अर्थ में वाकाटकों का राज्य भारत के मध्य भाग में रहा है। भंडारा-चन्द्रपुर से लेकर बम्बई तक सीधे चले आएं तो महाराष्ट्र के उत्तरी भाग की सीमा लम्बी ही लम्बी है। महाराष्ट्र की सीमाएं जहां समाप्त हो जाती हैं उसके बाद घना जंगल है और बाद में तो शीघ्र ही पूर्वी तट तक पहुंच जाते हैं। उत्तर में महाराष्ट्र की इस विस्तृत सीमा का कारण वाकाटकों का राज्य है।

महाराष्ट्र की उत्तरी सीमाओं की विस्तृत रेखा उत्तर भारत की सीमाओं से मिलती है। यह भी एक कारण है, जिसके कारण मराठी भाषा को आर्य भाषा परिवार में रखा गया है। उत्तर भारत की भाषाओं से मराठी का सीधा सम्पर्क बहुत दूरी तक बना हुआ है। इसलिए उत्तर भारत की भाषाओं के साथ मराठी भाषा सम्पर्क बल के कारण जुड़ी हुई है—

चन्द्रपुर-भण्डारा से पूर्वी तट बहुत दूर नहीं। और फिर जंगलों को पार करके पहुंच भी जायें तो आन्ध्रप्रदेश का वह भाग आदिवासियों का क्षेत्र है, छत्तीसगढ़ का क्षेत्र है और आगे उड़ीसा है। प्राकृतिक रूप में अलगाव होने के कारण आन्ध्रप्रदेश

की भाषा—तेलुगु भाषा—उत्तर की भाषाओं के अधिक सम्पर्क में नहीं आ सकी है।

सातवाहनों के समय में राजधानी पश्चिम में थी और उनका शासन पूर्व में था। आध्रप्रदेश में—पूर्वी तट के राज्यों में—श्रीकाकुलम् से नेल्लूर-गुंडूर तक प्राकृत भाषा सातवाहनों के कारण पहुंची। प्राकृत भाषा वहां की भाषा न थी। आन्ध्रप्रदेश में सातवाहनों के काल के अभिलेख प्राकृत में मिलते हैं। प्राकृत आन्ध्र-प्रदेश में शासकीय भाषा के रूप में रही और बाद में—सातवाहनों की अधीनता से मुक्त होने पर—उनका ध्यान संस्कृत की ओर गया। गुप्त राजा—समुद्रगुप्त-चन्द्र-गुप्त आदि—की विजय के कारण संस्कृत भाषा को आन्ध्रप्रदेश में प्रोत्साहन मिला। आन्ध्रप्रदेश में संस्कृत भाषा सीधे पहुंची है। प्राकृत का माध्यम आन्ध्रप्रदेश में नहीं है। तेलुगु भाषा का सम्बन्ध प्राकृत से नहीं जोड़ा जाता। इस तुलना में मराठी भाषा का सम्बन्ध प्राकृत से जोड़ा जाता है। इसके कारण ऐतिहासिक हैं।

सातवाहनों के समय में और वाकाटकों के समय में हमें मराठी भाषा की एक भी पंक्ति (अभिलेखों तक में) नहीं मिलती। सब कुछ अन्धकार में है। इतनी बात सच है कि इस पूरी अवधि में प्राकृत भाषा प्रबल रही है। सातवाहनों के समय में प्राकृत और वाकाटकों के समय में प्राकृत भाषा का स्थान संस्कृत भाषा लेने लगी थी, वाकाटकों के तुरन्त बाद वातापि के चालुक्य प्रबल हुए। वे कर्नाटक में थे और वहीं से वे उत्तर की ओर बढ़े और समस्त महाराष्ट्र में शक्तिशाली हो गये। सातवाहनों के बाद में वातापि के चालुक्य प्रबल शासक हुए जिनके राज्य की सीमाएं तमिल प्रदेशों को छूती थीं और समस्त महाराष्ट्र, कर्नाटक तथा आन्ध्र प्रदेश उनके साम्राज्य का भाग हो गया था। कई छोटे-छोटे राज्य थे। चालुक्यों की ही एक शाखा बाद में वेंगी में (आन्ध्रप्रदेश में—पूर्वी तट पर गोदावरी के निकट) प्रबल हुई। बादामी के चालुक्यों के कमजोर होते ही राष्ट्रकूट राजा प्रबल हो गये। ये राष्ट्रकूट राजा महाराष्ट्र में शासन करने लगे। पहले इनकी राजधानी महाराष्ट्र में एलापुर (एलोरा के निकट) रही। इनकी सेना मयूरखण्डी (नासिक के पास) में रहती थी और यहीं से ये राजा दूर-दूर तक नर्मदा नदी तक आक्रमण करते रहे। राष्ट्रकूट राजाओं का क्षेत्र वातापि के चालुक्यों से विस्तृत था किन्तु चालुक्य राजा सभी सीमाओं पर (राष्ट्रकूटों की सीमाओं पर) अपना अस्तित्व बनाये हुए थे। पूर्व में वेंगी में उनकी शाखा थी। दक्षिण में उनके अवशेष थे ही और उत्तर में लाट देश में उनकी अलग शाखा हुई। राष्ट्रकूटों के कमजोर होते ही चालुक्य पुनः प्रबल हो गये। दक्षिण के अधिक दबाव के कारण राष्ट्रकूटों ने महाराष्ट्र का उत्तरी भाग छोड़ दिया और वे मान्यखेट चले आये (बीदर जिले में है) यहीं से वे शासन करते रहे।

राष्ट्रकूटों में अमोघवर्ष का शासन काल दीर्घ रहा है और वह मान्यखेट से ही शासन कर रहा था। उसकी राजधानी तीनों भाषाओं का भौगोलिक केन्द्र है—

तेलुगु, कन्नड़ और मराठी। राष्ट्रकूटों का पतन होते ही चालुक्य पुनः प्रबल हो गये। उन्होंने कल्याणी को राजधानी बनाया। कल्याणी बीदर जिले में ही है। कल्याणी के चालुक्यों के समय में वेंगी के चालुक्य तथा लाट के चालुक्य अपनी-अपनी सत्ता को दृढ़ कर रहे थे। एक प्रकार से महाराष्ट्र आन्ध्रप्रदेश तथा कर्नाटक का प्राक्-रूप इसी समय में बन रहा था।

मराठी भाषा का भौगोलिक क्षेत्र राष्ट्रकूटों के समय से अधिक स्पष्ट होने लगता है। उनके राज्य की सीमाओं में समस्त महाराष्ट्र रहा है। महाराष्ट्र से उत्तर में वे गुजरात तक और दक्षिण में वे चोलों की सीमाओं को (तमिल प्रदेश को) छूते थे। राष्ट्रकूटों के समय में सीमावर्ती प्रदेशों पर चालुक्य अपना अस्तित्व किसी-न-किसी रूप में बनाये हुए थे। विशेष रूप से वेंगी के चालुक्यों का अस्तित्व—स्वतन्त्र अस्तित्व कहना चाहिए—राष्ट्रकूटों के समस्त काल में रहा है। सातवाहनों के बाद में पूर्वी तट से पश्चिमी तट का सम्पर्क टूट गया था। बाद में वाकाटकों ने भी उत्तर-दक्षिण में ही विस्तार किया। पूर्वी तट की ओर वे गये नहीं और इसके बाद तो यह अलगाव—पश्चिमी तट और पूर्वी तट के राज्यों का अलगाव—इतिहास में निरन्तर बना रहा। प्राकृतिक रूप में ही आर्य परिवार और द्रविड़ परिवार अलग हो गये। राजनीतिक कारण तो हैं ही—इससे अधिक भौगोलिक कारण हैं।

वाकाटकों के समय में राज्य की सीमाएं निश्चित ही पूर्व में वहां तक पहुंची हैं, जहां तक आज भी महाराष्ट्र की सीमाएं हैं। उत्तर में वे पूर्वी तट से कुछ ही दूर रहती हैं। उड़ीसा तक ठीक से संपर्क न होने पर भी—छत्तीसगढ़ का वन्य प्रदेश आ जाता है। यह वन्य प्रदेश अपने आप में आदिवासियों का क्षेत्र है और वह आज भी बना हुआ है। महाराष्ट्र के उत्तर-पूर्व के विस्तार की रेखा से दक्षिण की ओर बढ़ते जायें तो सीमा रेखा महाराष्ट्र और आन्ध्रप्रदेश की बनती जाती है। दक्षिण की ओर बढ़ते समय हम पश्चिम की ओर बढ़ते जाते हैं, और यह बढ़ना बीदर जिले तक (आज का नाम है) अर्थात् राष्ट्रकूटों की राजधानी और बाद में चालुक्यों की राजधानी तक जारी रहता है। यहां से आगे महाराष्ट्र की सीमा-रेखा पश्चिम की ओर मुड़ते समय कर्नाटक से जुड़ जाती है।

आन्ध्र-प्रदेश और महाराष्ट्र की सीमाओं को ध्यान से देखें तो इन सीमाओं में भौगोलिक कारण प्रधान हैं। इन सीमारेखाओं में घना जंगल है। ऊंची पहाड़ियां हैं। सहज प्रवेश सम्भव नहीं है और आवागमन की कठिनाइयां हैं। स्वयं प्रकृति ने ही भाषाओं के भेद की सीमाएं बना दी हैं। पश्चिमी तट और पूर्वी तट सीधे-सीधे आपस में राजनीतिक स्तर पर ठीक से जुड़ नहीं पाये हैं।

जहां तक मराठी भाषा के भौगोलिक क्षेत्र का सम्बन्ध है, उसकी पूर्वी सीमा का निर्धारण वाकाटकों के समय में हो गया और बाद में दक्षिणी सीमा का निर्धारण यादव राजाओं के समय में हुआ। कल्याणी के चालुक्यों के पतन के समय में पहले

केन्द्र पर कुछ काल के लिए कलचुरियों का अधिकार हो गया था किन्तु यादवों ने बाद में उनका स्थान ले लिया। दक्षिण में होयसल राजा प्रबल हो गये। होयसलों का क्षेत्र कन्नड़ भाषा का है और यादवों का क्षेत्र मराठी भाषा का है। पूर्व में इस समय काकतीयों का उदय हुआ। उनकी राजधानी वरंगल हुई। इसी प्रकार होयसलों की राजधानी द्वार समुद्र (मैसूर के निकट) हुई। यादवों की राजधानी देवगिरि हुई। कल्याणी के चालुक्यों के पतन के बाद तीनों भाषाओं के क्षेत्र अपने आप राजनीतिक रूप में अलग-अलग हो गये।

ऐसी मान्यता रही है कि महाराष्ट्री प्राकृत से महाराष्ट्री अपभ्रंश का उद्भव हुआ और उसी से मराठी भाषा का उद्भव हुआ है। किन्तु जिन विद्वानों ने मराठी भाषा का इतिहास लिखा है, वे महाराष्ट्री प्राकृत के बाद की स्थिति महाराष्ट्री अप्रभ्रंश के सम्बन्ध में कहते हैं कि मराठी ग्रन्थकारों को अपभ्रंश ज्ञात हो किन्तु महाराष्ट्री अपभ्रंश की एक भी रचना उपलब्ध नहीं है। और यदि हम मराठी के उद्भव का काल 1000 शक संवत् के आसपास मान लें तो तदनुसार महाराष्ट्री अपभ्रंश का काल भी वही मानना होगा।[17]

ग्रन्थों में या रचनाओं में मराठी भाषा का स्वरूप बहुत बाद में दिखायी देता है। उसका आरम्भ हमें अभिलेखों में मिलता है। मराठी के अभिलेखों पर एक पुस्तक प्रकाशित हुई है। पुस्तक का नाम है—'प्राचीन मराठी कोरीव लेख', इसका सम्पादन शं. गो. तुळपुळे ने किया है। इसका प्रकाशन पुणे विश्वविद्यालय से 1963 ई. में हुआ। इसमें सम्पादित अभिलेखों के सम्बन्ध में सम्पादक का कहना है—

"एकत्रित 76 अभिलेखों में 66 शिलालेख हैं और 10 ताम्रलेख।···सामान्य रूप में 6 शिलालेखों के साथ 1 ताम्रलेख मिलता है। इन 10 ताम्रलेखों में 4 संदिग्ध हैं। अर्थात् महाराष्ट्र में शिलालेखों की तुलना में ताम्रलेखों का प्रमाण बहुत कम है। इस संग्रह के एकत्रित 76 अभिलेखों में 59 अभिलेख ऐसे हैं, जिनमें तिथियों का उल्लेख है। अन्य अभिलेखों में चार संदिग्ध हैं। 6 ऐसे हैं जिनका काल अनुमान से निश्चित करना पड़ता है और 7 ऐसे हैं जिनके सम्बन्ध में कुछ कहना कठिन है। 59 अभिलेखों का कालनिर्देश निम्न रूप में मिलता है :—

काल				अभिलेखों की संख्या
शक संवत्	934 से	1000 तक	···	2
"	1001	1100	···	11
"	1101	1200	···	22
"	1201	1300	···	20
	1301	1335	···	4
				59

ऊपर की तालिका में आरम्भ में और अन्त में अभिलेखों की संख्या बहुत कम है। प्राय: 1100 शक संवत् से 1300 शक संवत् के बीच अभिलेख अधिक लिखे गये।"[18]

मराठी अभिलेखों में प्रथम अभिलेख 934 शक संवत् अर्थात् 1012 ई० का है। दूसरा अभिलेख शक संवत् 982 अर्थात् 1060 ई० का है। ईसा की ग्यारहवीं शती से पूर्व मराठी भाषा की एक भी पंक्ति उपलब्ध नहीं है। इस तुलना में तेलुगु भाषा में प्रथम अभिलेख छठी शती के अन्तिम दशकों के मिलते हैं। मराठी के उपलब्ध अभिलेखों में और तेलुगु के उपलब्ध अभिलेखों में लगभग 500 वर्षों का अन्तर है।

श्री के० महोदय शास्त्री ने छठी शती से दसवीं शती के बीच के 100 अभिलेखों के आधार पर प्राचीन तेलुगु भाषा का ऐतिहासिक विवेचन अपनी पुस्तक 'दि हिस्टारिकल ग्रामर ऑफ तेलुगु' में किया है। छठी शती से भी पहले वे तेलुगु भाषा का अस्तित्व ई० पू० दूसरी शती तक पीछे ले जाते हैं। कुछ प्राकृत के तथा कुछ संस्कृत के अभिलेखों पर एक स्वतन्त्र अध्याय उन्होंने लिखा है। वे अभिलेख प्राय: सातवाहन राजाओं के काल के हैं। प्राकृत तथा संस्कृत के अभिलेखों में तेलुगु भाषा के प्राचीन संस्कारों की पहचान श्री के० महादेव शास्त्री ने की है।[19]

तेलुगु भाषा का इतिहास लिखनेवाले विद्वान् तेलुगु भाषा के अस्तित्व को ई० पू० की दूसरी शती तक पीछे ले जाते हैं। इस तुलना में मराठी का अस्तित्व स्वयं मराठी के विद्वान् इतना पीछे तक नहीं बतलाते। ई० पू० की शताब्दियों में तमिल भाषा का अस्तित्व मिलता है। तमिलभाषी क्षेत्र सुदूर दक्षिण में हैं और ईसा पूर्व की शताब्दियों में नन्द तथा मौर्यों के समय वह क्षेत्र एक प्रकार से स्वतन्त्र रहा है। सातवाहनों के शासन काल में भी तमिल क्षेत्र प्राकृत भाषा या संस्कृत भाषा से प्राय: मुक्त ही रहा है। इस तुलना में आन्ध्रप्रदेश का क्षेत्र, कर्नाटक का क्षेत्र तथा महाराष्ट्र—इन तीनों प्रदेशों का क्षेत्र—सातवाहनों के समय प्राकृत भाषा से अधिक प्रभावित था। और इन तीनों में भी महाराष्ट्र में प्राकृत भाषा का अस्तित्व अधिक काल तक रहा है। सातवाहनों के बाद में वाकाटकों और राष्ट्रकूटों के समय में भी प्राकृत भाषा और बाद में संस्कृत भाषा महाराष्ट्र में रही है। वस्तुतः इस तथ्य को लेकर विचार होना चाहिए कि प्राकृत भाषा का सम्बन्ध मराठी, तेलुगु और कन्नड़ तीनों भाषाओं के साथ किस रूप में है। कारण यह है कि इसी आधार पर आर्य परिवार और द्रविड़ परिवार के अलगाव के ऐतिहासिक कारणों का विवेचन किया जा सकता है।

क्या प्राकृत भाषा के अस्तित्व को महाराष्ट्र में ग्यारहवीं शताब्दी के आरम्भ तक—मराठी का प्रथम अभिलेख मिलने तक—स्वीकार कर लें? और ठीक इसके विपरीत यह मान लें कि तेलुगु के अभिलेख छठी शती के अंतिम दशकों में मिलते

हैं। तेलुगु के अभिलेखों से 800 वर्ष पीछे जाकर सातवाहनों के समय में तेलुगु के अस्तित्व को स्वीकार करना—एक अर्थ में उसी समय में मराठी के अस्तित्व को स्वीकार करने के समान है। ग्यारहवीं शताब्दी में मराठी का प्रथम अभिलेख मिलता है, इसका तात्पर्य यह नहीं कि उससे पूर्व मराठी भाषा का अस्तित्व नहीं था। वस्तुत: हमें सातवाहनों के काल में मराठी भाषा के अस्तित्व को स्वीकार कर लेना चाहिए। इसके प्रमाण में (दोहराते हुए ही कह रहा हूं) पुन: कहना चाहूंगा कि महाराष्ट्री प्राकृत—प्राकृत भाषा का मानक और साहित्यिक रूप है और वह भाषा महाराष्ट्र की भौगोलिक भाषा हो नहीं सकती। चूंकि महाराष्ट्र में सात-वाहनों की राजधानी थी और उसे महाराष्ट्र में राजभाषा के रूप में मान्यता मिली। अत: वह भाषा अधिक काल तक महाराष्ट्र में बनी रही और उसने स्थानीय भाषा को स्वतन्त्र अभिव्यक्ति का अवसर नहीं दिया। आंध्रप्रदेश का भाग सातवाहनों के बाद कुछ स्वतन्त्र हो गया इसलिए उन प्रदेश में—पूर्वी तट का प्रदेश—तेलुगु भाषा में अभिलेख पहले मिलने लगते हैं।

उत्तर भारत को दक्षिण भारत से जोड़ने वाले दो पथ प्रधान रहे हैं। एक है दक्षिणापथ और दूसरा आन्ध्र पथ। दक्षिणापथ इन दोनों में प्रधान है और इस पथ का उपयोग अधिक हुआ है। इस पथ का सम्बन्ध महाराष्ट्र से है। यह पथ पश्चिमी तट का है। दूसरा पथ पूर्वी तट का है। वह आन्ध्र पथ का है। पश्चिमी तट से दक्षिणापथ से प्राकृत भाषा का विस्तार हुआ और वह भाषा फिर कर्नाटक और अन्ध्र तक पहुंची। आन्ध्र पथ से समुद्रगुप्त दक्षिण में आया और उसके बाद संस्कृत भाषा का महत्त्व आन्ध्र में बढ़ता गया। परिणाम यह हुआ कि तेलुगु भाषा अपने मूल रूप में ही संस्कृत से सीधे प्रभावित हुई। मराठी भाषा को संस्कृत के साथ-साथ प्राकृत भाषा का संस्कार अधिक प्राप्त हुआ है। प्राकृत भाषा के अधिक संस्कार के कारण मराठी भाषा दक्षिण की भाषाओं से अलग हो गयी है।

सातवाहनों के काल से यादवों तक का काल मराठी भाषा के इतिहास की दृष्टि से अन्धकार में है। महाराष्ट्र के पूर्व में और दक्षिण में तेलुगु और कन्नड़ भाषाएं मराठी से पहले मुखरित हो गयीं। ऐसा क्यों हुआ ? केवल मराठी की बात नहीं है। उत्तर भारत की प्राय: आर्य परिवार की आधुनिक भाषाओं का इतिहास मराठी भाषा के इतिहास से मिलता-जुलता है। आर्य परिवार की आधुनिक भाषाओं और संस्कृत भाषा के बीच में प्राकृत-अपभ्रंश की कड़ी है। ऐसी बीच की कड़ी दक्षिण भारत की भाषाओं में नहीं मिलती। इस बीच की कड़ी के कारण आधुनिक आर्य भाषाओं का इतिहास का काल कुछ आगे बढ़ गया है। इस नाते मराठी आर्य परिवार के अधिक निकट है।

महाराष्ट्र में प्राकृत भाषा का काल इतिहास में और स्थानों की अपेक्षा अधिक है। सातवाहनों के समय से (ई० पू० तीसरी शती से) यादवों के काल तक

(1012 ई० तक पहला मराठी अभिलेख मिलने तक) लगभग बारह शताब्दियों से कुछ ऊपर का काल है। इस लम्बी अवधि में प्राकृत भाषा की साहित्यिक एवं धार्मिक प्रवृत्तियों का भी (विशेष रूप से महाराष्ट्र में) पूरा विवेचन एक स्थान पर नहीं मिलता। क्रम जोड़ना पड़ता है और अनुमान से ही काम चलाना पड़ता है।

श्री शं० गो० तुळपुळे ने प्राचीन अभिलेखों की—मराठी भाषा में उपलब्ध अभिलेखों से पहले के अभिलेखों की—भाषा पर अलग से विचार किया है। महाराष्ट्र में प्रचलित भाषा रूपों को पहचानने में उनके कथन महत्त्वपूर्ण हैं। मराठी भाषा के प्राथमिक स्वरूप को जानने में इससे सहायता मिलती है। वे लिखते हैं—

"लिपि के सम्बन्ध में जिस प्रकार उत्तर की ओर से आयी नागरी ने दक्षिण का बहुत बड़ा क्षेत्र घेर लिया, उसी प्रकार भाषा के सम्बन्ध में भी ऐसा ही कुछ हुआ है। इस दृष्टि से प्राचीन काल के गुफाओं के शिलालेखों पर विचार करें तो उनमें भाषाओं के तीन प्रकार दिखायी देते हैं—(1) प्राकृत (2) प्राकृत-संस्कृत एवं (3) संस्कृत। जिस काल-क्रम में भाषाओं के तीन प्रकार रूढ़ हुए वह क्रम स्थूल रूप में वही रहा है। अर्थात् प्रथम प्राकृत, अनन्तर संमिश्र और अन्त में संस्कृत है। सातवाहनों के प्राय: सभी अभिलेख प्राकृत में हैं। क्षहरातों के अभिलेख प्राकृत में होने पर भी वे संस्कृत की ओर झुकते प्रतीत होते हैं। इसका कारण यह है कि क्षहरातों के सभी प्राकृत अभिलेखों पर संस्कृत की छाया स्पष्ट रूप में दिखायी देती है। इसके बाद धीरे-धीरे प्राकृत का स्थान संस्कृत ने लिया और इससे वाकाटकों के आरम्भ के अभिलेखों में भाषाओं का यह संस्कृतीकरण साफ दिखाई देता है। वाकाटकों का पहला उपलब्ध ताम्रपट वाशिम का है। इस ताम्रपट की भाषा का अध्ययन इसी दृष्टि से किया जा सकता है। इस ताम्रपट की आरम्भ की वंशावली से संबंधित पांच पंक्तियां और अन्त की आशीर्वचनात्मक सामग्री शुद्ध संस्कृत में है। बीच का भाग केवल प्राकृत में है। यही प्रथा आगे भी कुछ काल तक चलती रही है। बादामी के चालुक्यों के अभिलेख भी इसी प्रकार के मिलते हैं। भाषा की दृष्टि से इन अभिलेखों को तीन भागों में विभाजित करना पड़ेगा। पहला विभाग विजयादित्य चालुक्य तक होगा अर्थात् 696 ई० तक होगा। इस समय तक के प्राय: अभिलेख संस्कृत भाषा में हैं। विजयादित्य के समय से बादामी के चालुक्यों का शासन महाराष्ट्र और कर्नाटक दो भागों में विभाजित हुआ और इससे भाषाओं का विभाजन भी हो गया। अर्थात् उत्तर में संस्कृत और कर्नाटक में कन्नड़—इस प्रकार भाषिक विभाजन हो गया। ऐसा लगता है कि चालुक्यों की भाषा सम्बन्धी नीति द्विभाषिक रही है। महाराष्ट्र में (उत्तर-दक्षिण में) संस्कृत और कर्नाटक में कन्नड़। अभिलेख का प्रस्तावना सम्बन्धी भाग और समापनपरक पंक्तियां संस्कृत में लिखी जाती रहीं और बीच की

पंक्तियां कन्नड़ में लिखी जाने लगीं। इन अभिलेखों में कन्नड़ को 'प्राकृत भाषा' कहा गया है। यह तथ्य ध्यान देने योग्य है। इसका एक अर्थ यह भी होता है कि एक ही अभिलेख में संस्कृत तथा प्राकृत दो भाषाओं का उपयोग कर अभिलेखों का संमिश्र स्वरूप बनाये रखने की रूढ़ परम्परा का पालन उन्होंने किया है। इसके बाद राष्ट्रकूटों के शासन काल पर विचार करें तो प्रतीत होगा कि वे भी चालुक्यों की प्रायः इस नीति का पालन करते रहे हैं। उनकी भाषिक योजना भी प्रांतों के अनुसार रही है। दक्षिण (अर्थात् महाराष्ट्र) एवं गुजरात के अभिलेखों में संस्कृत, कर्नाटक के अभिलेखों में कन्नड़ एवं तमिलनाडु के अभिलेखों में तमिल भाषा का उपयोग राष्ट्रकूट नरेश करते रहे हैं। उनकी नीति यही थी। इसी तरह अभिलेखों का स्वरूप द्विभाषिक रहा है। इसके बाद कल्याणी के चालुक्यों का काल आता है। उनके अभिलेख प्रधान रूप से कन्नड़ में हैं, कुछ केवल संस्कृत में और कुछ संस्कृत-कन्नड़ संमिश्र स्वरूप के हैं। कल्याणी के चालुक्यों के तीन ताम्रपटों में मराठी भाषा का आभास मिल जाता है। इन पर आगे विस्तार से लिखा गया है। इसके बाद यादवों के अभिलेखों पर विचार करें। उनका स्वरूप भी प्रायः संमिश्र ही है। महाराष्ट्र में अभिलेखों का स्वरूप संस्कृत अथवा मराठी भाषा का है और कर्नाटक में वही संस्कृत-कन्नड़ को अपनाये हुए हैं। इसके अतिरिक्त पूर्ण रूप से संस्कृत में या मराठी में या कन्नड़ में लिखे हुए अभिलेख भी मिलते हैं। यादवों के उपलब्ध अभिलेखों में कन्नड़ भाषा के अभिलेख लगभग आधे हैं। कलचुरियों और शिलाहारों के लेखन का स्वरूप भी प्रायः ऐसा है। कलचुरियों के कर्नाटक के समस्त अभिलेख कन्नड़ भाषा में हैं। कोल्हापुर के शिलाहारों के अभिलेख भाषा की दृष्टि से (1) संस्कृत, (2) संस्कृत-कन्नड़ एवं (3) कन्नड़—तीन प्रकार के हैं। उनमें भी कन्नड़ अभिलेखों की संख्या सबसे अधिक है। ठीक इसी प्रकार कोंकण के शिलाहारों के अभिलेख (1), संस्कृत (2) संस्कृत-मराठी एवं (3) मराठी—तीन प्रकार के हैं।"[20]

शं० गो० तुळपुळे अभिलेखों की भाषाओं पर विस्तार से लिखने के बाद निष्कर्ष रूप में लिखते हैं—

1. दक्षिण के प्राचीनतम अभिलेख प्राकृत भाषा के हैं।

2. प्राकृत भाषा का स्थान धीरे-धीरे संस्कृत भाषा ने लिया है।

3. अभिलेख अधिक संख्या में संमिश्र स्वरूप के हैं। उनका औपचारिक भाग संस्कृत एवं मुख्य भाग प्राकृत भाषा का रहा है।

4. सातवाहनों के समय से कोंकण के शिलाहारों तक दक्षिण में कई वंशों ने शासन किया किन्तु भाषाओं के सम्बन्ध में उनकी नीति प्रायः व्यावहारिक रही है। किसी ने भी किसी भाषा विशेष के लिए आग्रह नहीं किया।

5. भाषा के सम्बन्ध में उदार नीति अपनाने के कारण एक ही राज्य में दो,

तीन और चार अलग-अलग भाषाओं में अभिलेख लिखे गये हैं।

6. अभिलेखों में प्राकृत भाषा का स्थान प्रथम संस्कृत भाषा ने लिया और अनन्तर मराठी-कन्नड़ ने उनका स्थान लिया।

7. यह सब होते हुए भी दक्षिण के अभिलेखों पर संस्कृत भाषा का प्रभाव सदैव बना रहा।"[21]

श्री शं० गो० तुळपुळे के निष्कर्ष व्यावहारिक और तथ्यों पर आधारित हैं। इन निष्कर्षों को देखते हुए यह कहना आवश्यक प्रतीत होता है कि महाराष्ट्री प्राकृत के स्वरूप पर भाषा-भूगोल की दृष्टि से विचार किया जाये। सब कुछ अनुमान नहीं होगा किन्तु इन अनुमानों को प्राथमिक आधार प्राप्त हो गया है। तदनुसार आनुषंगिक रूप में कुछ निष्कर्ष हैं—

1. दक्षिण में प्राकृत भाषा के अभिलेख प्राचीनतम हैं। ये सातवाहनों के काल के हैं। वह प्राकृत भाषा महाराष्ट्री प्राकृत ही है या अन्य (प्राकृत का कोई दूसरा रूप)—इसकी जांच आवश्यक है।

2. कर्नाटक तथा आन्ध्रप्रदेश के क्षेत्रों में प्रचलित प्राकृतों के अभिलेखों की भाषाओं को क्या महाराष्ट्री प्राकृत भाषा कहा जा सकेगा ?

3. पीछे अनुच्छेद संख्या 235 में (शं० गो० तुलपुले की उद्धृत पंक्तियों में) कहा गया है कि कन्नड़ को भी आरम्भ में प्राकृत कहा जाता रहा है। इसका तात्पर्य यह भी हो गया कि (एक अर्थ में) भारत की प्राय: सभी भाषाओं को (संस्कृत को छोड़कर) प्राकृत के नाम से अभिहित किया गया है। प्राकृत के फिर अलग-अलग नाम देशभेद और जातिभेद से हुए हैं। मार्कण्डेय की पुस्तक 'प्राकृत-सर्वस्वम्' इस तथ्य की पुष्टि में सहायक है। उसने दक्षिण की भाषाओं को भी प्राकृतों के अन्तर्गत रखा है।

4. महाराष्ट्री प्राकृत—को भौगोलिक स्वरूप की भाषा न मानकर, उसे प्राकृत भाषा का देशव्यापी मानक रूप कहना चाहिए। वह काव्य की भाषा है।

5. प्राकृत भाषा का स्थान संस्कृत ने लिया और फिर बाद में देशी भाषाओं ने—मराठी, कन्नड़ और तेलुगु आदि ने—लिया है। इनमें भी आर्य परिवार और द्रविड़ परिवार की भाषाओं की दृष्टि से विचार करें तो कन्नड़ और तेलुगु दोनों ही भाषाएं पहले मुखरित हुईं। महाराष्ट्र में संस्कृत भाषा चलती रही। ऐसा क्यों ? क्या संस्कृत भाषा के अधिक काल तक प्रचलित रहने के कारण मराठी आर्य परिवार की हो गयी ? और फिर प्राकृत की बात करें तो जिस समय में कर्नाटक और आन्ध्र में कन्नड़ और तेलुगु मुखरित हो रही थीं—अभिव्यक्ति का आधार ग्रहण कर रही थीं—अभिलेखों में उसका उपयोग हो रहा था; ठीक उसी समय में मराठी भाषा मुखरित क्यों नहीं हुई और इस विलम्ब में प्राकृत भाषा अन्तराल में नहीं थी। उसका स्थान संस्कृत ने ले लिया था। ऐतिहासिक तथ्य यही

कह रहे हैं।

6. प्राकृत को विकास के बीच की कड़ी मानें तो इतिहास में विपरीत तथ्य मिलते हैं। प्राकृत के बाद में सीधी देशभाषाएं नहीं मिलतीं। मराठी की स्थिति यही है।

7. मराठी भाषा की ऐतिहासिक स्थिति द्रविड़ परिवार की भाषाओं के सदृश होने पर भी संस्कृत भाषा अन्तराल में (बीच के काल में—5 शताब्दियों तक कहना चाहिए) होने के कारण और उसका बाद में स्वरूप उत्तर भारत की भाषाओं से अधिक जुड़ने के कारण—मराठी भाषा आर्य परिवार की ओर झुक गयी है।

सन्दर्भ

1. 'प्राकृत-सर्वस्वम् (मार्कण्डेयविरचितं)', सम्पादक : डॉ० कृष्णचन्द्र आचार्य, प्रकाशक : प्राकृत टेक्स्ट सोसाइटी, अहमदाबाद-9, प्रथम संस्करण 1968, भूमिका से, पृ० 37
2. 'देशी नाममाला का भाषा वैज्ञानिक अध्ययन' : डॉ० शिवमूर्ति शर्मा, देवनागर प्रकाशन, जयपुर, प्रथम संस्करण, 1985, पृ० 34
3. 'प्राकृत-सर्वस्वम् (मार्कण्डेयविरचितं)', सम्पादक : डॉ० कृष्णचन्द्र आचार्य, प्रथम पाद, पृ० 6
4. 'दक्षिण भारत का इतिहास' डॉ० के० ए० नीलकंठ शास्त्री (अनु० : डॉ० वीरेन्द्र शर्मा), बिहार हिन्दी ग्रंथ अकादमी, पटना, तृतीय संस्करण 1986, पृ० 77
5. 'मराठी भाषेचा विकास', प्रो० ब्लाक, (भाषान्तरकार : वासुदेव गोपाल परांजपे, मराठी पुस्तक), स्वयं लेखक द्वारा प्रकाशित, फर्ग्यूसन कालेज पुणे के संस्कृत के प्राध्यापक, प्रथम संस्करण 1941, पृ० (उपोद्घात से), 46
6. वही, पृ० 46 और 47
7. राजवाड़े लेख संग्रह : सम्पादक—तर्कतीर्थ लक्ष्मण शास्त्री जोशी, अनुवादक : वसन्तदेव। साहित्य अकादमी दिल्ली की ओर से शिवलाल अग्रवाल आगरा, द्वारा प्रकाशित, प्रथम संस्करण, 1964 ई० पृ० 143-144।
8. महाराष्ट्र सारस्वत (पुरवणी सह)—विनायक लक्ष्मण भावे। पाप्युलर प्रकाशन, 35 सी, ताडदेव रोड, मुंबई-34। (मराठी पुस्तक) पांचवां संस्करण 1963 ई०, पृ० 2
9. राजवाड़े लेख संग्रह—तर्कतीर्थ लक्ष्मण शास्त्री जोशी, अनुवादक : वसन्तदेव। साहित्य अकादमी दिल्ली की ओर से शिवलाल अग्रवाल एण्ड कम्पनी, आगरा द्वारा प्रकाशित। प्रथम संस्करण 1964, पृ० 145

10. XI आल इण्डिया कांफ्रेंस ऑफ द्रविडियन लिंग्विस्ट्स जून 5 से 7, 1981, सोवेनीर, उस्मानिया विश्वविद्यालय, हैदराबाद, पृष्ठ 9-10
11. नागरी प्रचारिणी पत्रिका, संवत् 2005, वर्ष 53, अंक 3-4, पृ० 222
12. वही, पृ० 221
13. वही, पृ० 220 से 224
14. दक्षिण भारत का इतिहास—मूल लेखक : डॉ० के० ए० नीलकंठ शास्त्री, अनुवादक : डॉ० वीरेन्द्र वर्मा। तृतीय संस्करण, 1986, पृ० 77
15. आद्य महाराष्ट्र आणि सातवाहन काल—रघुनाथ महारुद्र भुसारी (मठारी पुस्तक), मराठी साहित्य परिषद् आन्ध्र प्रदेश, हैदराबाद द्वारा प्रकाशित, प्रथग संस्करण 1979 ई०, पृ० 192 एवं 193
16. वही, पृ० 189-190
17. महाराष्ट्र सारस्वत—विनायक लक्ष्मण भावे (मराठी पुस्तक), पाप्युलर प्रकाशन, 35, ताडदेव रोड, मुम्बई-34, आवृत्ति पांचवीं, 1963 ई०, पृ० 8
18. प्राचीन मराठी कोरीव लेख—संपादन शं० गो० तुळपुळे, पुणे विश्वविद्यालय, पुणे द्वारा प्रकाशित (मराठी पुस्तक) प्रथम संस्करण 1963, पृ० 42 तथा 43
19. हिस्टारिकल ग्रामर ऑफ तेलुगु—के० महादेव शास्त्री। प्रका० श्री वेंकटेश्वर विश्वविद्यालय, तिरुपति। 1969, पृ० 23 से 36 तक (अध्याय 3)
20. प्राचीन मराठी कोरीव लेख—सम्पादक : शं० गो० तुळपुळे, (मराठी पुस्तक) प्रथम संस्करण 1963, पृ० 67-68
21. वही, पृ० 68

हिन्दी-मराठी : लोकनाट्य

डॉ० शकुन्तला पांचाल

कहा जाता है कि भारतीय कला राजाओं और सामन्तों के आश्रय में विकसित हुई। किन्तु जनसमाज और निम्न वर्ग में कला का अपना स्वरूप था और उनके मनोरंजन के अपने साधन थे। आज विद्वानों का ध्यान नाट्यकला की ओर गया है और लोकगीत, लोकनृत्य के साथ लोकनाट्य भी विवेच्य तथा आस्वाद्य विषय हो गया है।

"आज भी लोकनाट्य के लिए अपेक्षित रंगस्थल-निर्माण और रंगसज्जा के निमित्त न तो जमसमाज के पास उपयोगी साधन हैं, और न विशाल नाट्यमण्डपों के निर्माण के लिए स्थल ही उपलब्ध हैं। नाट्य-नृत्य के कलाकारों के प्रति जन-समाज सर्वदा नीची निगाह से देखता रहा, फिर भी जिनके हृदय में कला के प्रति आन्तरिक प्रेरणा विद्यमान है वे ही इस ओर आते हैं।"1

लोकगीत, लोकनृत्य और लोकनाट्य एक ओर धार्मिक भावना की परितृप्ति करते हैं तो दूसरी ओर सामाजिक मनोरंजन के साधन भी जुटाते हैं। जैसे छोटे बच्चों को खिलाते समय या लोरी गीतों में अर्थ की अपेक्षा एक प्रकार का ताल होता है, हाथों-गर्दन आदि की हलचल की जाती है—उदा० 'चांदोबा, चांदोबा भागलास का ?' या 'आपड़ी थापड़ी गुळाची पापड़ी' आदि गीतों को मराठी में बड़बड़ गीत कहते हैं। इसी प्रकार गणेशोत्सव की उपासना के समय गाया जाने वाला गीत 'गव्या गव्या-गणपती महानुभाव'। साहित्य में भी ऐसे गीतों का समावेश है। ये अर्थहीन गीत शताब्दियों से परंपरागत रूप में किस प्रकार चलते आए होंगे इस पर हमें ताज्जुब होता है।

दूसरी ओर लोकनाट्य श्रमिकों, पीड़ितों के मन की सहज और सशक्त अभिव्यक्ति है। लोकनाट्य के मूल निर्मिति में अनेकों कारण हो सकते हैं किन्तु समाजशास्त्रीय कारण भी उनमें से एक हो सकता है। हम देखते हैं कि आज भी देहात में चक्कियों पर गाए जाने वाले स्त्रियों के गीत भावरम्यता से विकसित हुए हैं। इसी के साथ महाराष्ट्र में पुरुष वर्ग द्वारा गाए जाने वाले लोकगीत भी

उपलब्ध हैं जैसे खेतों में काम करने वाले किसान अपने श्रमपरिहार के लिए मोट चलाते गीत गाते हैं, तो गोंदाली, भराडी, वासुदेव, पोतरा आदि आज भी गांवों में नृत्य के साथ जो गीत गाए जाते हैं उनका समावेश हम भक्तों के गीतों में करते हैं, या इन समस्त गीतों का स्वरूप उपासना गीतों का होता है। इसके अतिरिक्त 'पांगुल' भी एक लोकगीत है—आज भी देहात में गांव के चौराहे के किसी बड़े पेड़ पर बैठकर सूर्योदय के पूर्व गांव के स्त्री-पुरुषों को संबोधित करते हुए पांगुल अपना गीत गाता है—"आयांनो, बायांनो पांगुल आला हो, बेचाळीस कुळाचा उद्धार, सदाशिवाचा भक्त असेल, पांगुळाला दान देईल आई बापालां दान देईल, दान पावे करें" इस प्रकार जोर-जोर से पुकारते हुए अपना गीत गाता है। पांगुल संप्रदाय महाराष्ट्र और कर्नाटक में स्थित है।[2]

इसके अतिरिक्त लोकनाट्य में विधिनाट्य का समावेश भी होता है। जैसे—'पंचमी' को ही लीजिए, चैत्र मास के किसी भी तीन या पांच दिन यह उत्सव होता है, इसलिए इसे 'चैती' कहते हैं। यात्रा में जो खेल खेले जाते हैं उसे आखाड़ा कहते हैं। कलगी-तुर्रा के मेले में जो खेल होते हैं उसे भी मराठवाड़ा में 'आखाड़ा' कहते हैं। इसी 'चैती' के उत्सव को 'आखाड़ी' नाम से भी पुकारते हैं, क्योंकि इसका स्वरूप मेले का होता है और इसमें दशावतार के अलग-अलग स्वांग बनाए जाते हैं। कहीं-कहीं इस कार्यक्रम में कलगी-तुर्रा के 'लावणी' गीत गाए जाते हैं। नासिक जिले में इस उत्सव को 'आखाड़ी' ही कहते हैं। बसंतपंचमी के दिन इस उत्सव का समापन होता है। मराठवाड़ा में नियमित रूप से मनाया जाने वाला यह उत्सव एक प्रकार से विधिनाट्य ही है। अनेकों गांवों में आज भी 'पंचमी' विधिनाट्य के अवसर पर 'तमाशा' की प्रथा रूढ़ है। तमाशा के किसी वर्ग को बीच में ही रोक-कर स्वांग को प्राधान्य दिया जाता है। कुछ गांवों में 'तमाशा' के बदले कलगी-तुर्रे का फड़ शुरू होता है और कुछ स्थानों पर 'पंचमी' के स्वांगों के अतिरिक्त गूंगा ज्योतिषी आदि के स्वांग लिये जाते हैं। इस समय भारूड गाने की भी प्रथा है।

इस प्रकार धर्म प्रधान और रसास्वादन की इच्छा रखने वाले दोनों प्रकार के व्यक्ति इन लोकनाट्यों का आनंद लेते हैं। इसलिए हम लोकनाट्य को दो भागों में विभाजित करते हैं। (1) धर्मप्रधान लोकनाट्य और (2) सामाजिक लोक-नाट्य। धर्मप्रधान लोकनाट्यों में 'रामलीला', 'कृष्णलीला', 'बंगाल का यात्रा नाट्य' आदि का समावेश होता है। धार्मिक नाटकों में भी मनोरंजन का अंश मिला रहता है और उसमें लौकिकता आ जाती है।

जयदेव का 'गीत गोविंद' राधा-कृष्ण विहार लीला को ही मूल प्रवृत्ति मान-कर चला है। कीथ का मत है कि गीत गोविंद की रचना मुख्यतः गाने के लिए की गई थी। ज्ञात होता है कि जयदेव के गीतों का बंगाल की यात्राओं में गान भी

किया जाता होगा और भक्त लोग स्त्री-पुरुष के विभिन्न रूप धारण कर इनको (अभिनय) के रूप में भी प्रयुक्त करते होंगे। निस्संदेह जयदेव, विद्यापति, चंडीदास इत्यादि के गीत इन यात्राओं में सर्वदा आदर के साथ गाए जाते होंगे। बहुत संभव है कि जयदेव के 'गीत गोविंद' की रचना यात्राओं में अभिनय के लिए ही की गई हो और उसका बंगाल की जनता पर पर्याप्त प्रभाव भी पड़ा हो।

जयदेव के बाद यात्रा-नाट्य पर सर्वाधिक महत्व डालने वाले चैतन्य महाप्रभु थे। पंद्रहवीं शती में कृष्ण भक्ति से सारा देश ओत-प्रोत हो गया था। बंगाल की नाचती-गाती यात्राएं कृष्ण लीला से भर गई थीं। भक्तगण विभिन्न पात्रों का रूप धारण कर कृष्णलीला का अभिनय करते थे। चैतन्य महाप्रभु इन यात्राओं में स्वयं रुचि लेते थे और इनका शिष्यमंडल इस कथा में पारंगत हो गया था। इनका मुख्य उपास्य संगीत था।

आगे चलकर इन यात्राओं में एकमात्र कृष्णलीला ही अभिनेय नहीं रही, इनमें लौकिक गाथाओं पर आधारित अभिनयों का भी समावेश हो गया। सामाजिक, राजनैतिक विषय भी इन अभिनयों में सम्मिलित हो गये। धार्मिक प्रभाव धीरे-धीरे क्षीण हो गया। कहा जाता है कि विश्वकवि रवीन्द्रनाथ ठाकुर ने भी कतिपय यात्रा नाटक लिखे थे। इन यात्रा नाटकों ने स्वतंत्रता-संग्राम में भी पर्याप्त योगदान दिया। इन यात्राओं में देशभक्तिपूर्ण अभिनय प्रदर्शित किए गए और विदेशी सरकार के चंगुल से देश को छुड़ा लेने की प्रेरणा दी गई।

आज भी किसी देवता की यात्रा के अवसर पर जुलूस के साथ जनसमूह देवाराधन विषयक गीत गाता, कीर्तन करता और देवचरित्रपरक अभिनय करता जाता है। इन यात्राओं में नाचरंग भी होता है और लोकनृत्य भी दिखलाए जाते हैं। इनके लिए यात्रा-मार्ग में जो मंच सजाए जाते हैं वे तो लोकनाट्य के अनुकूल खुले मंच ही होते हैं। निस्संदेह धार्मिक लोकनाट्य में यात्रा नाटक की सत्ता जितनी प्राचीन है उसका महत्व भी उतना ही अधिक है।

दक्षिण के लोकनाट्यों में मैसूर और आंध्र के यक्षगान और कुचिपुडी अत्यंत प्रसिद्ध हैं। ये नृत्यनाट्य हैं, जिनका सम्बन्ध मंदिरों से रहता है। यक्षगान कर्णाटक का लोकनाट्य है। जिसकी परंपरा प्राचीन है। यक्षगान से मिलता-जुलता आंध्र का लोकनाट्य कुचिपुडी है। इसका अभिनय खुले आकाश के नीचे केवल रात में होता है। इस नृत्यनाट्य का प्रधान उद्देश्य भक्तिभाव है। महाराष्ट्र का ललित और गुजरात का भवाई भी प्रसिद्ध धार्मिक लोकनाट्य है। मद्रास प्रांत का तिरुकुशू लोकनाट्य कटाई के बाद खेला जाता है।

नौटंकी भौतिकता-प्रधान लोकनाट्य है। इसका प्रचार अधिकतर पंजाब, राजस्थान और उत्तर प्रदेश में है। जीवन की व्यस्तता के कारण इसका प्रसार कुछ कम होता जा रहा है। स्वांग भी भवाई और नौटंकी जैसा रात भर खेला

जाने वाला संगीत नाट्य है। महाराष्ट्र का तमाशा एक प्रसिद्ध लोकनाट्य है, जिसमें श्रृंगारिक कथाएं और शूरवीरता के कथानक दोनों ही पूर्णवेग के साथ अभिनीत किए जाते हैं। लोकनाट्य की दिशा में बहुरूपियों का भी महत्वपूर्ण योग रहता है। इनका कोई मंच नहीं होता। ये यों ही किसी स्थान पर किसी वेश में पहुंच जाते हैं और वेशानुरूप कोई नाट्य करते हैं। बहुरूपियों से मिलता-जुलता मद्रास का पांगल वेशम् लोकनाट्य भी होता है।

लोकनाटयों में ही पशुओं द्वारा किए जाने वाले नाट्यों को भी सफलतापूर्वक सम्मिलित किया जा सकता है। कहीं बाजीगर का तमाशा होता है, कहीं रीछ की क्रियाएं दिखलाई जाती हैं, कहीं कोई मदारी बन्दरों-बंदरियों को लिए हुए किसी गांव में पहुंच जाता है और उनके द्वारा रूठने-मनाने, पीहर जाने आदि का अभिनय प्रस्तुत कर गांव वालों का मनोरंजन करता है। लोकनाट्य के हास्य और मजाक के मूल में एक दुःख या पीड़ा जरूर छिपी होगी, इसमें कोई संदेह नहीं है।

लोकनाट्य बहती हुई नदी के समान है। लोकनाट्य की मूल प्रकृति को पकड़ना संभव नहीं है। उसका स्वरूप सतत बदलता रहता है, मनोरंजन तो सामने आने वाली एक विशेषता है। लोकनाट्य में मूल शब्द सतत परिवर्तित होते जाते हैं। आज दूरदर्शन के माध्यम का प्रभाव लोकनाट्य के शिल्प, संरचना और प्रस्तुतीकरण पर हो रहा है। प्रस्तुतीकरण के परिवर्तित रूप से ही हम उस युग की समसामयिकता को जान पाते हैं। लोकनाट्य को अभिजात्य नाटक की ओर अग्रसर होना है या अभिजात्य नाटक को लोकनाट्य की ओर अग्रसर होना है यह समझ में नहीं आता है। साठोत्तरी नाटककारों में सर्वेश्वरदयाल सक्सेना ने अपने क्षेत्र में पाश्चात्य साहित्य की ओर मुड़े बिना नवीनता को अपनाया है, उन्होंने अपनी पूर्वपरंपरा का सभी पहलुओं से अध्ययन कर उसको युगानुरूप प्रस्तुत करने का प्रयास किया है। लोकनाट्य को आधुनिक परिस्थिति के अनुरूप रंग-ढंग में बदलने का प्रयास भारतेन्दुजी ने भी अपने 'अंधेर नगरी' के रूप में लिया है। इसी प्रकार का प्रयास श्री सर्वेश्वरदयाल सक्सेना ने अपने नाटक 'बकरी' में किया है। रघुवर दयाल वार्ष्णेय ने अपनी पुस्तक 'रंगमंच की भूमिका और हिन्दी नाटक' पृ० 390 पर कहा है—

" 'बकरी' का कथ्य एवं वस्तु आम आदमी को प्रस्तुत करने वाला है । इतना ही नहीं नाटक की प्रस्तुति अर्थात शिल्प भी अपनी मिट्टी से व्युत्पन्न लोकधर्मी नाट्य-शिल्प स्पष्ट संकेत देता है कि नाटक को थियेटर की बंद दीवारों और सीमित दर्शकों से अलग खुले मंच और जनता के निकट लाता है।"[3]

नौटंकी और पारसी नाट्य शैली को अपनाने के बावजूद बकरी का शिल्प कुछ अपनी नवीनता प्रस्तुत करता है। सर्वेश्वरदयाल सक्सेना ने अपनी पुस्तक 'बकरी'

में पृ० 6-7 पर लिखा है—

"इस नाटक की निर्देशिका 'कविता नागपाल' ने नवीनता की ओर संकेत करते हुए कहा है—जहां नौटंकी में साहसिक घटनाओं, पौराणिक और ऐतिहासिक प्रसंगों के अतिरंजित रूप आम जनता को संवेदित करते हैं, वही 'बकरी' का विशेष कथ्य उसे पारम्परिक नौटंकी शैली से थोड़ा हटाता हुआ एक तीखा सामाजिक व्यंग्य बना देता है। इस व्यंग्य को और भी तीखा बनाने के लिए नाटककारों ने पारसी रंगमंच और पुरानी नौटंकी की धुनों का उपयोग किया है, जिसके लिए भाषा की आम मुहावरेदारी और लयात्मकता बुनियाद का काम करती है।"[4]

इस प्रकार हम कह सकते हैं कि 'बकरी' सामाजिक एवं राजनैतिक अन्याय के विरुद्ध एक साधारण आदमी की असाधारण खीझ, गुस्सा और प्रतिरोध का दस्तावेज है।

लोकधर्मी नाट्य शैली द्वारा समकालीनता की प्रस्तुति के क्षेत्र में सर्वेश्वर दयाल सक्सेना कृत 'लड़ाई', विनोद रस्तोगी कृत 'नई लहर' तथा मणि मधुकर की दो नाट्यकृतियां 'रसगंधर्व' व 'दुलारीबाई' उल्लेखनीय नाट्यकृतियां कही जा सकती हैं। 'लड़ाई' मूलतः सर्वेश्वरदयाल जी की बहुचर्चित मार्मिक कहानी का नाट्य रूपांतर है, व्यवस्था की विसंगतियों और सड़ते हुए समाज की विद्रूपता के खिलाफ आम आदमी की लड़ाई आज के दारुण संदर्भों का जीवन्त दस्तावेज है। 'नटरंग'—पृ० 59 अंक 35 में लिखा है। " 'लड़ाई' एक प्रतिबद्ध नाटक के तौर पर देखकर सामाजिक, राजनीतिक दृष्टि से जागरूक रंग-कर्मियों और महज उद्देश्यों के लिए नाटक को हथियार की तरह इस्तेमाल करने वाले वामपंथी नाट्य दलों द्वारा इस नाटक के व्यापक स्वीकार की खासी सम्भावनाएं हैं।"[5]

लोकनाट्य रूप विधान लेकर नौटंकी शैली में लिखे गए 'लहर' नाट्यकृति सौदागर तथा ग्रामीणों का प्रतीकात्मक एवं अन्योक्तिपरक कथा के माध्यम से अंग्रेजों का भारत में आगमन शोषण तथा स्वांतत्र्योत्तर राजनैतिक स्थिति का चित्र प्रस्तुत करती है। मणि मधुकर की 'दुलारीबाई' मानवीय लालसा का विद्रूप चित्र है सुविधा और सुरक्षा की लालसा, जीवन की सहजता और प्रकृत प्रवाह को खंडित कर देती है। इसीलिए उसके अंधेरे साये से बचकर जीवन की सहजता को प्राप्त करने का संदेश दुलारीबाई और कल्लू भांड की कथा से प्रस्तुत होता है। अपनी रूपकात्मकता से संप्रेषण के लिए नाटककार का लोकनाट्य शैली में ढले नौटंकी तर्ज के गीत विधान का प्रयोग इसका शिल्पगत नयापन है।

कॉमेडी नाटकों में संतोष नारायण नौटियाल के दो कॉमेडी नाटक 'पार्टियां', 'एक मशीन जीवन की' भगवतीचरण वर्मा की 'वसीयत' दयाप्रकाश सिन्हा की 'इतिहास चक्र' राजेन्द्रकुमार शर्मा की 'एक से बढ़कर एक', मणि मधुकर की

'दुलारीबाई' आदि नाट्यकृतियां उल्लेखनीय हैं तथा मराठी में विजय तेंडुलकर इसके उदाहरण हैं।

उपसंहार—संक्षेप में भारत का हिन्दी-मराठी लोकनाट्य अत्यंत समृद्ध तथा व्यापक क्षेत्रवाला है। इसमें लोकजीवन का पर्याप्त प्रतिनिधित्व देखा जाता है। लोकनाट्य समाज से उभरकर सामने आता है। भारतीय लोकनाट्य की कुछ झलकें नागरी नाट्य में मिलती हैं। अधिकांश लोकनाट्यों में लोकनृत्य भी सम्मिलित रहता है और अनेक प्रकार के गीत इन लोकनाट्यों की आत्मा के रूप में स्थित होते हैं। ढोल, नगाड़ा, तुरही, भेरी आदि वाद्यों का भी इनमें अधिक मात्रा में समावेश होता है। इस प्रकार मनोरंजन के लिए सभ्य जगत में जो अनेक परिष्कृत साधन अपनाए जाते हैं वे इन लोकनाट्यों में अपने नैसर्गिक रूप में विद्यमान रहते हैं। लोकनाट्यों में रस की प्रधानता अनिवार्य रूप से विद्यमान रहती है। लोक-नाट्य एक नैसर्गिक धारा है जो अपना मार्ग अपने आप निश्चित करती है। जब तक हम लोकनाट्य के लचीलेपन को स्वीकार नहीं करते तब तक हमारा भारतीय रंगमंच पूर्णतः सफल नहीं होगा। लोकनाट्य की शैली लोकसामान्य तक पहुंचने वाली सशक्त शैली है।

लोकनाट्य में लोक-मानस की अभिव्यक्ति होती रहती है। भारत की प्रत्येक भाषा के पास लोकनाट्य की सुदृढ़ परंपरा है। लोकनाट्य मानवी संस्कृति का आदिम रूप होते हुए भी वह एक गतिशील विधा है। एक ही समय वह अपने में परंपराएं, अंधश्रद्धाएं, लोक-कथाएं, लोकगीत तथा वेषभूषा को, तो दूसरी ओर अपने वर्तमान को भी समेटे हुए हैं।

(1) विकासात्मक दृष्टि से देखा जाए तो ऐसा महसूस होता है कि मराठी की अपेक्षा हिन्दी लोकनाट्य दो कदम आगे निकल चुका है किन्तु (2) प्रभावोत्पादकता की दृष्टि से विचार करने पर ऐसा लगता है कि आज मराठी लोकनाट्य हिन्दी लोकनाट्य की अपेक्षा लोकमानस पर अधिक प्रभाव छोड़ता है।

सन्दर्भ

1. 'लोकनाट्य : परंपरा और प्रवृत्तियां' : डॉ० महेन्द्र भानावत
2. 'लोक साहित्याचे अंत:प्रवाह' : डॉ० प्रभाकर मांडे, पृ० 24
3. 'आधुनिक हिन्दी मराठी नाटक' में डॉ० माधव सोनटक्के ने यह उद्धरण दिया है। पृ० 75
4. वही, पृ० 75
5. वही, पृ० 81

'मन समझावन' और 'श्री मनाचेश्लोक'

डॉ० छगनलाल गौड़

राजनैतिक परिवर्तनों के कारण मध्ययुगीन भारतीय समाज ने धार्मिक संघर्ष को झेला था। समाज-जीवन के स्तर पर यह संघर्ष अपने अनिष्ट दाम्भिक स्वरूप में अधिक समय तक जारी नहीं रह सका, उसने सहिष्णुता और समन्वय का सहारा लेते हुए उदार एकतावाद को अपरिहार्य रूप में उकसाया, जिसका परिणाम यह हुआ कि सच्चे ज्ञान, शुद्ध धर्म और मानवता प्रेम के ज्योति कणों ने सारे संकुचित भेदों की व्यर्थता सिद्ध कर दी। यह समन्वय का अभियान था, जिसने तनावग्रस्त मानसिकता को सहज और सुलझे हुए जीवन मूल्यों का बोध करा दिया था। हिन्दू-मुस्लिम संस्कृतियों की दो एकांगी धाराओं में शुद्ध विवेक की वाणी-धारा का संयोग कराते हुए भारतीय जन-मानस को पवित्र संगम की भूमि बना दिया था। इस अभियान की बागडोर सूफी भक्तों और ज्ञानमार्गी संतों के हाथ में थी। इन महापुरुषों में जिनका नाम गौरव के साथ लिया जा सकता है, उनमें शाह तुराब और समर्थ रामदास दोनों का स्थान बहुत ऊंचा है।

'शाह तुराब' सुदूर दक्षिण में जन्मे एक सूफी संत थे। सूफी तो वे केवल भौतिक रूप में ही कहे जा सकते हैं, वस्तुतः मानसिक स्तर पर वे शुद्ध विवेकी पुरुष थे। वे सच्चे खोजी पुरुष थे, जिन्हें दंभ से घृणा थी, भेद से अलगाव था, ज्ञान की लालसा थी और विवेक में निष्ठा थी। उनके इस व्यक्तित्व की साक्षी, उनकी सभी आठ रचनाएं देती हैं। वैसे सूफी सम्प्रदाय इस्लाम का ही अंग माना जाता है, लेकिन वास्तव में सूफी 'कूप मंडूक' कभी नहीं रहे। वे खुली हवा और मुक्त ज्ञान प्रेमी रहे हैं। इसी प्रवृत्ति ने उन्हें इस्लाम से काफी दूर; भारतीय वेदांत के निकट पहुंचा दिया था।[1] इसी प्रवृत्ति ने उन्हें दुराग्रह और संघर्ष से विमुख समरसता और समन्वय का पथगामी बना दिया था।[2] इसी मनोभूमि के कारण शाह तुराब ने जब महाराष्ट्र के संत श्रेष्ठ समर्थ रामदास की मराठी रचना—'श्री मनाचेश्लोक' को तंजौर में सुना तो भाव गद्‌गद हो गये और तुरंत निश्चय किया कि वे इसका 'जवाब' दकनी-हिन्दी में देंगे।[3]

शाह तुराब द्वारा वक्तव्य में जवाब शब्द का प्रयोग करने से यह धारणा बनती है कि शायद तुराब, रामदास की रचना से असंतुष्ट होकर अपनी प्रतिक्रिया व्यक्त करना चाहते हैं किन्तु यह भ्रम 'मन समझावन' को पढ़ना आरंभ करते ही धीरे-धीरे समाप्त होने लगता है। 'जवाब' शब्द का प्रयोग तुराब ने विरोध के अर्थ में नहीं अपितु सराहना के भाव से ही किया है। 'मराठी' में ऐसी सुन्दर रचना को देखकर उन्हें प्रेरणा हुई कि हिन्दी में भी इसी भाव और स्तर की रचना होनी चाहिए। अतः 'जवाब' शब्द का प्रयोग उन्होंने 'समतुल्य' अर्थ में ही किया है। यह निस्संदेह कहा जा सकता है कि तुराब 'श्री मनाचेश्लोक' को देख कर इतने आकर्षित और श्रद्धावनत हुए कि उस जैसी ही रचना हिन्दी-दकनी में प्रस्तुत करने का निश्चय कर तुरंत कार्य आरम्भ कर दिया। अपनी रचना के नामकरण से भी उन्होंने 'श्री मनाचेश्लोक' से उसकी समानता घोषित की है। परन्तु इस समानता का अर्थ कदापि यह नहीं समझना चाहिए कि 'मन समझावन' केवल 'श्री मनाचेश्लोक' का हिन्दी रूपांतर है। यदि रूपांतर ही करना होता तो तुराब 'जवाब' शब्द का कदापि प्रयोग नहीं करते। निस्संदेह 'मनाचेश्लोक' 'मन समझावन' का प्रेरणा स्रोत है किन्तु यह बात भी निस्सन्देह कही जा सकती है कि 'मन समझावन' तुराब की अपनी मौलिकता लिए हुए है। यह मौलिकता विषयबोध और निरूपण दोनों ही पक्षों में दिखाई देती है। दोनों रचनाओं के तुलनात्मक अध्ययन से यह तथ्य स्पष्ट हो जाता है।

समर्थ रामदास दृष्टा महात्मा-युग पुरुष थे। अनेक वर्षों के आध्यात्मिक चिन्तन तथा सामाजिक अवलोकन का परिपाक 'श्री मनाचेश्लोक' में उतर आया है। मराठी साहित्य में इसे गीता के समान ही 'अपौरुषेय वाणी' विशेषण से गौरवान्वित किया गया है। इस ग्रंथकार ने विविध विचार व्यक्त किए हैं। कदाचित इन श्लोकों की रचना प्रसंगानुसार हुई होगी और अंततः किसी निमित्त से ही उन्हें एकत्रित किया गया होगा। इन 205 श्लोकों का विषयानुसार वर्गीकरण नहीं किया गया है। तब भी श्री पांगारकर ने इन्हें तीन रूपों में रखा है।[5] सगुण भक्ति, निर्गुण बोध तथा सगुण-निर्गुणातीत शुद्ध स्वरूप। हमारी दृष्टि से अध्ययन के लिए इसके दो वर्ग करना ही पर्याप्त होगा—इष्ट भक्ति के श्लोक एक वर्ग में आते हैं तो व्यक्ति के सामाजिक जीवन के लिए मार्गदर्शक चिंतन दूसरे वर्ग में।

'प्रभाते मनीराम चिन्तीत जावा' तथा 'मना सज्जना राघवी वस्ति कीजे' जैसे श्लोकों में उनकी उत्कृष्ट सगुण राम भक्ति का बोध होता है तो दूसरी ओर अनेक देवी-देवताओं को भजने की मूर्खता त्याग कर एक ही सर्वोत्तम की उपासना करने की बात—'जगीं धन्य तो दास सर्वोत्तमाचा' तथा 'अनेकीं सदा एक देवासि पाहे' जैसे श्लोकों में कही गई है। वस्तुतः रामदास ने निर्गुणोपासना को ही श्रेष्ठ माना है, इस विषय में हमें कोई सन्देह नहीं।[6] जब-जब उनके मन में निर्गुण

की आसक्ति प्रबल होती थी वे मूर्तिपूजा और बहुदेववाद का खंडन करने लगते थे। ऐसे समय वे सामान्य पत्थर और पाषाण-मूर्ति में कोई अंतर नहीं देखते—

देवे निर्मिली हे क्षिति। चिचे पोटी पाषाण होती॥
तयासचि देव म्हणती। विवेक हीन॥ (दा. बो. 8. 1. 26)

इसी प्रकार—'सकळ देवतांचे मूळ। तो हा अंतरात्माचि के बल' जैसी उक्तियों में यह बात स्पष्ट हो जाती है कि वे 'एकोब्रह्म परामयः' तथा 'अहं ब्रह्मास्मि' के अद्वैतवादी सूत्रों को अपने मन में बसाये हुए हैं।

शाह तुराब की मनःस्थिति भी 'मन समझावन' में ठीक रामदास जैसी ही दिखाई देती है। वे भी राम के उपासक हैं। अंतर केवल इतना ही है कि वे सगुण अवताररूप राम के नहीं निर्गुण-निराकाररूप सर्वव्यापी राम के आराधक हैं।[7] नाम की समानता होते हुए भी स्वरूप का भेद तो है ही और शायद इसी तथ्य की ओर संकेत करते हुए शाह तुराब ने अपने वक्तव्य में 'जवाब' शब्द का प्रयोग किया था। वे रामदास की सगुण भक्ति से असंतुष्ट उतने नहीं, जितने अपने दृष्टिकोण के आग्रही हैं। इसी कारण उन्होंने खंडन का मार्ग न अपनाते हुए, सीधे-सीधे अपनी बात कह देने का मार्ग अपनाया है। फिर भी उनके 'जवाब' शब्द से असहमति तो प्रकट हो ही जाती है। हम ऊपर देख आये हैं कि रामदास भी निर्गुणोपासना को ही श्रेष्ठ मानते हैं, सामान्य जनों के लिए ही व्यावहारिक दृष्टि से वे सगुणोपासना को साधनरूप में स्वीकार करते हैं। अतः इन दोनों महात्माओं की अंतःधारणा में कोई भेद नहीं है। फिर सूफी साधक भी तो 'इश्केहकीकी' की ओर 'इश्के मजाजी' के माध्यम से ही अग्रसर होता है। अंतर इतना ही रहता है कि सूफी भौतिक आकार में भी आध्यात्मिक व्यक्तित्व के गुणों को देखता है, जबकि सगुणोपासक इष्ट के पारमार्थिक तत्व को नहीं अपितु भौतिक व्यक्तित्व को देखता है। सगुणोपासना और सूफी साधना के इस अंतर को ध्यान में रखकर विचार करने पर ही शाह तुराब के असंतोष या 'जवाब' को ठीक से समझा जा सकता है। तुराब भारतीय सगुण दर्शन की तुलना में सूफी तसव्वुफ-रहस्य-दर्शन को खड़ा करके अपने पक्ष का बड़ी कुशलता से निरूपण करना चाहते हैं। अपना यह लक्ष्य उन्होंने 'मन समझावन' में पूरी तरह साध्य किया है। इसी में उनका 'जवाब' शब्द सार्थक लगता है।

प्रायः संपूर्ण दकनी-हिन्दी साहित्य में सूफी संतों का एक ही प्रयत्न दिखाई देता है कि वे अपने इस्लामी (सूफी) सिद्धांतों को स्थानीय जन समाज के लिए सहज रूप में सुलभ कराना चाहते हैं। लेकिन शाह तुराब इतने एकांगी नहीं हैं। उनकी यह रचना दकनी-सूफी साहित्य में बिलकुल अलग दिखाई देती है और एक विशिष्ट स्थान रखती है। इसमें पहली बार हिन्दू और इस्लामी धार्मिक विश्वासों को बहुत ही उदार दृष्टिकोण और संतुलन के साथ प्रस्तुत किया गया है।[8] इसी

गुण के कारण 'मन समझावन' सर्वग्राह्य और लोकप्रिय सिद्ध हुआ है।

शेष सारी विषयवस्तु इन दोनों ग्रंथों में प्रायः एक समान है। किसी-किसी पद में तो अनुवाद का-सा आभास होता है। इस संदर्भ में कुछ उदाहरणों पर विचार कर लेना उपयोगी होगा। संसार की क्षण भंगुरता, निस्सारता का चित्रण दोनों ने किया है। दोनों का उद्देश्य जीवन के उच्च मूल्यों की व्याख्या करते हुए व्यक्ति और समाज के चरित्र को ऊंचा उठाना है। नैतिक सुधार के लिए ही रामदास ने **प्रबोधन** किया है कि यह मन, काम, क्रोधादि षड्रिपुओं से बचे—

नकोरे मना क्रोध हा खेदकारी।
नकोरे मना काम नाना विकारी॥
नकोरे मना सर्वदा आंगिकारू।
नकोरे मना मत्सरु दंभ भारू॥

इसी बात को शाह तुराब ने अपने ढंग से कहा है—

हवा, हिर्स गुस्से का संगात कर मत।
क्रोध, काम हौर लोभ का पाप कर मत॥
अरे मन तूं माया का सौरात कर मत।
हसूदां की तू बात पों घात कर मत॥
हवा-मोह हिर्स-ईर्षा सौरात।
लालसा हसूदां-ईर्षालू॥

अहंकार तो सब में भरा है, यह हमारा शत्रु है। भक्त का सबसे पहला काम अहं का 'इदम्' में विसर्जन करना होता है। अहंकार अविवेक का परिणाम है, विनय ज्ञान की चरम सीमा है। इस सीमा पर ही परम सत्य का साक्षात्कार हो सकता है। अहंकारी भटकता है, विनयी आत्मलीन रहता है। उस परम तत्व का आत्म-रूप साक्षात्कार उसे हो जाता है। उसके लिए बस एक ही शर्त है। अहंकार का विसर्जन।[9] रामदास कहते हैं—

फुटे ना तुटे ना, चळे ना ढ़के ना।
सदा संचले मीं पणे, ते कळे ना॥
तथा एक रूपासि दूजान साहे।
मना संत आनंत शोधोनि पाहें॥ (147)

शाह तुराब ने भी इस 'मी पणें' के विसर्जन को जरूरी बताया है—

सटो मैंपना हौर बांधों कमर कूं
उठोजी, उठो अब चलो जायं घर कूं॥

देह की नश्वरता और लोभ की व्यर्थता के साथ संसार के सारे ही सम्बन्धों की व्यर्थता को रामदास ने अनेकों श्लोकों में दुहराया है पुनर्जन्म का फेरा लोभ-वाचिक कर्मों का ही फल है। धन-दारा, बच्चे यहीं छूट जाने वाले हैं। शाह तुराब ने भी इन विचारों को बड़ी सुंदरता से व्यक्त किया है—

अरे मन तूं इस तन को की प्यार करता।
जमीं के बिछाने सूँ की आर करता॥
अरे मन तूँ धन माल पर ना अकड़ना।
है आखिर तुजे कलको माटी में गड़ना॥

रामदास ने श्लोक 107, 108 में सतसंगति को महत्वपूर्ण बताया है। सद्‌गुरु ही निर्मल ज्ञान से आत्मा को उज्ज्वल कर देता है। शाह तुराब भी सद्‌संगति में ही कृतार्थता मानते हैं। 'मन समझावन' की बारह बहरों में से पूरी एक बहर के 24 छंद उन्होंने सज्जन महिमा और सद्‌गुरु स्तुति को समर्पित किये हैं।[10]

उद्देश्य तथा भाषा शैली की दृष्टि से भी इन दोनों ग्रंथों में पूरी समानता एवं एक स्तरता है। दोनों का उद्देश्य मन का प्रबोधन है, भक्ति मार्ग की शिक्षा देना है। दोनों ही ग्रंथ जन सामान्य के लिए रचित हैं, अतः स्वाभाविक रूप से इनकी भाषा शैली सरल तथा सुबोध है। अलंकारों की चमत्कृति को यहां कोई स्थान नहीं है। कथन शैली तथा छंद तक में ये दोनों ग्रंथ समान हैं। मन के प्रति सम्बोधन शैली की समानता मुख्य रूप से दर्शनीय है—

रामदास— 'मना पाप संकल्प सोड़ोनी धावा।

तुराब— 'अरे मन! गगन महल का खाट चढ़ना॥

दोनों ही ग्रंथकारों ने ग्रंथ के अंतिम अंश में प्रश्नोत्तर शैली को स्थान दिया है।

रामदास : प्रश्न—'वसे हृदयीं देव तो कोण आहे?
पुसे आदरें साधकू प्रश्न ऐसा॥
देह टाकितां देव कोठे रहा तो?
परी मागुता ठाप कोठें पहातो॥'

उत्तर—'वसे हृदयीं देव तो जाण ऐसा।
नभाचे परी व्यापकू जाण तैसा॥'

तुराब : प्रश्न—'गुरुजी कहो रामजी कां अथे तब।
न था कुछ यो मंडान परपंच का जब॥'

उत्तर—अथे रामजी तो निराकार निरधार।
हुआ 'कुन' सूं सुन तो बचा सारा विस्तार॥

'मनाचेश्लोक' में सर्वत्र 'भुजंगप्रयात' वर्ण वृत्त का प्रयोग किया गया है। इस छंद का नाद सौंदर्य श्रोता को सहज मुग्ध करता है। काव्य की लोकप्रियता में प्रायः नाद माधुर्य का हाथ होता है। ऐसी स्थिति में मनसमझावनकार जैसा गुणग्राहक इस छंद की ओर आकर्षित न होता तो ही आश्चर्य होता। अतः दोनों ग्रंथों में **'भुजंगप्रयात' की व्यवस्था दिखाई देती है—**

रामदास— **घटीं कामधेनू पुढ़ेताक मागे ।** (चार यगण)
हरीबोध सांडूनि बेपाव लागे ॥ (चार यगण)
तुराब— **सदा राम के नाम सं काम देगा ।** (चार यगण)
वही साकिये बज्म गुल्फाम हैगा ॥ (चार यगण)

परन्तु तुराब ने छंद के प्रयोग में भी मौलिकता बरती है। उन्होंने भुजंगप्रयात की गुरु-लघु-वर्ण संख्या शैली का अनुकरण नहीं किया है, बल्कि 'बहरे मुतकारिब' शैली का अवलम्बन किया है ? दूसरी बात यह है कि तुराब ने अपना छंद चार पंक्तियों वाला न रख कर छः पंक्तियों वाला बना लिया है। तुराब ने अपने ग्रंथ को विषयानुसार बारह भागों में व्यवस्थित किया है, शायद इसी कारण कुछ पाण्डुलिपिकारों ने इस ग्रंथ का 'बारहबहर' नामकरण कर दिया। इन बारहों बहरों में तुराब ने सर्वत्र छः पंक्तियों वाले छंद रखे हैं। लेकिन प्रत्येक बहर छंदों की अंतिम दो पंक्तियों का ठेक के रूप में प्रयोग किया गया है। और ये ठेके की पंक्तियां प्रत्येक बहर में बदल जाती हैं। इस ठेके से ही उस बहर का मुख्य प्रतिपाद्य विषय सूचित हो जाता है। इस प्रकार एक ओर तो विषयगत व्यवस्था आ गयी है, दूसरी ओर ठेके की आवृत्ति से उसमें लोकगान शैली की मिठास आ गयी है। इसी ठेके की व्यवस्था रामदास ने भी कहीं-कहीं अपनाई है। श्लोक 27 के आगे कुछ श्लोकों में अंतिम पंक्ति की आवृत्ति होती है।

निष्कर्ष स्वरूप हम कह सकते हैं कि 'मन समझावन' और 'श्री मनाचेश्लोक' दोनों ही रचनाएं कुछ समानताएं तथा कुछ मौलिक विशेषताएं रखती हैं। दोनों का विषय एक ही है, अतः नाम भी समानता लिए हुए हैं। जीव, जगत और ब्रह्म के सम्बन्ध में दोनों ग्रंथ दो भिन्न धर्मों और संस्कृतियों की चिंतन धारा का प्रतिनिधित्व करते हुए भी उनमें कहीं कोई कटुता नहीं दिखाई देती। इस संदर्भ में तुराब अधिक उदार तथा सराहना के पात्र हैं। समर्थ रामदास ने सत्य को व्यावहारिक और तात्विक दोनों दृष्टियों से परखा है जबकि शाह तुराब उसे केवल तात्विक दृष्टि से परखते हैं। दोनों ही ग्रंथों ने। दोनों ही महात्मा मन को आलोकित करना लक्ष्य मानते हैं।

शाह तुराब सच्चे महात्मा थे। उनमें सहिष्णुता और उदारता थी। वे भेद में अभेद को देख रहे थे। राम और रहीम की एकता को परखकर ही उन्होंने 'श्री मनाचेश्लोक' अपना प्रेरणास्रोत बनाया था।

लोकप्रियता एवं प्रतिष्ठा की दृष्टि से तुराब उतने सौभाग्यशाली नहीं रहे, जितने समर्थ रामदास ! इस बात का खेद तुराब के मन में घर किये हुए है किंतु इसमें उनका अपना क्या दोष ? वस्तुतः उनके गुणों का ग्राहक कोई नहीं मिला। उनके विनय और खेद के भाव को देखिए—

'समजकर हिन्दू राज आया तंजावर।
सकल जग के दर्म्या धरमराज सुनकर ॥

व लेकिन मिजे कोई बुलाया नहीं घर ।
समज कबीरा-सा ज्ञानी कलंदर ॥ (142)

उन्हें आदर नहीं मिला तब भी वे समर्थ रामदास, केशवदास, भीमास्वामी, सतूबा जैसे सारे ही ज्ञानियों के प्रति पूरा आदर और विनय भाव व्यक्त करते हैं तथा उनसे जरूर गुण ग्राहकता की अपेक्षा करते हैं[11]—

सन्दर्भ

1. डॉ० रामकुमार वर्मा—हिन्दी साहित्य का आलोचनात्मक इतिहास
2. डॉ० निर्मल कुमार वर्मा—सूफी मत और हिन्दी साहित्य
3. "ए उसकी 'मन की पोती' का जवाब है के जिसका रामदास खिताब है। मरट्टी बात में पोती व्व बोल्या, मैं इसका रमज सब दकनी में खोल्या भी 'मन समझावन' उसका नाम रखा व लेकिन सरबस हिन्दी है भाका।' पुन:—
4. तंजापर में जिस रोज हुआ आको दाखिल
सुन्या रामदास की तो पोती है कामिल
गया सुन खुशी से दिल का कंवल खिल
जवाब इसका कहना हुआ शौक-ए-कामिल। (136)
5. मराठी वाङ्मयाचा इतिहास, खंड 3, पृ० 502-503
6. निराकार आधार ब्रह्मादिकांचा। जया सांगतां शीणली वेदवाचा॥
विवेकें तदाकार होऊनि राहें। मना संत आनन्त शोधूनि पाहे॥ (148)
7. (अ) सिफत कर अवल उसकी जो राम हैगा।
उसी रामसूँ हमको आराम हैगा॥
सदा राम के नाम सूँ काम हैगा।
हमन ध्यान उसका सुबह श्याम हैगा॥
(ब) न को रामकूं धूंड चमने चमन में।
न समदूर में ना तो सातों गगन में॥
जगा जाते उसकाच है सब रुखन में।
भरा आत्माराम हर एक के तन में॥
8. मन समझावन—'शाह तुराब व्यक्तित्व और कृतित्व', श्रीमती डॉ० सैयदार जाफर
9. जनीं मी पणें पाहतो पाहवे ना। तया लक्षिता वेगळे राहवे ना॥ (156)
10. तुरव के वही भेद को पछानेंगे रे। जिस सद्गुरु राह दिखलायेंगे रे॥
11. कहां रामदास हौर केसूदास पाऊं।
मेरा दर्द व गम सब को बिठला सुनाऊं॥
ले जाकर मेरे इस बचन को दिखाऊं।
अगर नई तो भीमास्वामी पास जाऊं॥
सतूबा महाराज गुनपंत आकिल।
तेरे वेद का भेद पानी करे दिल॥ (190)

लक्ष्मीनारायणलाल और विजय तेंडुलकर

डॉ० अनीता राजूरकर

हिन्दी विभाग मराठवाड़ा विश्वविद्यालय एवं महाराष्ट्र राज्य हिन्दी साहित्य अकादमी के संयुक्त तत्वावधान में आयोजित 'तुलनात्मक अध्ययन संगोष्ठी' का निमंत्रण-पत्र पाकर मस्तिष्क में बिम्ब उभरा—तौल तौलना, किसी एक बात को किसी दूसरी बात से तौलना। प्रस्तुत संगोष्ठी में हिन्दी भाषा एवं साहित्य का अन्य किसी भारतीय भाषा एवं साहित्य का तुलनात्मक अध्ययन अपेक्षित था।

महाराष्ट्रवासी होने के नाते मराठी साहित्यिक कृतियों का पठन होता ही रहता है। वैसे भी नाटक यह साहित्य की ऐसी विधा है जिसके लिए भाषा उतना महत्व नहीं रखती जितना अन्य साहित्य विधाओं के लिए महत्व रखती है। नाटक की एक रंगमंचीय भाषा भी होती है, उसी के द्वारा वह जन सामान्य तक पहुंचता है। रंगमंच के माध्यम से ही मराठी साहित्य के सुप्रसिद्ध नाटककार विजय तेंडुलकर लिखित नाटक 'सखाराम बाइंडर' मेरे तक पहुंचा। हिन्दी साहित्य का अध्ययन-अध्यापन करते हुए डॉ० लक्ष्मीनारायण लाल का 'अंधा कुआं' नाटक का अध्ययन किया हुआ था।

तुलना उन्हीं दो कृतियों में हो सकती है जिनमें काफी समानता हो किन्तु साथ ही कुछ विषमता हो। ऐसी स्थिति में 'तुलनात्मक अध्ययन संगोष्ठी' के अपने आलेख के विषय के सम्बन्ध में मेरे विचारों ने निःसंदिग्ध रूप धारण किया कि हिन्दी नाटक 'अंधा कुआं' और मराठी नाटक 'सखाराम बाइंडर' की तुलना हो सकती हैं। प्रस्तुत आलेख में इन्हीं दो नाटकों का तुलनात्मक अध्ययन करने का प्रयास किया गया है। 'अंधा कुआं' के रचनाकार हैं डॉ० लक्ष्मीनारायण लाल और 'सखाराम बाइंडर' के रचनाकार हैं विजय तेंडुलकर।

डॉ० लक्ष्मीनारायण लाल का हिन्दी नाटक साहित्य और विजय तेंडुलकर के मराठी नाटक साहित्य की रचनाएं समकालीन हैं। दोनों का प्रथम नाटक सन् 1955 में ही प्रकाशित हुआ। दोनों बहुमुखी साहित्यकार हैं। दोनों ने कथा, कहानी, लेख, एकांकी आदि अन्य साहित्य विधाओं का सोपान चढ़कर नाटक

साहित्य पर अपना लक्ष्य विशेष रूप से केन्द्रित किया है। इन दोनों नाटककारों की विशेष गुणवत्ता यह है कि वे सिर्फ नाटक मात्र के रचनाकार नहीं हैं अपितु सुप्रसिद्ध रंगकर्मी भी हैं। जिसके कारण उनके नाटकों को रंगमंचीय महत्व प्राप्त है।

रंगमंचीय नाटक प्राचीनकाल से सर्वत्र लोकप्रिय साहित्य विधा है। स्वभावत: डॉ० लक्ष्मीनारायण लाल और विजय तेंडुलकर अपने-अपने क्षेत्र में लोकप्रियता के शिखर पर हैं। लोकप्रियता के अलावा चर्चित एवं विवादास्पद भी हैं क्योंकि इन्होंने पारम्परिक भारतीय नाटक साहित्य को आधुनिक काल के रंग में ढाला है। विषय-वस्तु रंगमंचीय तन्त्र आदि की नवता के कारण इन्हें क्रान्तिकारी नाटककार कहा गया और साथ ही कोर्ट-कचहरी का मुकाबला करते हुए अपने नाटकों को देश-विदेश में पहुंचाया। संसार में बिखरे इधर-उधर अपने दृष्टिपथ के नाट्य को समेटकर नाटक रचने वाले इन नाट्यकर्मियों को पत्र-पत्रिका, नाट्य समीक्षक, रसिक दर्शक, कानून आदि द्वारा स्वयं को संघर्ष का नाट्य अनुभव करना पड़ा फिर भी इन दोनों नाटककारों के लगभग पच्चीस-पच्चीस नाटक हैं। डॉ० लाल और तेंडुलकर के नाटकों का तुलनात्मक अध्ययन प्रबन्ध की मांग करता है, इसीलिए प्रासंगिक रूप से उनके एक-एक नाटक पर ही विचार किया जाए। प्रस्तुत आलेख में डॉ० लाल का प्रथम नाटक 'अंधा कुआं' और तेंडुलकर का बहुचर्चित नाटक 'सखाराम बाइंडर' पर ही विचार किया गया है।

डॉ० लाल का 'अंधा कुआं' उनका प्रथम नाटक है और वह उन्होंने सन् 1955 में लिखा है। तेंडुलकर का प्रथम नाटक 'श्रीमंत' सन् 1955 में ही खेला गया जो असफल रहा। उनका बारहवां नाटक 'सखाराम बाइंडर' है जो सन् 1972 में प्रकाशित हुआ। 'अंधा कुआं' और 'सखाराम बाइंडर' दोनों में मानवीय मन और मानवीय आपसी सम्बन्धों का सूक्ष्म चित्रण है। पुरुष के 'अहं' संतुष्टि के अनेक रूप हैं, साथ ही नारी की यातनामय जीवन से छुटकारा पाने की कोशिश है।

'अंधा कुआं' नाटककार के अपने गांव जलालपुर की आंखों देखी सत्यकथा है। भगौती और सूका पति-पत्नी है। कानून के सहारे भगौती सूका को उसके प्रेमी इन्दर के पास से वापस ले आया है। भगौती अपने पुरुषी अहं के अपमान का बदला लेने के लिए सूका को रोज मारपीट करता है, भूखा रखता है, नये वस्त्र पहनने नहीं देता। शारीरिक अत्याचारों के साथ ही मानसिक यातनाओं के लिए भगौती दूसरा विवाह कर उसे सौत लाता है। सूकी यातनाओं से छुटकारा पाने कुएं में कूद जाती है, लेकिन कुआं अंधा है (सूखा कुआं) वह कुएं से निकाली जाती है। भगौती उसे खमिया से बांध देता है। रात में प्रेमी इन्दर उसे अपने साथ ले जाना चाहता है। सूका जान-बूझकर चोर-चोर पुकार कर प्रेमी को भगा देती है क्योंकि उसने भगौती से अर्थात् पारम्परिक बन्धनों से छूटने के सब मार्ग टटोल लिए हैं। इन्दर के साथ

भागकर, अदालत से छूटने के बाद वापस आकर; रोज-रोज मार खाकर, कुएं में कूद कर लेकिन कहीं उसे सहारा नहीं मिला। पारम्परिक रूप से पति भगौती का संग ही उसकी नियति है और नियति को हंसते-हंसतेस्वीकार करना ही पारम्परिक भारतीय पत्नी की मर्यादा है।

सूका सौत लच्छी को उसके प्रेमी हीरा के साथ भाग जाने में पूरी सहायता करती है। एक रात इन्दर रोगजर्जर भगौती को मारकर सूका को अपने साथ ले जाना चाहता है। परन्तु अब की बार सूका गंडासा लेकर इन्दर का ही सामना करती है और पति भगौती को बचाते हुए प्रेमी इन्दर के प्रहार से स्वयं मर जाती है।

नाटककार कथाकार के माध्यम से कहता है कि सूका मरी नहीं बल्कि भगौती के लिए उसी दिन से जीवित हो गई। आंगन में वह खड़ी दिखाई देती है और भगौती उसे एकटक निहारा करता है।

'सखाराम बाइंडर' नाम से ही पता चलता है कि वह पुस्तकें बाइंड करने वाला एक आर्थिक दृष्टि से अति सामान्य व्यक्ति है। जन्म से वह ब्राह्मण है किन्तु हालात ने उसे पशु-तुल्य जीवन जीने को बाध्य किया है। विवाह के लिए अर्थ की आवश्यकता होती है। शायद इसीलिए विवाह बन्धन की अपेक्षा पाश्चात्य सांस्कृतिक विचारों के अधीन लेखक का सखाराम बिना विंवाह के ही रहना चाहता है। भारतीय संस्कृति में विवाहित स्त्री की स्थिति को वह पूर्णतः जानता है। भारतीय स्त्री का विवाहपूर्व पिता का और विवाह के उपरान्त पति का घर होता है, जिस घर में से वह सतयुग से कलियुग तक बराबर निकाली जाती रही है। विजय तेंडुलकर ने इसी बात को मद्देनज़र रखकर सखाराम के जीवन को संवारा है। त्रेतायुग में सीता को आसरा देने के लिए ऋषि वाल्मीकी थे किन्तु आज तो सखाराम है जो पति द्वारा घर से निकाली स्त्रियों को कहता है कि यह सखाराम का घर है, मैं यहां राजा हूं, मेरी इच्छाओं के अधीन यहां रहना होगा। मेरी शारीरिक मांगों को भी पूरा करना होगा। सिर्फ शरीर सम्बन्ध के जितना ही वह कहता है 'पत्नी सारखं वागात्रं' लागेल' बाकी अधिकार कुछ नहीं रहेगा, मान्य हो तो रहो अन्यथा सखाराम के घर का दरवाजा खुला है।

'अंधा कुआं' और 'सखाराम बाइंडर' दोनों दो भिन्न भाषाओं में लिखे नाटक रहते हुए भी दोनों में स्त्री-पुरुष सम्बन्धों का उलझा-सुलझा रूप एक ही है। 'अंधा कुआं' में ग्रामीण परिवेश है, पारम्परिक रूढ़ियों से बंधे वैवाहिक स्त्री-पुरुष सम्बन्ध है। नाते-रिश्तेदार हैं, गांव के अन्य लोग हैं, कुछ सत् गुणों के कुछ असत् गुणों के हैं। परिस्थितियों के अनुसार पत्नी सूका ने अपने को ढाल लिया है किन्तु स्वयं के यातनामय भोग को दूसरे नारी पर डालने से वह इन्कार करती है। सौत लच्छी को उसकी इच्छाओं से जीने का सम्बल देती है और स्वयं नियति के भोग का

व्यंग्य मुस्कान के साथ स्वागत करती है।

सखाराम बाइंडर घर से निकाली गई नारी को स्वार्थवश कुछ दिनों के लिए आसरा देता है। शहरी वातावरण में आर्थिक निम्नवर्ग का यह चरित्र है। पति से प्रताड़ित नारी फिर पुरुष से पीड़ा सहने को बाध्य होती है क्योंकि उसका अपना कोई घर नहीं, कोई आर्थिक सत्ता नहीं। प्रथम स्त्री लक्ष्मी पतिगृह से निकालने के बावजूद पुरुष के प्रति पारम्परिक गुरु भावना को मानती है क्योंकि उसे कभी अपने अस्तित्व का एहसास ही नहीं हुआ था। द्वितीय स्त्री चम्पा अपने अस्तित्व को अपने अतराफ के हालात में बनाये रखने की कोशिश करती है। उसकी अपनी इच्छाओं का महत्व है। प्रथम स्त्री लक्ष्मी के समान उसके जीवन का सर्वस्व केवल पुरुष की सेवा करना मात्र नहीं है।

'अंधा कुआं' हो या 'सखाराम बाइंडर' दोनों में स्त्री की स्थिति विदारक है क्योंकि उसका अपना कोई घर नहीं, उसकी कोई सत्ता नहीं, उसकी सत्ता है केवल उसका स्थूल शरीर जो पुरुष द्वारा भोगा जाता है, चाहे पति हो, चाहे आश्रय देने वाला कोई सखाराम जैसा पुरुष। 'अंधा कुआं' का पति भगौती तो पत्नी सूका को मानसिक यातना में तड़पते देखने में सुख पाता है। जब सूका की मानसिक यातनाओं की स्थिति 'दर्द का हद से गुजरना है दवा हो जाना।' जैसी हो गई है, वह अब दर्द का एहसास ही नहीं करती तब भगौती तिलमिला जाता है। वह सडिस्ट है। सखाराम का स्त्री को कोई लग्न बन्धन नहीं इसीलिए उसके आश्रित स्त्री के साथ सम्बन्ध ऐसे ही है जैसे—'जब चाहा तब पास (प्यार) किया, जब चाहा दुत्कार दिया।' फिर भी अनजाने ही सही उसके पास रहने वाली स्त्री का प्रभाव उस पर पड़ता है। लक्ष्मी के साहचर्य में सखाराम भगवान की पूजा करने लगता है, शराब पीना कम करता है जबकि चम्पा के साहचर्य में वह रात-दिन शराब पीने लगता है और शारीरिक वासना में लिप्त रहता है।

'अंधा कुआं' के भगौती में अपने ग्रामीण सामाजिक परिवेश का एहसास है। समाज में अपने स्थान के प्रति, लोकप्रवाद के प्रति, अपने पुरुष तथा पति 'अहं' (इगो) के प्रति अत्यधिक सजगता है। अकेले व्यक्ति की अपेक्षा सामाजिक मर्यादा से बंधे व्यक्ति का महत्व है।

'सखाराम बाइंडर' का सखाराम शहरी यान्त्रिक युग का प्रतिनिधित्व करता है। समाज, समाज में अपना स्थान, लोकप्रवाद आदि से सखाराम का कोई सरोकार नहीं। जहां अपने अस्तित्व का ही भान नहीं वहां 'अहं' का प्रश्न ही नहीं उठता। महानगरीय मनुष्य यन्त्रों के साथ भाव शून्य यन्त्र बन गया है। सखाराम की नज़र में औरत एक घरेलू नौकर के समान है जो घर के सारे काम भी करे और उसकी अन्य आवश्यकताएं भी पूरी करे। सखाराम के जीवन में व्यक्ति का महत्व है जिसका कोई समाज ही नहीं।

भगौती सामाजिक परम्परा का पालन करते हुए अपने जीवन में दो पत्नियां करता है, जब कि सखाराम को परम्परा क्या है नहीं मालूम, वह स्वच्छन्द है। उसने अनेक स्त्रियों को अपने घर रखा, कोई उसका घर छोड़कर चली गई और किसी को सखाराम द्वारा घर से निकाल दी गई। सखाराम के जीवन में आयी चम्पा उसी के घर में उसके सभी आदेश सुनने से इन्कार करती है। भगौती की प्रथम पत्नी सूका उसके घर में मजबूरी से रही, तो दूसरी पत्नी लच्छी अपने प्रेमी के साथ चली गई, भगौती की उसने परवाह नहीं की। भगौती लच्छी को खरीदकर लाया था।

अर्थात् कुछ स्त्रियां पुरुष के वर्चस्व को मानने से इन्कार कर अपनी इच्छानुसार कुछ अंशों में जी पाती हैं अथवा जीने की कोशिश करती हैं। यह कोशिश ही स्त्री जाति का जीवन प्रशस्त करेगी और यही वह केन्द्र बिन्दु है जो डॉ० लक्ष्मीनारायण लाल का नाटक 'अंधा कुआं', और विजय तेंडुलकर का नाटक 'सखाराम बाइंडर' को एक सूत्र में जोड़ता है।

संदर्भ ग्रंथ :

1. अंधा कुआं—डॉ० लक्ष्मीनारायण लाल
2. सखाराम बाइंडर—विजय तेंडुलकर
3. नाटक्कार लक्ष्मीनारायण लाल की नाट्य साधना—नरनारायण राय
4. तेंडुलकरांची नाटके—डॉ० चन्द्रशेखर बर्वे
5. बाइंडर चे दिवस—कमलाकर सारंग
6. नाटककार लक्ष्मीनारायण लाल—डॉ० सरजूप्रसाद मिश्र

मोहन राकेश ग्रौर विजय तेंडुलकर

श्रीमती लीला दलवी

समाज से प्रत्यक्ष सम्बन्ध होने के कारण साहित्य की अन्य विधाओं की अपेक्षा नाटक में समाज एवं युगीन परिस्थितियों का यथार्थ चित्रण अधिक संभव होता है। नाटक और रंगमंच की दृष्टि से छठे दशक से हिन्दी नाटक का नया इतिहास आरम्भ होता है। यहां हिन्दी नाट्यप्रवाह एक नया मोड़ लेता है। इसमें रंगमंच सापेक्ष युग-जीवन से जुड़ने की सार्थक बेचैनी है। हिन्दी और मराठी नाटकों का जब हम तुलनात्मक दृष्टि से विचार करते हैं तो एक बात स्पष्ट होती है कि मराठी नाटकों के रंगमंच से जुड़े होने की परंपरा पुरानी है जबकि हिन्दी के प्रारंभिक नाटकों में उसकी मंचीयता की ओर विशेष ध्यान नहीं दिया गया। इस कारण नाटकों का केवल साहित्यिक मूल्य ही बना रहा जबकि मराठी में रंगमंच के विकास के साथ नाटकों का विकास भी अपेक्षाकृत तेजी से हुआ है। हिन्दी और मराठी के दो लेखकों का या उनकी कृतियों का जब हम तुलनात्मक दृष्टि से विचार करते हैं तो हमारा उद्देश्य केवल उन कृतियों का परिचय देना भर ही नहीं हो सकता बल्कि उन कृतियों की सामर्थ्य, उनकी मर्यादाएँ, उनकी सीमाएँ, उनकी महानताएँ आदि का अध्ययन होता है।

मोहन राकेश तथा विजय तेंडुलकर अपनी भाषा के महत्त्वपूर्ण नाटककार रहे हैं। दोनों ही समकालीन लेखक हैं तथा समकालीन समस्याओं के प्रति सजग हैं। दोनों लेखकों में रंगमंच की सूक्ष्म जानकारी है। दोनों ही लेखक स्वयं मध्यवर्गीय समाज के प्रतिनिधि हैं तथा अपने नाटकों में मध्यवर्गीय नारी की प्रतिभा को प्रस्तुत करते हैं। इसीलिए उनके नाटकों में व्यक्त होने वाली नारी के चित्रण का तुलनात्मक दृष्टि से विचार होना आवश्यक लगता है।

नारी पात्रों का महत्त्व

राकेश के तीनों नाटकों में नारी की महत्त्वपूर्ण भूमिका है। नाटक उसी के कारण घटित होता है तथा नाटक की सभी घटनाएँ उसी के इर्द-गिर्द या उससे संबंधित

हैं। उनके नारी चरित्रों को हम उनकी जीवन्त अनुभूतियों के रूप में पाते हैं। ये नारियां पुरुष पात्रों की तरह अस्थिर और अन्तर्द्वंद्व ग्रस्त न होकर संयत, स्वाभिमानिनी, आत्मविश्वासयुक्त और अपने अस्तित्व के प्रति पूर्णतः जागरूक दिखाई देती हैं। मध्ययुगीन भारतीय नारी के समान ये पुरुषों के सामने दीन आत्मसमर्पण नहीं करतीं वरन् अपने अहं और स्वाभिमान को सुरक्षित रखते हुए उनसे अपनी भावनाओं का उत्तर चाहती हैं।

राकेश के पहले नाटक 'आषाढ़ का एक दिन' में कालिदास जैसा महान कवि प्रमुख पात्र होने पर भी केन्द्रीय पात्र मल्लिका ही है। सभी घटनाएँ उसी के आस-पास घटित होती हैं। भावना में जीने वाली मल्लिका कालिदास के साथ अपने प्रेम सम्बन्ध को सब सम्बन्धों से बड़ा मानती है। इसीलिए जब उसे राजकवि का सम्मान मिलता है तो वह उसे उज्जयिनी जाने के लिए प्रेरित करती है। रेखा की तरह घिरने के बजाय या अपने प्रेम की बेड़ियों में उसे बांधने के बजाय वह उसे विस्तृत क्षितिज के द्वारा उन्मुक्त कर देती है। वह अभाव झेलती है किन्तु उसका आस्था भाव बना रहता है। इसीलिए वह कहती है—"मैं टूटकर अनुभव करती हूं कि तुम बने रहो, क्योंकि मैं अपने को अपने में न देखकर तुममें देखती रही।"[1] यह निश्छल भाव उसे कालिदास के प्रति है जो बेहद आत्मकेन्द्रित है जिसने बार-बार उसे धोखा दिया है, उज्जयिनी जाते समय, कश्मीर जाते समय और अन्त में अथ से आरम्भ करने की बात छेड़कर भी उसे पूरा नहीं किया।

राकेश के दूसरे नाटक 'लहरों के राजहंस' में सुन्दरी का व्यक्तित्व अद्वितीय है। इस नाटक में वह रागात्मक जीवनदृष्टि के रूप में हमारे सामने आती है। योग और भोग के द्वंद्व में फंसे नंद को वह पुनः-पुनः योगमार्ग से विमुख करने का प्रयत्न करती है। वह जानती है कि नंद को बुद्ध के प्रभाव से विमुख करना सम्भव नहीं है किन्तु फिर भी उसके मन में कहीं गहरा आत्मविश्वास है। इसी विश्वास के बल पर वह नंद को बुद्ध के पास जाने की अनुमति देती है। विश्वास खंडित होने पर वह आहत तो होती है किन्तु कहीं भी दुर्बलता अनुभव नहीं करती। वह कहती है—"मैंने विश्वास से उन्हें भेजा था। चाहती, तो उस समय उन्हें रोक भी सकती थी परन्तु रोकना मैंने नहीं चाहा···क्योंकि रोकना दुर्बलता होती।···अब इतना तो संतोष है कि दुर्बलता कहीं थी तो मुझमें नहीं थी।"[2]

पराजित होने पर भी अपने और अपने दृष्टिकोण के प्रति इतना गहरा विश्वास सुन्दरी की निश्चित जीवन दृष्टि का ही परिणाम है। 'आधे-अधूरे' नाटक की सावित्री तो राकेश का ऐसा महत्त्वपूर्ण पात्र है, जिसके बिना नाटक ही संभव नहीं था।

तेंडुलकर के नाटकों में नारी की भूमिका महत्त्वपूर्ण होते हुए भी नाटक उसके कारण घटित नहीं होता। उसकी भूमिका निष्क्रिय (Passive) है। वह परिस्थिति

की दास है। खामोश रहकर सहती है या सीमित रूप में उसका विरोध करती है। तेंडुलकर का नारी के प्रति उदार दृष्टिकोण है। अन्याय और अत्याचार से पीड़ित नारी के प्रति उनके मन में गहरी सहानुभूति है। परिवार को बांधे रखने का महत्त्वपूर्ण सूत्र नारी ही है ऐसी उनकी धारणा है। उनके नाटकों के पुरुषपात्र कई बार अपने कर्तव्य से विमुख होते हैं, भावनाओं में बह जाते हैं, किसी आदर्श के पीछे दौड़ने की कोशिश करते हैं जबकि उनके नारी पात्र यथार्थ के ठोस धरातल पर खड़े होकर विचार कर सकते हैं। जैसे 'मी जिंकलो मी हरलो' नाटक में माधव जब नौकरी छोड़कर नाट्यकला के प्रति सम्पूर्ण समर्पित होना चाहता है तब उसकी पत्नी अनू भावना के बहकावे में न आकर आगे आने वाली समस्याओं के प्रति आगाह करती है। वो उसे पूर्ण रूप से विरोध भी नहीं करती बल्कि माधव के निर्णय से निर्माण होने वाले परिणामों को केवल सहती है।

'कमला' नाटक में पत्रकार की पत्नी सरिता को अपने अस्तित्व का एहसास तब होता है जब उसका पति जयसिंह 'कमला' को खरीद कर लाता है। कमला की त्रासदी के माध्यम से उसे नारी की त्रासदी का एहसास होता है। कमला के विषय में वह पति से असहमति भी प्रकट करती है, विवाद करती है परन्तु अन्त में थके-हारे जयसिंह को सहारा देने के उद्देश्य से ही क्यों न हो वह उसके कदमों में बैठ जाती है।

'आधे अधूरे' तथा 'शान्तता कोर्ट चालू आहे' के विशेष संदर्भ में

प्रस्तुत निबन्ध में राकेश के 'आधे-अधूरे' तथा तेंडुलकर के 'शांतता कोर्ट चालू आहे' का विशेष सन्दर्भ लेकर सावित्री और लीला बेणारे के माध्यम से इन दोनों लेखकों के मध्यवर्गीय नारी के प्रति दृष्टिकोण को प्रस्तुत करने का प्रयास किया गया है। समकालीन पृष्ठभूमि पर लिखे गये ये दोनों नाटक हैं। एक ही कालखण्ड में इन दोनों लेखकों ने मध्यवर्गीय नारी को किस रूप में देखा है, इनके नाटकों के माध्यम से नारी की प्रतिभा किस प्रकार साकार हुई है, इसका अध्ययन यहां किया गया है।

'आधे अधूरे' राकेश का ही नहीं, सातवें दशक का एक महत्त्वपूर्ण नाटक रहा है। इसमें राकेश ने ऐतिहासिक आधार को न ग्रहण कर समकालीन जीवन की संवेदनाओं को सूक्ष्मता के साथ प्रस्तुत किया है। यह नाटक मध्यवर्गीय परिवार के साक्षात्कार का नाटक होने के साथ-साथ व्यक्ति के अधूरेपन की कहानी भी कहता है।

सावित्री एक बिखरते हुए परिवार की स्वामिनी है। उसका पति महेन्द्रनाथ निठल्ला है जो सावित्री की नजरों में 'घरघुसरा' या नाशुक्रा ही नहीं बल्कि एक ऐसे 'नामुराद मोहरे' की तरह है 'जो न खुद चलता है न किसी को चलने देता

है।' वह सावित्री पर निर्भर है। उनके तीन बच्चे हैं। बड़ी लड़की बिन्नी, लड़का अशोक और छोटी लड़की किन्नी। इस परिवार का प्रत्येक सदस्य एक दूसरे से कटा हुआ है। बड़ी लड़की बिन्नी मां के ही प्रेमी मनोज के साथ घर से भाग कर विवाह करती है। लड़का पत्रिकाओं से रंगीन तस्वीरें काटता हुआ उस मौके के इंतजार में है जब वह भी यहां से निकल सकेगा। वह भी अपने पिता की तरह निकम्मा है। छोटी लड़की किन्नी को पिता माता बहन भाई किसी के प्रति कोई लगाव नहीं है। वह बेहद जिद्दी और बदमिजाज लड़की है। इन सबके लिए सावित्री खटती रहती है। इनसे दूर भागना चाहती है पर भाग नहीं पाती। वह सदैव यह महसूस करती है कि महेन्द्रनाथ के अलावा वह किसी अन्य पुरुष से विवाह करती तो अधिक संतुष्ट हो पाती। पूर्ण पुरुष की तलाश वह कभी जगमोहन के माध्यम से करती है, कभी जुनेजा के तो कभी सिंघानिया के। इस प्रकार वह सब कुछ एक साथ पाकर या ओढ़कर जीना चाहती थी लेकिन अधूरी सावित्री अन्य अधूरे व्यक्तियों से टकरा-टकरा कर टूटती चली गयी और अपनी त्रासदी को झेलने के लिए विवश हो जाती है। वास्तव में जिस मुट्ठी में बहुत कुछ एक साथ भर लेना चाहती थी, इसमें जो था, वह भी धीरे-धीरे बाहर फिसलता गया।

विजय तेंडुलकर का 'शांतता ! कोर्ट चालू आहे' यह नाटक कुछ खूंखार ओछे और वहशियाना लोगों के बीच फंसी कु० लीला बेणारे की त्रासदी का नाटक है जिसके लिए लेखक ने नकली अदालत की माध्यम अपनाया है। कु० बेणारे पर भ्रूण हत्या का आरोप लगाकर केस प्रारम्भ होता है। खेल खेल में चलने वाली इस अदालत में कु० बेणारे की बेइज्जती के साथ-साथ उस केस में आनन्द लेने वाले लोगों की क्षुद्र नीच मनोवृत्ति का परिचय भी होता चलता है। इस नाटक के अन्य पात्रों में कशीकर हैं जो इस अभिरूप न्यायालय के न्यायाधीश हैं और बेहद पिछड़े विचारों के व्यक्ति हैं। श्रीमती काशीकर अपने पति से प्रेम का नाटक करने वाली और अपने आश्रित रोकड़े में रस लेने वाली नारी है। श्री पोंक्षे इंटर फेल अपने आपको इंटलेक्चुअल दिखाने वाला नव्हंस वृत्ति का व्यक्ति, कर्णिक शौकिया रंगमंच का कलाकार, सुखात्मे एक असफल वकील और रोकड़े काशीकर का आश्रित, कर्तृत्वहीन, श्रीमती काशीकर की आज्ञा का पालन करने वाला और फिर भी इन लोगों की शिकायत करने वाला व्यक्ति है।

इस प्रकार सबके सब क्षुद्र, बौने, अपने स्वत्व और कर्तृत्व को खोए, अपना असली रूप छिपाने के लिए नैतिकता के संस्कृति के मुखौटे लगाये हुए लोग हैं। इन सबके बीच कु० बेणारे एक अकेली असहाय नारी किसी भी प्रकार क्यों न हो अपने स्वत्व की रक्षा के लिए जूझकर अपने गर्भ को पोसना चाहती है। इस केस के दौरान सब उस पर टूट पड़ते हैं। कु० बेणारे इस आक्रमण से असहाय हो गयी है।

उससे सहानुभूति है तो केवल उस निर्बल सामंत को जो उसकी जिंदगी में कोई परिवर्तन नहीं ला सकता।

ऊपरी सतह से देखने पर इन दो नाटकों में समानता नहीं है। 'शांतता ! कोर्ट चालू आहे' समाज की मानसिकता पर आधारित है, जबकि 'आधे अधूरे' सावित्री के अंतरमन का द्वंद्व है। दोनों नाटकों की नायिकाओं के नामों में सिग्निफिकन्ट (Significant) फर्क है। लीला बेणारे सामान्य मध्यवर्गीय महाराष्ट्रीयन नाम है तो सावित्री नाम एक विशिष्ट सांस्कृतिक संदर्भ की याद दिलाता है। सत्यवान वाली सावित्री ने साक्षात यम के हाथों अपने पति की जिंदगी मांगी थी तो आज की सावित्री एक जन्म भी एक पति के साथ निर्वाह नहीं कर सकती।

संक्रमणकालीन नारी का चित्रण

इन दोनों की विवेचना (प्रेडिकामेंट) देखकर ऐसा महसूस होता है कि ये दोनों भी नारियां संक्रमण काल से गुजर रही हैं। इनकी त्रासदी इस संक्रमणकाल के दौर से जुड़ी है। इस काल की मध्यवर्गीय नारी ने शिक्षा पायी। नौकरी के लिए घर से बाहर निकली। उसे आर्थिक स्वतन्त्रता भी प्राप्त हुई। वह पुरुष पर आश्रित नहीं रही। सावित्री पर तो उसका पूरा परिवार आश्रित है। कु० लीला बेणारे भी स्वयं अध्यापिका है। पूरे नाटक में उसके परिवार का कोई संदर्भ नहीं। वह परिवार से अलग स्वतंत्र रहती है। वह इतना भर कमा लेती है कि न केवल अपने बच्चे को पाल पोस सकेगी बल्कि रोकड़े या पोंक्षे भी यदि उसके बच्चे को पिता का नाम और प्रतिष्ठा दे सकें तो वह उन्हें भी पाल पोस सकती है। परन्तु इनके नकारने पर उसमें अपने बच्चे को जन्म देने की हिम्मत नहीं है। इसका मतलब यह हुआ कि नारी केवल आर्थिक रूप से स्वतंत्र होने पर सारी समस्याएँ नहीं समाप्त हो जातीं बल्कि जो समस्याएँ शेष रह जाती हैं उनके उत्तर हमें संक्रमणकाल के बदलते मूल्यों में खोजने पड़ते हैं। आर्थिक स्वतंत्रता ने नारी को चुनाव की स्वतंत्रता कुछ हद तक दी है परंतु चुनाव की क्षमता नहीं दी। इसीलिए सावित्री आर्थिक रूप से स्वतंत्र होने पर भी अंत तक पुरुष 1, 2, 3 या 4 में चुनाव नहीं कर पायी। चुनाव न कर पाने की यातनों को भुगतना ही उसकी त्रासदी है।

आज परिवार का ढांचा ही कुछ बदल-सा गया है। इसमें नारी की भूमिका भी अब केवल बच्चों की देखभाल या घर के कामों तक ही सीमित नहीं रही। बाहर की दुनिया में उसे एक अतिरिक्त भूमिका का निर्वाह करना पड़ता है। घर की जिम्मेदारियों को संभालते हुए वह इस अतिरिक्त भूमिका को निभाने की कोशिश कर रही है। परिवार के भरण-पोषण के लिए पति कमाकर लाया करता था पर 'आधे-अधूरे' का महेन्द्रनाथ निठल्ला है। जहां पिता काम-धाम नहीं करता

वहां ये जिम्मेदारी लड़का संभाल लेता है परन्तु लड़का भी निकम्मा है और काम करने का उसका कोई इरादा भी नहीं है। लड़की से ये अपेक्षा रहती है कि वो माता-पिता के तय किये हुए पुरुष के गले में माला डालकर उसे अपना पति समझे, पर बिन्नी मनोज के साथ घर से भाग जाती है। छोटे बच्चों को परिवार के बड़े सदस्यों का आदर करना चाहिए परन्तु किन्नी मां-बाप भाई-बहन किसी का आदर नहीं करती। ऐसी स्थिति में सावित्री भी सावित्री बनकर नहीं जी सकती। सावित्री अन्य पुरुषों में पूर्ण पुरुष खोजने का प्रयत्न करती रहती है जो अपने पारम्परिक मूल्यों से असंगत लगता है। राकेश ने जिस काल में यह नाटक लिखा उस काल में तो ये बात बहुत ही साहस की रही होगी। सावित्री अपने मनचाहे सम्पूर्ण पुरुष की तलाश में एक के बाद एक पुरुष के पास जाती है। एक मध्य-वर्गीय परिवार में पूरा इंसान मिल सकता है या नहीं ये बात अलग है पर सावित्री की ये तलाश उसके द्वन्द्व और उसके आवेग को प्रकट करती है। वैसे तो पूर्ण पुरुष की तलाश शाश्वत तलाश है। हम सभी अपूर्ण हैं। परन्तु हम अपनी अपूर्णता दूसरे में पाकर सन्तुष्ट होते हैं। यहां दोनों अपने में आधे-से हैं, अधूरे हैं पर दूसरा उस अधूरेपन को कम नहीं करता, बल्कि उसके एहसास को और भी तीव्र कर देता है। साथ रहना ही इनकी नियति है। महेन्द्रनाथ भी हर मंगल शनीचर की भांति लौट आता है। सावित्री भी जगमोहन के साथ घर छोड़ने के प्रयास में असफल होकर वहीं लौटती है। सावित्री आर्थिक दृष्टि से परिपूर्ण होने पर भी चुनाव क्यों नहीं कर पाती? अन्य पुरुषों के आने पर अपने परिवार के सामने हर बार ये जस्टीफिकेशन क्यों देती है कि मैंने सिंघानिया को अशोक की नौकरी के बारे में बात करने को बुलाया था या जगमोहन या जुनेजा से दोस्ती बढ़ाई है तो परिवार की भलाई के लिए ही बढ़ाई है। यहां यह प्रश्न उपस्थित होता है कि इस प्रकार हर बार सावित्री को जस्टीफिकेशन देने की जरूरत क्यों महसूस होती है? वह चाहती तो कह सकती थी कि हां, मुझे 'क्ष' पुरुष अच्छा लगता है, वह मेरा मित्र है। परन्तु वह ऐसा क्यों नहीं कर पाती? इस बिखरते हुए परिवार को छोड़ पाने का ढाढ़स क्यों नहीं जुटा पाती? इसका कारण उसके संस्कारों में पुराने मूल्यों के प्रभाव में ढूंढा जा सकता है। न तो वह सती सावित्री बन सकती है और नहीं किसी भी पुरुष के गले में हाथ डालकर अपने परिवार को छोड़कर जा सकती है। नये मूल्यों के प्रति अनिश्चितता और पुराने मूल्यों को अस्वीकारने की छटपटाहट उसके व्यक्तित्व से स्पष्ट होती है। मां और पत्नी होने के साथ परिवार की सम्पूर्ण स्वामिनी होने का अभिमान भी उसे है। टूटते हुए परिवार को किसी तरह संवारने का आनन्द भी उसे है। जहां स्त्री को निर्णय प्रक्रिया में कभी शामिल नहीं किया जाता था वहां आज ये नारी परिवार के सारे निर्णय स्वयं लेती है इसका गुरूर भी उसे है। मां और पत्नी की भूमिका में से वह अभी मानसिक रूप

से मुक्त नहीं हो पायी है। इसीलिए अशोक के उदासीनता दिखाने पर भी वह अशोक की नौकरी के लिए प्रयत्न करती रहती है। इस उधेड़बुन में न तो वह परिवार को छोड़कर जा पाती है न ही उससे पूरी तरह बंध पाती है। मूल्यों का जो संघर्ष आज की नारी में है वही उसकी त्रासदी का कारण है।

इसी परिप्रेक्ष्य में जब हम कु० लीला बेणारे के चरित्र को देखते हैं तो हमें यही बात यहां भी दिखाई देती है। बेणारे को भी पारम्परिक मूल्यों के प्रति लगाव है। केवल लगाव ही नहीं तो वो उनका जतन भी करना चाहती है। वह कहती है—'हे विष पी पचविल' पण त्याचा ओझरता भासही नाही त्यांना लागू दिला, मी त्यांना सौन्दर्य शिकवलं, पावित्र्य शिकवलं, आतून रडत मी त्यांना हसवलं।'[3]

इसका मतलब साफ है। बेणारे इस संसार से कहती है कि तुम्हारे ही मूल्यों को आनेवाली पीढ़ी तक पहुंचाने का कार्य मैंने किया है। फिर मुझ पर ही ये आक्रमण क्यों? बेणारे का इस मूल्य व्यवस्था पर पूर्ण विश्वास है। परन्तु एक बात है और वह ये है कि बेणारे का कहना है कि उसकी जिन्दगी के निर्णय लेने का अधिकार यदि किसी को है तो वो केवल उसी को है। वह कहती है—'माझे आयुष्य है माझं आहे, नौकरीसाठी विकलेले नाहीं मी ते कुणाला माझी मर्जी ही माझी आहे, माझी इच्छा माझीच आहे, ती कुणी नहि मारु शकरणार कुणी नाहीं, माझं, माझ्या आयुष्याचं मी काय हवं ते करीन।'[4]

ये आज के जीवन का नया मूल्य है। आज आर्थिक स्वतन्त्रता ने नारी के मन में व्यक्तिस्वातत्र्य की कल्पना को भी जन्म दिया है। अपनी जिन्दगी का एक-एक क्षण महत्वपूर्ण है और अपने लिए बिताना ही जिन्दगी है ऐसा उसका मत है।

'आयुष्य कुणासाठी नसतं, ते स्वतः साठी असतं, असलं पाहिजे, ते फार-फार महत्वाचं आहें, त्याचा प्रत्येक क्षण, प्रत्येक कण मोलाचा आहे।[5]

जिन्दगी के सम्बन्ध में इस प्रकार का विचार रखनेवाली बेणारे सामाजिक और व्यक्तिगत जिन्दगी की कहीं सीमा रेखा नहीं निश्चित कर पा रही है। हर प्रकार से स्वतन्त्र बेणारे अपने बच्चे को पिता का नाम और सामाजिक प्रतिष्ठा देने हेतु रोकड़े और पोंक्षे जैसे क्षुद्र व्यक्ति से भी विवाह करने को तैयार होती है। अपनी गर्भावस्था के सन्दर्भ में प्रामाणिकता से उन्हें बतला देती है। यहां भी मूल्यों का संघर्ष ही उसके व्यक्तित्व को दो टुकड़ों में बांटता है। पुरानी व्यवस्था न तो वह नकार पाती है और न ही नयी व्यवस्था को स्वीकारने की हिम्मत जुटा पाती है।

सामान्यतः नारी ने अपने परिवार में समाधान ढूंढना चाहिए ऐसी अपेक्षा की जाती है परन्तु बेणारे आधुनिक काल की एक नारी है, वह अपने काम में समाधान ढूंढती है। वह परिवार के साथ नहीं रहती। अपने काम के प्रति प्रामाणिक रहना उसकी दृष्टि से महत्वपूर्ण है। अपने विद्यार्थियों को पढ़ाने में उसे आनंद

आता है। उनके प्रति उसे विश्वास भी है।

'माझी मुलं माझ्यासाठी काहीही करतील'[6]···अपने पेशे के साथ उसकी गहरी निष्ठा है। कामकाजी नारी के जीवन में अपने काम के माध्यम से जीवन का आनंद तलाशना आधुनिक काल का मूल्य है। एक ओर कु० बेणारे इन नये मूल्यों को स्वीकारती है परन्तु पुराने मूल्यों से वह पूर्णत: अपने आपको मुक्त नहीं कर पाती। एक ओर वह शारीरिक सुख को भी महत्व देती है, उसे नकार नहीं पाती तो दूसरी ओर उस क्षण के साक्षी को जन्म देना भी आवश्यक समझती है। इतना ही नहीं, उसके लिए पिता के नाम की आवश्यकता पर भी जोर देती है। मूल्यों का यही द्वंद्व उसके चरित्र के माध्यम से साकार होता है।

कु० बेणारे को अध्यापिका के रूप में प्रस्तुत करना लेखक के मन के मूल्यों के प्रतिद्वंद्व को ही स्पष्ट करता है। हमारे पास अध्यापिका की कल्पना संस्कार करनेवाली नारी के रूप में ही है। लेखक कु० बेणारे को किसी अन्य क्षेत्र में काम करनेवाली नारी के रूप में प्रस्तुत करता तो शायद उसके आचरण की इतनी चर्चा न हुई होती। बेणारे को अध्यापिका के रूप में चित्रित करनेवाले लेखक के मन में भी मूल्यों के प्रति द्वंद्व है।

मूल्यों के द्वंद्व में फंसे किसी भी व्यक्ति की त्रासदी अपरिहार्य है। इसलिए शांतता कोर्ट नाटक के अन्त में शिरीष पै की कविता का उदाहरण उचित लगता है।

'अशी एखादी तढ़ाई असने जिया शेवट
असतो फका पराभव,
वाया जाण्यासाठीच ध्यायये असतात
असे काही अनुभव'···[7]

'आधे-अधूरे' की सावित्री या शांतता ! कोर्ट चालू आहे की लाला बेणारे की त्रासदी को जिस रूप में इन दोनों लेखकों ने प्रस्तुत किया है उसे देखते हुए ऐसा लगता है कि तमाम असन्तोष के बावजूद विवाहसंस्था तथा परिवार की संकल्पना का फिलहाल कोई विकल्प हमारे पास नहीं है। यदि है भी तो वह विचारों की सीमा तक ही है। उस पर अमल नहीं कर सकते। इसका कारण यह है कि मूल्यों के संघर्ष से हम अभी मुक्त नहीं हो पाए हैं। आज की नारी को आर्थिक स्वतन्त्रता प्राप्त हुई। 'करिअर' करने की उसमें प्रबल महत्त्वकांक्षा जागृत हुई है, वह व्यक्तिवादी हो गयी हैं इतना होने पर भी परिवार की जिम्मेदारियां आज भी उसे इसी रूप में निभानी पड़ती हैं, नैतिकता की रूढ़ कल्पनाओं को झकझोरने की हिम्मत उसमें नहीं है, परिणामत: उसका अन्तर्द्वंद्व बढ़ता जा रहा है। इन दो लेखकों ने इस बात को सूक्ष्मता से चित्रित किया है। इनके नाटकों के अनेक पहलुओं पर हम विचार कर सकते हैं, परन्तु यह एक महवत्पूर्ण आयाम है जिस पर

संक्षेप में विचार करने का प्रयत्न मैंने यहां किया है।

सन्दर्भ

1. 'आषाढ़ का एक दिन', मोहन राकेश, राजपाल एण्ड सन्ज़, दिल्ली, द्वि० सं० 1969, पृ० 109
2. 'लहरों के राजहंस', मोहन राकेश, राजकमल प्रकाशन, पांचवां संस्करण 1970, पृ० 119
3. 'शांतता कोर्ट चालू आहे', विजय तेंडुलकर, चौथा संस्करण, 1986, नीलकंठ प्रकाशन, पुणे, पृ० 93
4. वही, पृ० 6
5. वही, पृ० 10
6. वही, पृ० 6
7. वही, पृ० 12

हिन्दी-मराठी तुलनात्मक अध्ययन शोध सर्वेक्षण

डॉ० कमलाकर गंगावणे

विद्वानों की मान्यता है कि हिन्दी और मराठी ये दोनों भाषाएं आर्य परिवार से सम्बन्धित हैं। इन दोनों भाषाओं का मूल स्रोत संस्कृत भाषा है। अतएव ये दोनों भाषाएं भगिनियों के रूप में मानी जाती हैं। फलस्वरूप दोनों भाषाओं में मूलभूत एकता है। दोनों भाषाओं की लिपि देवनागरी है। शब्द सम्पदा एवं शब्द रूप, वाक्य रचना, अर्थपरकता, ध्वनि संयोजन आदि के सन्दर्भ में दोनों में पर्याप्त मात्रा में समानता है। इसका यह अर्थ नहीं है कि इन दोनों भाषाओं में भेद नहीं है। प्रायः इनमें कुछ हद तक भेद है। भेद होते हुए भी "दोनों का संस्कृत भाषा के साथ पारम्परिक एवं ऐतिहासिक सम्बन्ध है। ऐसा होने पर भी यदि स्वतन्त्र रूप से हिन्दी-संस्कृत या मराठी-संस्कृत का आपस में सम्बन्ध देखें, तो उन सम्बन्धों की तुलना में हिन्दी-मराठी का सम्बन्ध अधिक निकट का मिलेगा।"[1]

इस सन्दर्भ में डॉ० रामविलास शर्मा का मन्तव्य बड़ा मार्मिक एवं सटीक है। उन्होंने लिखा है—

"संस्कृत परिवार की भाषाओं में शब्द-भण्डार और व्याकरण की ऐसी अनेक समानताएं हैं, जो स्वयं संस्कृत में नहीं हैं। ये समानताएं या तो संस्कृत की समकक्ष जनपदीय बोलियों में थीं या किसी अन्य भाषा परिवार में थीं, जिनसे जनपदीय बोलियों का मिश्रण हुआ। इस बात की आवश्यकता है कि भारतीय भाषाओं की संस्कृततेतर समानता का भी अध्ययन किया जाए।"[2] अतः इन दोनों भाषाओं का तथा उनके साहित्य का विकास एक साथ होता रहा है। फलस्वरूप इधर इन दिनों दोनों भाषाओं का भाषिक और साहित्यिक स्तर पर तुलनात्मक अध्ययन हुआ है तथा हो रहा है।

भारतवर्ष के विभिन्न विश्वविद्यालयों में हिन्दी-मराठी का भाषिक तथा

साहित्यिक स्तर पर तुलनात्मक अध्ययन हो रहा है। अब तक की जो सामग्री इस सन्दर्भ में उपलब्ध हुई है, उन सबका सर्वेक्षण इस लेख में कालक्रम से तथा तालिकाबद्ध रूप में करने का प्रयत्न किया जा रहा है।

यहां पहले ही स्पष्ट करना उचित होगा कि भारतवर्ष के विभिन्न विश्वविद्यालयों में हिन्दी-मराठी का भाषिक तथा साहित्यिक स्तर पर शोध-प्रबन्ध के क्षेत्र में जो तुलनात्मक अध्ययन हुआ है उसका विवरण 'शोधसन्दर्भ' में संकलित किया गया है। परन्तु यह विवरण विश्रृंखल रूप में है।[3] इस ग्रंथ के आधार पर हिन्दी-मराठी तुलनात्मक अध्ययन से सम्बन्धित स्वीकृत शोध प्रबन्धों का एक जगह तालिकाबद्ध विवरण दिया गया है। अतः उक्त ही प्रस्तुत लेख का मूलाधार है। इसके अतिरिक्त 'अप्रतिबद्ध',[4] 'भारतीय हिन्दी परिषद स्मारिका',[5] 'शोध विविधा',[6] तथा 'शोध और समीक्षा'[7] आदि पत्रिकाओं एवं ग्रन्थों की सहायता ली गयी है।

मध्ययुग में भारतीय साहित्य में भक्ति साहित्य की अविरल धारा बहती हुई दिखलाई देती है। जहां तक हिन्दी-मराठी का प्रश्न है, इन दोनों ही भाषाओं में पर्याप्त मात्रा में भक्ति साहित्य उपलब्ध है। ज्ञानेश्वर, एकनाथ, नामदेव, तुकाराम, समर्थ रामदास आदि अनेक सन्त हुए हैं, इन्होंने मराठी के साथ-साथ हिन्दी में भी रचनाएं लिखी हैं। इन सन्तों ने अपनी रचनाओं में हिन्दी का जो रूप अपनाया है, वह सम्भवतः जनजीवन में व्याप्त बोली का ही रूप है। अतः सन्तों द्वारा अपनाई गई बोली में तत्कालीन जनजीवन का चित्र प्रतिबिम्बित हुआ है। दूसरी बात यह भी है कि मराठी साहित्य की प्रवृत्तियों की झांकी इन सन्तों की हिन्दी रचनाओं में देखी जा सकती है।

हिन्दी-मराठी सन्त साहित्य का तुलनात्मक अध्ययन सन् 1956 से शुरू हुआ। आचार्य विनयमोहन शर्मा इस क्षेत्र में सबसे पहले शोधकार्य करने वाले शोधकर्त्ता माने जाते हैं।[8] इसके बाद तो सन्त साहित्य, वैष्णव साहित्य, महानुभाव साहित्य, वारकरी सम्प्रदाय आदि विषयों पर शोधकार्य का सिलसिला जारी रहा है। सन्त साहित्य तथा भक्ति साहित्य को आधार मानकर किये गये शोधकार्य में निर्गुण साहित्य पर पर्याप्त कार्य हुआ है। इसमें शोधकर्त्ताओं ने एक ओर साहित्यिक प्रवृत्तियों को आधार बनाकर तुलना की है, तो दूसरी ओर स्वतन्त्र रूप में दो कवियों की तुलना की है। अतः शोध-प्रबन्धों को 'मध्ययुगीन भक्ति साहित्य' शीर्षक के अन्तर्गत रखकर क्रमशः विवरण निम्न प्रकार से दिया जा रहा है—

मध्ययुगीन भक्ति साहित्य

क्र.	आधार	उपाधि वर्ष ई.	प्रबंध का शीर्षक	शोधकर्त्ता/कत्री का नाम	विश्वविद्यालय	प्रकाशन
(1)	(2)	(3)	(4)	(5)	(6)	(7)
1.	शो. सं. खं. 1 क्र./पृ. 322/40	1956	हिन्दी को मराठी संतों की देन	आचार्य विनयमोहन शर्मा	नागपुर वि. वि. नागपुर	बिहार राष्ट्रभाषा परिषद्, पटना, 1957
2.	शो. सं. खं. 1 क्र./पृ. 308/38	1958	हिन्दी और मराठी निर्गुण सन्त काव्य	प्रभाकर बलवंत माचवे	वाराणसी वि. वि. वाराणसी	चौखम्भा प्रकाशन वाराणसी, 1963
3.	शो. सं. खं 1 क्र./पृ. 4/95/499	1960	हिन्दी और मराठी के प्रतिनिधि सन्त कवियों का तुलनात्मक अध्ययन	मालती श्रीखण्डे	सागर वि. वि. सागर	
4.	शो. सं.खं. 1 क्र./पृ. 299/37	1963 1963	महाराष्ट्र सन्तों की हिन्दी कविता एवं उत्तर भारतीय सन्त कविता से उसका तुलनात्मक, भाषा-शास्त्रीय तथा साहित्यिक विवेचन	एस. जी. राजवाडे	विक्रम वि. वि. उज्जैन	
5.	शो. सं. खं. 1 क्र./पृ.193/24	1963-64	हिन्दी और मराठी का वैष्णव साहित्य और उसका तुलनात्मक अध्ययन (संवत् 1400-1700 तक) नि. आचार्य नन्ददुलारे वाजपेयी	नरहरि चिन्तामण जोगलेकर	सागर वि. वि. सागर	जवाहर पुस्तकालय मथुरा, 1968

(1)	(2)	(3)	(4)	(5)	(6)	(7)
6.	शो. सं. खं. 1 क्र./पृ. 440/54	1965	मराठी और हिन्दी के कृष्णपरक वैष्णव साहित्य का तुलनात्मक अध्ययन मराठी-हिन्दी कृष्ण काव्य का तुलनात्मक अध्ययन, शीर्षक से प्रकाशित 1967	र. स. केलकर	पंजाब वि. वि. चण्डीगढ़	अक्षर प्रकाशन नई दिल्ली
7.	शो. सं. खं. 1 क्र./पृ. 194/24	1966	हिन्दी और मराठी भक्ति काव्य का तुलनात्मक अध्ययन	गोविंद सीताराम गुंथे	जोधपुर वि. वि. जोधपुर	
8.	शो. सं. खं. 1 3761/ 450 शोधविविधा परिशिष्ट-1 पृ. 2	1966 1967	सूरदास और एकनाथ की कृष्ण भक्ति भावना एक तुलनात्मक अध्ययन	डॉ. श्रीमती लीला झिंगटे	पूना वि. वि. पूना	
9.	शो. सं. खं. 1 क्र./पृ. 2779/333	1969	ज्ञानेश्वर और कबीर के साहित्य में नाथ सम्प्रदाय का स्वरूप : तुलनात्मक अध्ययन नि. डॉ. भगीरथ मिश्र	कृ. ज्ञा. भिंगारकर	पूना वि. वि. पूना	

(1)	(2)	(3)	(4)	(5)	(6)	(7)
10.	शोध विविधा पृ. 17	1969	तुलसीकृत रामचरितमानस और एकनाथकृत भावार्थ रामायण का तुलनात्मक : अध्ययन नि. डॉ. आनन्दप्रकाश दीक्षित (रामचरित मानस का तुलनात्मक अनुशीलन' शीर्षक से प्रकाशित 1974)	सज्जनराम केणी	पूना वि. वि. पूना	पुस्तक संस्थान कानपुर, 1974
11.	अप्रति बद्ध, 74 पृ. 42 भा. हि. प. स्मारिका पृ. 65 1984	1970	महाराष्ट्र के महानुभाव साहित्यकारों का हिन्दी को योगदान (तीसा साहित्य का विशेष अध्ययन) नि. डॉ. भालचन्द्र तैलंग	डॉ. यू. म. पठाण	मराठवाड़ा वि. वि. औरंगाबाद	हिन्दुस्तानी प्रचार सभा, बंबई, 1978
12.	शो. सं. खं. 1 क्र./पृ. 3102/338	1970	वारकरी सन्तों के हिन्दी काव्य का आलोचनात्मक अध्ययन नि. डॉ. गोवर्धननाथ शुक्ल	प्रभाकर सदाशिव पण्डित	अलीगढ़ वि. वि. अलीगढ़	
13.	शो. सं. खं. 1 क्र./पृ. 4001/477	1971	हिन्दी निर्गुण काव्य का प्रारम्भिक और नामदेव की हिन्दी कविता नि. डॉ. राजनारायण मौर्य	शं. के. आडेकर	पूना वि. वि.	रचना प्रकाशन इलाहाबाद, 1972

(1)	(2)	(3)	(4)	(5)	(6)	(7)
14.	शो. सं. खं. 1 क्र./पृ. 4314/514	1971	वारकरी सम्प्रदाय के कवियों की हिन्दी रचनाओं का अनुशीलन नि. डॉ. कृ. गं. दिवाकर	वा. म. औटी	पूना वि. वि. पूना	
15.	शो. सं. खं. 2 क्र./पृ. 1828/199	1971	ज्ञानेश्वर और कबीर : दर्शन का तुलनात्मक अध्ययन (दर्शनशास्त्र विषय से)	रंगनाथ सदाशिव गोदबले	बड़ौदा वि. वि. बड़ौदा	—
16.	शो. सं. खं. 1 क्र./पृ. 2780/333	1973	तुकाराम एवं कबीर का तुलनात्मक अध्ययन	श्रीमती रमेश सेठ	आगरा वि. वि. आगरा	—
17.	शो. सं. खं. 1 क्र./पृ. 3194/382	1973	भक्ति और काव्य के क्षेत्र में तुलसीदास और एकनाथ का तुलनात्मक अध्यूयन नि. डॉ. भालचन्द्र तैलंग	विट्ठल यादव जबलमीकर	मराठवाड़ा वि. वि. औरंगाबाद	—
18.	शो. सं. खं. 1 क्र./पृ. 4283/310 शोधविविधा पृ. 44	1975	महाराष्ट्र के नाथ सम्प्रदाय की हिन्दी कविता नि. डॉ. न. चिं. जोगलेकर ('महाराष्ट्र के नाथपंथीय कवियों का हिन्दी काव्य' शीर्षक से)	डॉ. अशोक कामत	पूना वि. वि. पूना	जवाहर पुस्तकालय मथुरा 1976
19.	शो. सं. खं. 1 क्र./पृ. 3780/453	1975	सूरदास और नामदेव : एक अध्ययन नि. डॉ. रामकुमार खंडेलवाल	एन० सुशील देवा	उस्मानिया वि. वि. हैदराबाद	

(1)	(2)	(3)	(4)	(5)	(6)	(7)
20.	शो. सं. खं. 1 क्र./पृ. 316/39	1976	मराठी सन्तों की हिन्दी भारूड रचनाएं : एक अध्ययन नि. डॉ. न. चिं. जोगलेकर	विनायक पोंक्षे	पूना वि. वि. पूना	—
21.	शो. सं. खं. 2 क्र./पृ. 2141/233	1976	एकनाथ और तुलसीदास का तुलनात्मक अध्ययन (मराठी भाषा विभाग से) नि. डॉ. ए. एन. देशपांडे	श्यामराव दोभाजी सोनारे	नागपुर वि. वि. नागपुर	—
22.	शोधविविधा पृ. 60	1976	गोस्वामी तुलसीदास और समर्थ गुरु रामदास की भक्ति भावना का तुलनात्मक विवेचन नि. डॉ. न. चिं. जोगलेकर	दूधनाथधर दूबे	पूना वि. वि. पूना	—
23.	शो. सं. खं. 1 क्र./पृ. 505/62	1976	हिन्दी और मराठी साहित्य में रामकाव्य का तुलनात्मक अध्ययन	यशराज	कुरुक्षेत्र वि. वि. कुरुक्षेत्र	
24.	शो. सं. खं. 1 क्र./पृ. 3781/453	1976	सूरदास और वामन पंडित : एक तुलनात्मक अध्ययन	श्रीमती सुशीला व्यापारी	उस्मानिया वि. वि. हैदराबाद	—
25.	शो. सं. खं. 1 क्र./पृ. 307/38	1977	हिन्दी और मराठी निर्गुण काव्य में गुरु का स्वरूप और महत्त्व नि. विमलकुमार जैन एवं एम. ए. करंदीकर	आदर्श मिनोचा	दिल्ली वि. वि० दिल्ली	—
26.	शो. सं. खं. 1 क्र./पृ. 235/27	1980	हिन्दी-मराठी के मध्ययुगीन रामकाव्य का तुलनात्मक अध्ययन (सन् 1500 से 1800 ई. तक)	दादाराव नानाजी असम्बार	नागपुर वि. वि. नागपुर	—

(1)	(2)	(3)	(4)	(5)	(6)	(7)
27.	शो. सं. खं. 1 क्र./पृ. 1821/198	1981	कबीर और तुकाराम : व्यक्तित्व और वाणी का तुलनात्मक अध्ययन	सुशीला आर जोशी	एस. एन. डी. टी. वि. वि. बम्बई	—
28.	शो. सं. खं. 1 क्र./पृ. 1829/199	1981	नामदेव और कबीर : दार्शनिक विचारधारा	कमला केतकर	उस्मानिया वि. वि. हैदराबाद	—
29.	शो. सं. खं. 1 क्र./पृ. 1820/198	1982	कबीर और तुकाराम के काव्य में सामाजिकता	एन्. वेंकटेश दत्त	कर्नाटक वि. वि. धारवाड़	—
30.	शो. सं. खं. 1 क्र./पृ. 2143/233	1982	गोस्वामी तुलसीदास एवं सन्त तुकाराम की भक्ति पद्धति का तुलनात्मक अध्ययन	विजयमाल पण्डित	जीवाजी वि. वि. वि. वि. ग्वालियर	
31.	शो. सं. खं. 2 क्र./पृ. 3130/342	1982	महाराष्ट्र के हिन्दी सन्त काव्य में संगीत तत्व नामदेव के विशेष सन्दर्भ में नि. डॉ. सी. एल. प्रभात ‘सन्त नामदेव का काव्य और संगीत तत्व’ शीर्षक से प्रकाशित, 1986	श्रीमती पुष्पा जौहरी	बम्बई वि. वि, बम्बई	अभिव्यंजना प्रकाशन नई दिल्ली
32.	शो. सं. खं. 2 क्र./पृ. 120/15	1985	महाराष्ट्र का हिन्दी सन्त साहित्य	नईमुन्निसा बेगम	मराठवाड़ा वि. वि. औरंगाबाद	
33.	शो. सं. खं. 2 क्र./पृ. 3230/352	1986	कबीर और रामदास का काव्य : तुलनात्मक अध्ययन	नालिनी हर्षे	उस्मानिया वि. वि. हैदराबाद	

(1)	(2)	(3)	(4)	(5)	(6)	(7)
34.	शो. सं. खं. 1 क्र./पृ. 3765/451		भक्तशिरोमणि सूरदास एवं महाराष्ट्र सन्त श्री एकनाथ का तुलनात्मक अध्ययन (श्रीमद्भागवत पुराण के संदर्भ में)	श्रीधर गोपाल कुंटे	अलीगढ़ वि. वि. अलीगढ़	—

इस विवेचन से स्पष्ट होता है कि हिन्दी-मराठी साहित्य के तुलनात्मक अध्ययन में पर्याप्त कार्य सन्त साहित्य तथा भक्ति-साहित्य के क्षेत्र में हुआ है। अतएव हिन्दी-मराठी के सह सम्बन्ध को शोधकार्य के माध्यम से दृढ़तर बनाने का प्रयत्न काफी समय से होता रहा है।

तुलनात्मक अध्ययन के क्षेत्र में मध्ययुगीन साहित्य में विशेषतः रीतिकालीन साहित्य पर न्यूनातिन्यून एवं अत्यल्प कार्य हुआ है। इस क्षेत्र में केवल एक ही शोध प्रबंध लिखा गया है जो इस प्रकार है—

मध्ययुगीन रीति साहित्य

(1)	(2)	(3)	(4)	(5)	(6)	(7)
1.	शो. सं. खं.1 क्र./पृ. 609/75	1967	हिन्दी और मराठी का रीति श्रृंगार : एक तुलनात्मक अध्ययन नि. डॉ. भालचन्द्र तैलंग	इंद्र पंवार	मराठवाडा वि. वि. औरंगाबाद	ग्रंथम रामबाग कानपुर 1974 ई.

आधुनिक काल

आधुनिक काल में विविध विधाओं में हिन्दी-मराठी साहित्यों का तुलनात्मक अध्ययन हुआ है। विशेष रूप से कथा-साहित्य, नाटक-एकांकी, निबंध तथा अन्य विधाओं में व्यापक स्तर पर शोधकार्य हुआ है। उनका ब्यौरा निम्न रूप से दिया जा रहा है—

कथा-साहित्य

(1)	(2)	(3)	(4)	(5)	(6)	(7)
1.	शो. सं. खं. क्र./पृ. 907/111	1959	हिन्दी तथा मराठी उपन्यासों का तुलनात्मक अध्ययन (1900-1950)	शान्तिस्वरूप गुप्त	आगरा वि. वि. आगरा	भारती साहित्य मन्दिर दिल्ली-65
2.	शो. सं. खं. 1 क्र./पृ. 956/117	1962	हिन्दी और मराठी के कथा साहित्य का तुलनात्मक अध्ययन	शंकर शेष	नागपुर वि. वि. नागपुर	—
3.	शो. सं. खं. 1 क्र./पृ. 904/111	1964	हिन्दी और मराठी के सामाजिक उपन्यासों का तुलनात्मक अध्ययन (1920-1947)	चंद्रकांत महादेव बांदिवडेकर	बम्बई वि. वि. बम्बई	कृष्णा ब्रदर्स अजमेर 1969
4.	शो. सं.खं. 1 क्र./पृ.902/110	1966	हिन्दी और मराठी के ऐतिहासिक उपन्यासों का तुलनात्मक अध्ययन	चंद्रकांत गर्जे	इलाहाबाद वि. वि. इलाहाबाद	पुस्तक संस्थान कानपुर 1976
5.	शो. सं. खं. 1 क्र./पृ. 3330/400	1966	खांडेकर और प्रेमचन्द के नारी पात्रों का तुलनात्मक अध्ययन	शोखना खटावकर	पूना वि. वि. पूना	—
6.	शो. सं. खं. 1 क्र./पृ. 3345/402	1967	प्रेमचंद और हरिनारायण आप्टे के उपन्यासों का तुलनात्मक अध्ययन	प्रमिला गुप्ता	दिल्ली वि. वि. दिल्ली	अशोक प्रकाशन, दिल्ली 1970

(1)	(2)	(3)	(4)	(5)	(6)	(7)
7.	शो. सं. खं. 1 क्र./पृ. 903/110	1968	हिन्दी और मराठी के समस्यामूलक उपन्यास का तुलनात्सक अध्ययन नि. डॉ. भगीरथ मिश्र	स. म. पर्लीकर	पूना वि. वि. पूना	—
8.	शो. सं. खं. 1 क्र./पृ. 901/110	1971	हिन्दी और मराठी के आधुनिक उपन्यासों का तुलनात्मक अध्ययन	एच. के. कडवे	पूना वि. वि. पूना	—
9.	शो. सं. खं. 1 क्र./पृ. 900/110	1974	स्वातंत्र्योत्तर हिन्दी और मराठी के सामाजिक उपन्यासों का तुलनात्मक अध्ययन	तुकाराम लक्ष्मण कोत्तभिरे	विक्रम वि. वि. उज्जैन	—
10.	शो. सं. खं. 1	1974	हिन्दी और मराठी के उपन्यासों में नारी जीवन का चित्रण (1880 से 1940 तक) नि. डॉ. स. म. पलीकर	शशिला मराठे	पूना वि. वि. पूना	—
11.	शो. सं. खं. 1 क्र./पृ. 1045/128	1974	स्वातंत्र्योत्तर हिन्दी मराठी कहानी : प्रवृत्तिकाल तुलना-त्मक अध्ययन नि. डॉ. भ. हृ. राजूरकर	बी. जी. महामुनि	मराठवाड़ा वि. वि. औरंगाबाद	—

(1)	(2)	(3)	(4)	(5)	(6)	(7)
12.	शो. सं. खं. 1 क्र./पृ. 1046/128	1975	हिन्दी और मराठी की कहानियों का तुलनात्मक अध्ययन (सन् 1900 से 1950 तक)	शिवराजसिंह	आगरा वि. वि. आगरा	—
13.	शो. सं. खं. 1 क्र./पृ. 905/111 तथा 908/111	1978	हिन्दी और मराठी के सामाजिक उपन्यासों का तुलनात्मक अध्ययन (सन् 1860 से 1960 तक) नि. डॉ. कमलकान्त झा	पद्माकर जगन्नाथ हरिदास	नागपुर वि. वि. नागपुर	—
14.	शो. सं. खं. 2 क्र./पृ. 520/58	1983	अस्तित्ववादी दृष्टिकोण से हिन्दी और मराठी के उपन्यासों का तुलनात्मक अध्ययन नि. डॉ. चंद्रकांत बांदिवडेकर	शंकरराव जी सोमवंशी	पूना वि. वि. पूना	—
15.	शो. सं. खं. 2 क्र./पृ. 2297/252	1984	प्रेमचंद तथा साने गुरुजी के साहित्य में निरूपित सामाजिक समस्याओं का तुलनात्मक अध्ययन	चंद्रकांत रणवीरराज चंदोक	सरदार पटेल वि. वि. आनन्द	
16.	शो. सं. खं. 2 क्र./पृ. 3170/346	1985	प्रथम स्वतन्त्रता-संग्राम से असहयोग आन्दोलन तक मराठी तथा हिन्दी उपन्यासों का तुलनात्मक अध्ययन	मधुमती बापट	उस्मानिया वि. वि. हैदराबाद	—

(1)	(2)	(3)	(4)	(5)	(6)	(7)
17.	शो. सं. खं. 2 क्र./पृ. 3179/347	1985	साठोत्तरी हिन्दी और मराठी के उपन्यासों का प्रवृत्तिमूलक तुलनात्मक अध्ययन (1960 से 1980 तक)	यादवराव बाबूराव धूमल	पूना वि. वि. पूना	—
18.	शो. सं. खं. 2 क्र./पृ. 3189/348	1985	हिन्दी और मराठी के सामाजिक उपन्यासों में नारी चित्रण (1947 से 1972 तक)	अंशुमती दुनारवे	पूना वि. वि.	—
19.	—	1987	स्वातंत्र्योत्तर हिन्दी-मराठी कहानियों में व्यक्त स्त्री नि. सूर्यनारायणरण सुभे	तनुजा कुलकर्णी	पूना मराठवाड़ा वि. वि. औरंगाबाद	—

कविता

(1)	(2)	(3)	(4)	(5)	(6)	(7)
1.	शो. सं. खं. 1 क्र./पृ 1513/182	1968	हिन्दी और मराठी के आधुनिक काव्य में हास्यरस का तुलनात्मक अध्ययन	शिवराज हालिखेड़े	आगरा वि. वि. आगरा	—
2.	शो. सं. खं. 1 क्र. / पृ. 1510/181	1970	आधुनिक हिन्दी और मराठी काव्य की रहस्यात्मक प्रवृत्तियों का तुलनात्मक अध्ययन (1900-1950) नि. न. चिं जोगलेकर	मधुकर गोविंद कनाडे	पूना वि. वि. पूना	—

(1)	(2)	(3)	(4)	(5)	(6)	(7)
3.	शो. सं. खं. 1 क्र./पृ. 1512/ 182	1970	हिन्दी और मराठी की राष्ट्रीय कविता का तुलनात्मक अध्ययन नि. डॉ. भगीरथ मिश्र 'आधुनिक हिन्दी कविता मे राष्ट्रीय भावना' शीर्षक से प्रकाशित	सुधाकर शंकर कलवडे	पूना वि. वि. पूना	पुस्तक संस्थान, कानपुर 1973
4.	शो. सं. खं. 1 क्र./पृ. 1508/181	1972	आधुनिक मराठी और हिन्दी कविता का तुलनात्मक अध्ययन (1947 से 1966 तक)	इंदु अडवानकर	एस. एन. डी. टी. वि. बि. बम्बई	—
5.	शो. सं. खं. 1 क्र./पृ. 1507/181	1975	आधुनिक मराठी और हिन्दी कविता नि. डॉ. रामकुमार खंडेलवाल	शांताबाई	उस्मानिया वि. वि. हैदराबाद	—
6.	शो. सं. खं. 1 क्र./पृ. 1509/181	1975	आधुनिक हिन्दी और मराठी कविता का तुलनात्मक अध्ययन (सन् 1936 से 1970 तक)	कांचन पावसकर	विक्रम वि. वि. उज्जैन	—
7.	शो. सं. खं. 1 क्र./पृ. 1511/181	1977	आधुनिक हिन्दी और मराठी गीति काव्य का तुलनात्मक अनुशीलन (1900 से 1945 ई. तक)	शोभा विजय भागडे	नागपुर वि. वि. नागपुर	—

(1) (2)	(3)	(4)	(5)	(6)	(7)
8. शो. सं. खं. 2 क्र./पृ. 980/106	1980	स्वातंत्र्योत्तर हिन्दी गुजराती और मराठी कविता में मानव : एक तुलनात्मक अध्ययन नि. श्री मोहन भाई एस. पटेल	दिवाबहन जयनारायण पांडेय	गुजरात विद्यापीठ	—
9. शो. सं. खं. 2 क्र./पृ. 991/107	1983	हिन्दी और मराठी की स्वातंत्र्योत्तर नई कविता (1950-1970)	प्रकाश बुधाले	उस्मानिया वि. वि. हैदराबाद	—
10. शो. सं. खं. 2 क्र./पृ. 2422/266	1984	महादेवी वर्मा और इंदिरा संत के काव्य का तुलनात्मक अध्ययन	निर्मल डी. पाटील	एस. एन. डी. टी. वि. वि. बम्बई	—

नाटक-एकांकी

(1) (2)	(3)	(4)	(5)	(6)	(7)
1. शो. सं. खं. 1 क्र./पृ. 1898/227	1965	बीसवीं शताब्दी के मराठी और हिन्दी नाट्य साहित्य का तुलनात्मक अध्ययन नि. आचार्य नंददुलारे वाजपेयी	सरोज ओडेकर	सागर वि. वि. सागर	— —
2. शो. सं. खं. 1 क्र./पृ. 1901/227	1966	हिन्दी और मराठी के ऐतिहासिक नाटकों का तुलनात्मक अध्ययन नि. डॉ. भगीरथ मिश्र	प्र. रा. भुपटकर	पूना वि. वि. पूना	नागरी प्रचारिणी सभा वाराणसी 1971 ई.

(1)	(2)	(3)	(4)	(5)	(6)	(7)
3.	शो. सं. खं. 1 क्र./पृ 1766/212	1966	हिन्दी नाट्य साहित्य में नारी भावना और मराठी साहित्य से प्रासंगिक तुलना (1850-1950) नि. डॉ. चंदूलाल दूबे	हेमा कार्णिक	शिवाजी वि. वि. कोल्हापुर	—
4.	शो. सं. खं. 1 क्र./पृ. 1900/227	1969	हिन्दी और मराठी के एकांकी नाटकों का तुलनात्मक अध्ययन (1860-1960)	विजय बापट	विक्रम वि. वि. उज्जैन	—
5.	शो. सं. खं. 1 क्र./पृ. 1902/227	1970-71	हिन्दी और मराठी के ऐतिहासिक नाटकों का तुलनात्मक अध्ययन	लक्ष्मीनारायण भारद्वाज	दिल्ली वि. वि. दिल्ली	राजेश प्रकाशन, दिल्ली
6.	शो. सं. खं. 1 क्र./पृ. 1899/227	1971	हिन्दी और मराठी के एकांकी साहित्य का तुलनात्मक अध्ययन	मदनगोपाल शर्मा	नागपुर वि. वि. नागपुर	—
7.	शो. सं. खं. 1 क्र./पृ. 1904/228	1973	हिन्दी और मराठी के सामाजिक नाटक	राजेंद्र भारती	उस्मानिया वि. वि. हैदराबाद	
8.	शो. सं. खं. 1 क्र./पृ. 1905/228	1976-77	हिन्दी तथा मराठी के सामाजिक नाटकों का तुलनात्मक अध्ययन	विद्या गोलवलकर	रांची वि. वि. रांची	—

(1)	(2)	(3)	(4)	(5)	(6)	(7)
9.	शो. सं. खं. 1 क्र./पृ. 2736/328	1977	उदयशंकर भट्ट तथा कृष्णजी प्रभाकर खाडिलकर के नाटकों का तुलनात्मक अध्ययन नि. डॉ. शांतिस्वरूप गुप्त	कृष्णगोपाल	दिल्ली वि. बि. दिल्ली	—
10.	शो. सं. खं. 2 क्र./पृ. 2619/287	1978	डॉ. लक्ष्मीनारायण लाल एवं वसंत कानेटकर के नाटकों का तुलनात्मक अध्ययन (ई. स. 1975 तक) नि. डॉ. विद्या गोलवलकर	रेखा जादव	रविशंकर वि. वि.	—
11.	शो. सं. खं. 2 क्र./पृ. 1258/137	1980	हिन्दी और मराठी के सामाजिक नाटक नि. लक्ष्मीनारायण भारद्वाज एवं डॉ. शैलजा करंदीकर	सविता रानी	दिल्ली, वि. वि. दिल्ली	
12.	शो. सं. खं. 2 क्र./पृ. 1257/137	1980	बीसवीं सदी के हिन्दी-मराठी नाटक (सन् 1907-1947) नि. डॉ. बी. एच. राजूरकर	बालकृष्ण एकनाथ जोशी	मराठवाड़ा वि. वि. औरंगाबाद	—
13.	शो. सं. खं. 2 क्र./पृ. 1256/136	1980	आधुनिक हिन्दी-मराठी नाटकों में युगबोध नि. डॉ. गोविंद चातक	मनमोहन भारद्वाज	दिल्ली वि. वि. दिल्ली	—

(1)	(2)	(3)	(4)	(5)	(6)	(7)
14.		1982	साठोत्तर हिन्दी-मराठी नाटकों का तुलनात्मक अनुशीलन नि. डॉ. भह. राजूरकर	माधव सोनटक्के	मराठवाड़ा वि. वि. औरंगाबाद	संचयन गोविंद नगर कानपुर

डॉ. लक्ष्मीनारायण भारद्वाज ने सन् 1978 ई. में मेरठ विश्वविद्यालय मेरठ से 'हिन्दी और मराठी नाटक और रंगमंच तुलनात्मक अध्ययन' विषय पर शोध-प्रबंध प्रस्तुत कर टी. लिट्. की उपाधि प्राप्त की है।

विविध

(1)	(2)	(3)	(4)	(5)	(6)	(7)
1.	शो. सं. खं. 1 क्र./पृ. 1618/194	1961 (काव्यशास्त्र)	आधुनिक हिंदी और काव्यशास्त्र का तुलनात्मक अध्ययन (1900-1958) नि. डॉ. नगेंद्र	मनोहर काळे	दिल्ली वि.वि.	हिन्दी ग्रन्थ रत्नाकर/ बम्बई 1972
2.	शो. सं. खं. 1 क्र./पृ. 1649/198	1969 (निबंध)	हिन्दी और मराठी के निबन्धों का तुलनात्मक अध्ययन (1850-1951)	सुमति रामचंद्र बाल्के	बम्बई वि. वि. बम्बई	—
3.	शो. सं. खं. 1 क्र./पृ. 4370/520	1969 (समीक्षा)	आधुनिक हिन्दी और मराठी की समीक्षा पद्धतियों के विकास का तुलनात्मक अध्ययन	घनश्याम व्यास	नागपुर वि. वि. नागपुर	—
4.	शो. सं. खं. 1 क्र./पृ. 2546/304	1971 (नीतिकाव्य)	हिन्दी और मराठी के नीतिकाव्य का विकास	सुशीला कुमारी	दिल्ली वि. वि. दिल्ली	—
5.	शो. सं. खं. 2 क्र./पृ. 1674/180	1972 (शिक्षात्मक काव्य)	हिन्दी और मराठी साहित्य में शिक्षात्मक काव्य का विकास	सुशील कुमार	दिल्ली वि. वि. दिल्ली	—

(1)	(2)	(3)	(4)	(5)	(6)	(7)
6. शो. सं. खं. 1 क्र./पृ. 1940/232	1974 (पत्रकारिता)	हिन्दी और मराठी पत्रकारिता : तुलनात्मक अध्ययन	पी. पी. पाठक	पूना वि. वि. पूना	—
7. शो. सं. खं. 1 क्र./पृ. 3403/408	1977 (दो निबंधकारों की तुलना	भारतेंदु हरिश्चंद्र एवं विष्णुशास्त्री चिपलूणकर : जीवन और कार्य नि. डॉ. भ. ह. राजूरकर 'भारतेंदु हरिश्चंद्र एवं विष्णुशास्त्री चिपलूणकर' शीर्षक से प्रकाशित 1978	गणेश तुलसीराम अष्टेकर	मराठवाड़ा वि. वि. औरंगाबाद	पंचशील प्रकाशन जयपुर
8. शो. सं. खं. 2 क्र./पृ. 1105/120	1980 (निबंध)	हिन्दी और मराठी के निबंधों का तुलनात्मक अध्ययन	वसंत पुरुषोत्तम सतपुटे	नागपुर वि. वि. नागपुर	—
9. शो. सं. खं. 2 क्र./पृ. 1106	1983 (रेखाचित्र)	हिन्दी और मराठी के रेखाचित्र का अध्ययन नि. डॉ. शंकर पुणतांबेकर	सुरेश जैन	पूना वि. वि. नागपुर	अन्नपूर्णा प्रकाशन कानपुर
10. शो. सं. खं. 2 क्र./पृ. 1496/161	1984 (मुहावरे)	हिन्दी और मराठी के मुहावरों का तुलनात्मक अध्ययन	शशिकल महादेव मुळे	कर्नाटक वि. वि. धारवाड़	—
11. शो. सं. खं. 2 क्र./पृ. 1101/119	1985 (बालसाहित्य)	हिन्दी तथा मराठी में चरितपरक बालसाहित्य	विद्या गणपतराव निबलकर	पूना वि. वि. पूना	

भाषा

(1)	(2)	(3)	(4)	(5)	(6)	(7)
1.	शो. सं. खं. 1 क्र./पृ. 4493/531	1965	हिन्दी तथा मराठी के गठन एवं रचना का तुलनात्मक अध्ययन	वसुदेव मोरेश्वर अथाले	सागर वि. वि. सागर	— —
2.	शो. सं. खं. 1 क्र./पृ. 2237/261	1970	हिन्दी और मराठी भाषाओं का तुलनात्मक अध्ययन	सुमन फडके	जोधपुर वि. वि. जोधपुर	—
3.	शो. सं. खं. 1	1971	हिन्दी और मराठी की समान शब्दावली का तुलनात्मक अध्ययन नि. डॉ. राजनारायण मौर्य	बी. बी. पाटील	पूना वि. वि. पूना	—
4.	शोधविविधा पृ. 40	1972	हिन्दी और मराठी में प्रयुक्त संस्कृत के तद्भव शब्दों का अध्ययन नि. डॉ. राजनारायण मौर्य	कृ. मं. सुर्वे	पूना वि. वि. पूना	
5.	शो. सं. खं. 1 क्र./पृ. 2239/267	1972	हिन्दी और मराठी में प्रयुक्त संस्कृत के तद्भव शब्दों का अध्यय नि. डॉ. कृ. गं. दिवाकर	दयानन्द शर्मा	पूना वि. वि. पूना	
6.	शो. सं. खं. 1 क्र./पृ. 2238/267	1973	हिन्दी और मराठी में प्रयुक्त विदेशी शब्दों का तुलनात्मक अध्ययन	बी. डी. सावंत	पूना वि. वि. पूना	—
7.	शो. सं खं. 1 क्र./पृ. 2240/268	1973	हिन्दी-मराठी भाषाओं के व्याकरणिक स्वरूप का तुलनात्मक अध्ययन	वसुधा अरविंद दुर्गे	उदयपुर वि. वि. उदयपुर	—
8.	शो. सं. खं. 1 क्र./पृ. 2235/267	1974	हिन्दी और मराठी की संयुक्त क्रियाओं का तुलनात्मक अध्ययन नि. डॉ. राजनारायण मौर्य	बी. एस. बरहाटे	पुना वि. वि. पूना	—

(1)	(2)	(3)	(4)	(5)	(6)	(7)
9.	शो. सं. खं. 2 क्र./पृ. 1456/157	1981	हिन्दी और मराठी क्रियापदबंधों का व्यतिरेकी अध्ययन नि. डॉ. वी. कृष्णस्वामी आयंगार	एम. एम. वसुतकर	आगरा वि. वि. आगरा	—
10.	शो. सं. खं. 2 क्र./पृ. 1454/i57	1982	हिन्दी और मराठी की व्याकरणिक कोटियों का तुलनात्मक अध्ययन नि. डॉ. वी. कृष्णस्वामी आयंगार	अंबादास दादाराव देशमुख	आगरा वि. वि. आगरा	—
11	—	1988	हिन्दी तथा मराठी सर्वनाम नि. डॉ. राजमल बोरा	पी. आर. घारे	मराठवाड़ा वि. वि. औरंगाबाद	—

अन्य

(1)	(2)	(3)	(4)	(5)	(6)	(7)
1.	शो. सं. खं. 2 क्र./पृ. 1704/184	1983	आधुनिक हिन्दी और मराठी साहित्य में चित्रित कर्ण : एक तुलनात्मक अध्ययन	अरुण शंकरराव वाडेकर	शिवाजी वि. वि. कोल्हापुर	—
2.	——	1990	हिन्दी-मराठी साहित्य में अभिव्यक्त कर्ण : एक तुलनात्मक अध्ययन नि. डॉ. सूर्यनारायण रणसुभे	सुभाष महादेवप्पा स्वामी	मराठवाड़ा वि. वि. औरंगाबाद	—

उक्त विवरण से हिंदी-मराठी साहित्य के तुलनात्मक अध्ययन का स्थूल एवं सामान्य परिचय मिलता है। यह विवरण विविध विश्वविद्यालयों द्वारा स्वीकृत शोध प्रबंधों तक ही सीमित है। इस विवरण से यह स्पष्ट होता है कि अभी कुछ ऐसे संभावित विषय हैं, जिन पर काम किया जा सकता है। डॉ० राजमल बोरा ने कुछेक संभावित तुलनात्मक विषयों का उल्लेख अपने एक लेख में दिया है। वे विषय हैं—

1. हिंदी-मराठी : साहित्येतिहास का स्वरूप
2. हिंदी-मराठी : संस्कृतेत्तर समानता
3. हिंदी-मराठी : किन्हीं दो प्रतिनिधि आधुनिक कवियों की तुलना
4. हिंदी-मराठी : किन्हीं दो प्रतिनिधि नाटककारों की तुलना
5. हिंदी-मराठी : किन्हीं दो प्रतिनिधि कथाकारों की तुलना···आदि[10]

समस्त भारतीय भाषाओं के संदर्भ में हिंदी-मराठी का अपना-अपना महत्व है तथा दोनों प्रादेशिकता के साथ-साथ राष्ट्रीय विकास के लिए कार्यशील हैं। दोनों का भाषिक तथा साहित्य के स्तर पर तुलनात्मक अध्ययन होना उपादेय सिद्ध होगा।

सन्दर्भ

1. हिंदी-मराठी : तुलनात्मक शोध : राजमल बोरा
Marthwada University Journal (Languages) Vol. XVI, 1980, पृ० 51
2. भाषा और साहित्य : डॉ० रामविलास शर्मा, पीपुल्स पब्लिशिंग हाउस प्रा० लि०, रानी झांसी रोड, नई दिल्ली-1 प्रथम संस्करण, 1961, पृ० 196
3. (अ) शोध संदर्भ : सं० डॉ० गिरिराजशरण अग्रवाल तथा डॉ० मीना अग्रवाल, हिंदी साहित्य निकेतन, बिजनौर, प्रथम संस्करण 1980
(आ) शोध संदर्भ : 2, सं० डॉ० गिरिराजशरण अग्रवाल तथा डॉ० मीना अग्रवाल, हिंदी साहित्य निकेतन, बिजनौर, प्रथम संस्करण 1987
4. 'अप्रतिबद्ध' मराठवाड़ा हिंदी साहित्य परिषद्, औरंगाबाद, प्रथम वार्षिक सम्मेलन, 14/15 सितम्बर 1974, पृ० 42-44 कार्यकारी संपादक : प्रा० नारायण शर्मा
5. भारतीय हिंदी परिषद् स्मारिका 30वां अधिवेशन 2, 3, 4 जून 1984, संपादक : राजमल बोरा, हिंदी विभाग, मराठवाड़ा विश्वविद्यालय, औरंगाबाद, पृ० 65-82

6. शोध विविधा : प्रथम वर्ष, विशेषांक 3 जुलाई 1986 हिंदी विभाग, पुणे विद्यापीठ, रजत जयंती विशेषांक-1985-1986 संपादक : डॉ० दुर्गा दीक्षित
7. शोध और समीक्षा : सं० विनोद गोदरे, हिंदी विभाग, बम्बई विश्वविद्यालय रानडे भवन, विद्यानगरी, सांताकुज (पूर्व) बम्बई-400098
8. हिंदी-मराठी : तुलनात्मक शोध : राजमल बोरा
   Marathwada University Journal (Languages) Vol. XVI. 1980, पृ० 52
   'हिंदी-मराठी साहित्य का तुलनात्मक अध्ययन के रूप में कार्य का श्रीगणेश हम आचार्य विनयमोहन शर्मा के शोध-प्रबंध 'हिंदी को मराठी संतों की देन' से मान सकते हैं। इस ग्रंथ पर सन् 1956 में नागपुर विश्वविद्यालय से उन्हें पी-एच० डी० की उपाधि दी गई।'
9. आधार : संक्षेपन : शो० सं० खं० 1—शोध संदर्भ
   शो० सं० खं० 2—शोध संदर्भ-2
10. हिंदी-मराठी : तुलनात्मक शोध—राजमल बोरा
   Marathwada University Journal (Languages) Vol. XVI, 1980, पृ० 62-63

द्वितीय खण्ड

हिन्दी एवं अन्य भाषाएं

हिंदी-गुजराती : भक्ति साहित्य

डॉ० ललित पारिख

भक्ति आंदोलन का समय और प्रभाव सर्वत्र प्रायः एक-सा रहा। हिन्दी और गुजराती दोनों भाषाओं में अपने ढंग के विशिष्ट लोकप्रिय कवि हुए, जिन्होंने भक्ति साहित्य का सृजन कर अपने भक्त रूप और कवि रूप का परिचय तो दिया ही, साथ ही साहित्य के मूलभूत तत्व सत्यं, शिवं, सुंदरम् का पूर्णरूपेण निर्वाह कर लोकमंगल की अपनी सहज भावना को शब्द रूप देकर 'स्वान्तः सुखाय' के साथ-साथ 'बहुजन हिताय' के प्रेरक तत्वों को भी साहित्य सृजन की प्रक्रिया में स्वाभाविक ढंग से कार्य करने दिया।

प्रवृत्तियों की दृष्टि से दोनों भाषाओं के भक्ति साहित्य में साम्य पाते हुए भी वैषम्य के तत्व भी पर्याप्त मात्रा में उपलब्ध होते हैं। हिन्दी साहित्य का भक्ति काल जहां ज्ञानाश्रयी शाखा के संत कवियों से आरंभ होता है, वहां गुजराती साहित्य का भक्ति काल, यदि वैसा नाम देना चाहें तो, कृष्ण भक्ति और पौराणिक आख्यान-साहित्य की परंपरा से प्रारंभ होता है। वास्तव में भक्तिकाल और उसकी सगुण-निर्गुण धारा और उनके अंतर्गत पाई जाने वाली ज्ञानाश्रयी, कृष्णमार्गी, राममार्गी शाखा आदि प्रवृत्तियां जो हिन्दी साहित्य के इतिहास में पाई जाती हैं, गुजराती साहित्य में उस रूप में बिलकुल नहीं पाई जातीं। न उस प्रकार का विभाजन है, न उस प्रकार का वर्गीकरण है और न ही उस प्रकार की क्रमिक प्रवृत्तियां। गुजराती साहित्य के इतिहास में भक्ति साहित्य के प्रति रुचि उत्पन्न करने का कार्य 'गागरिया भट्टों' ने किया, जो कवि कम और आख्यानकार अधिक होते थे, किन्तु रात-रात भर भक्ति-संबंधी आख्यान सुना-सुना कर भक्ति-साहित्य के लिए सानुकूल परिस्थितियां उत्पन्न करने में उनका योगदान काफी महत्वपूर्ण रहा। 'गागरिया भट्ट' को 'माण भट्ट' भी कहते थे, जो अपने सामने गागार (माण) रख कर उंगलियों से उसे बजाते हुए, गा-गाकर, संगीतात्मक शैली में भक्ति संबंधी आख्यान सुना कर बड़े-बड़े श्रोता वृंदों को प्रभावित करने में शत-प्रतिशत सफलता पाते रहते थे। बीच-बीच में अंतर्कथाएं सुनाना, हास्य-व्यंग्य का

पुट देना और पद्य गद्य की अस्खलित धाराप्रवाह वक्तृता उनकी विशेषता हुआ करती थी। आंगन में, चौराहों पर, घरों की खुली खिड़कियों से श्रोता उन्हें सुनते थे—बड़े प्रेम से, बड़े आदर से और सबसे बढ़ कर बड़े चाव से, रसपूर्वक। लगभग 500 वर्षों तक गागरिया भट्टों की परंपरा चलती रही। पंद्रहवीं शताब्दी को इस प्रवृत्ति का प्रारंभ काल मानते हैं और कवि भालण को आख्यान परंपरा का पिता माना जाता है।

वैसे कटे-बंधे रूप में एक ही प्रकार की प्रवृत्ति किसी भी भाषा के साहित्य में न चली है, न चल सकती है। सन् 1416 ई० में नरसिंहारण्य मुनि ने 'विष्णु भक्ति चंद्रोदय' नामक भक्ति-संबंधी रचना भालण से पूर्व की थी, जिसका कुछ अंश गिरनार पर्वत पर उल्लिखित है। इसमें दामोदर कृष्ण की स्तुति से प्रारंभ किया गया है। 1417 में यह उत्कीर्ण किया गया था। यहां यह बता देना भी उपयुक्त होगा कि लोकगीतों की परंपरा में तो राधाकृष्ण आदि के प्रसंग अलिखित साहित्य के रूप में काफी पहले से ही पाये जाते थे और लोकप्रिय भी थे। यहां यह भी स्पष्ट कर देना ठीक होगा कि गुजरात में रामभक्ति की अपेक्षा कृष्णभक्ति संबंधी साहित्य की प्रवृत्ति ही अधिक प्रबल रही। आज का आधुनिक कवि भी राधाकृष्ण का प्रेम-गीत अब भी कभी-कभी लिखता है।

गुजराती में राम काव्य नाम मात्र का पाया जाता है और गुजराती में तुलसी-दासजी जैसे कवि की तो कल्पना भी नहीं की जा सकती है। भालण नाम के प्रथम सरख्यानकार कवि ने तथा उनके दो पुत्रों उद्धव और विष्णुदास ने रामायण के कुछ अंशों को काव्यबद्ध किया है। भालण का 'राम विरह' और 'राम बालचरित' प्रसिद्ध रचनाएं हैं। 'हर संवाद' में 'शिवपुराण' से भीलनी रूप धारण करने वाली पार्वती और गंगा की कथा काव्यबद्ध की गई है। 'मृगाख्यान' में शिवजी की कथा है। हिन्दी में इस प्रकार से स्वतंत्र शिव-कथाएं तुलसी के 'जानकी मंगल' काव्य को छोड़ कर नहीं पाई जातीं। कृष्णभक्ति संबंधी भालण का साहित्य काफी विपुल है जैसे 'रुकमणि विरह', 'सत्यभामा विरह', 'कृष्ण विष्टि', 'कृष्ण बालचरित', 'दशम् स्कंध' आदि। भालण ने 'गरबी' शैली में अपना कृष्ण साहित्य लिखा जो गरबा नृत्य करते-करते, रास खेलते-खेलते गाया जा सके। आगे चल कर हिन्दी के कवि नन्ददास के समकक्ष दयाराम ने भी गरबी शैली में बड़ा मधुर कृष्ण साहित्य लिखा। भालण में समन्वयवादी और सामंजस्यकारी प्रवृत्ति प्रबल रूप में पाई जाती है, जो हम उनकी शिवजी संबंधी, राम सबंधी और कृष्ण संबंधी रचनाओं में स्पष्ट देख सकते हैं। इतना ही नहीं, एक कृष्ण गीत में जो प्रारंभ होता है 'मीठडा मावजी रे। मारे मंदिरे आवों' जैसे मधुराभक्ति शब्दों से, किन्तु अन्त में कवि दार्शनिक संस्पर्श देते हुए भगवान् रामचन्द्र जी को याद करते हुए कहते हैं —"तें कीधो त्यम कोय दे नहीं, प्रीत करीने चेहरे, भालण प्रभु रघुनाथ संभारो,

एक घड़ीनो नेहं।" भालण की दार्शनिक दृष्टि भी बड़ी सुलझी हुई थी। एक पद में वे कहते हैं—"हुं हरिनो, हरि छै मम रक्षक एह भरोसो जाय नहीं, जे दृष्टि करश ते मम हितनुं एह निश्चय बदलाय नहीं।"

हिन्दी के कबीर की तुलना में ठहर सकें ऐसे कवि अक्षयदास जो अखा के नाम से अधिक प्रसिद्ध एवं लोकप्रिय हैं, वे तो बाद में आते हैं। उनसे पहले आते हैं सूर के समकक्ष कवि नरसिंह मेहता जो अपनी कृष्णभक्ति, प्रेमभावना, दार्शनिकता आदि के कारण गुजराती के सबसे महान् एवं सर्वप्रिय कवि हुए हैं। ये सूरदास से पहले हुए हैं और सूर जैसा सर्वोत्कृष्ट वात्सल्य वर्णन तो नहीं कर सके हैं किन्तु तब भी उनका वात्सल्य वर्णन अपने ढंग का विशिष्ट एवं विरल है। शृंगार रस के क्षेत्र में तो नरसिंह मेहता ने 'सुरत संग्राम' जैसी मौलिक रचना देकर अपने कवि रूप का विशेष परिचय दिया। राधा और कृष्ण के प्रेम संग्राम की कल्पना और गोपियों तथा ग्वालों के सैन्य से सुसज्ज होकर कटाक्ष-बाण आदि से युद्ध करने के वर्णन द्वारा सुरत संग्राम की प्रस्तुति कहीं-कहीं उनकी उद्दाम शृंगार भावना को भी अभिव्यक्त करती है। अन्त में राधा को विजयी दिखलाया है। सूरदास ने न तो ऐसी कल्पना ही की है और न ही कहीं उनका शृंगार-वर्णन इतना उद्दाम हुआ है। नरसिंह ऐसा कर सके क्योंकि वे दास्यभाव तक ही अपनी भक्ति को सीमित नहीं रखते थे, वे तो सखी भाव से भक्ति करने वाले थे। वे स्वयं उस 'सुरत संग्राम' में राधा की सखी के रूप में और कृष्ण की सखी के रूप में विष्टि कार का रूप धारण करते हैं। सन् 1414 ई० में नरसिंह का जन्म माना गया है। नरसिंह मेहता ने जीवन में समय-समय पर भगवान् कृष्ण से जो सहायताएं पाईं वे सचमुच चमत्कार की बात है। संसार में शायद ही कोई ऐसा कवि हुआ हो जिसके इस प्रकार के चमत्कारपूर्ण जीवन पर ही बाद के कवियों ने खण्ड काव्य लिखे हों, नाटक लिखे हों, गीत लिखें हों।

वात्सल्य रस के क्षेत्र में सूर की तुलना में नरसिंह मेहता तो क्या, संसार का कोई कवि, व्यास तक नहीं ठहर सकते। सूर ने और कुछ न लिखा होता और केवल वात्सल्य के पद लिखे होते तब भी वे इतने ही महान् कवि माने जाते। नरसिंह मेहता के वात्सल्य संबंधी पदों में कहीं-कहीं, विशेषतः उनके कुछ वात्सल्यपूर्ण प्रभातियों में एक प्रकार की विशिष्ट सरसता पाई जाती है। नरसिंह मेहता के प्रभाती क्या दार्शनिक, क्या वात्सल्यपरक और क्या शृंगारिक—आज भी प्रभात के समय गुजरात में गाये जाते हैं। प्रभाती नरसिंह की विशिष्ट प्रतिभा के प्रतीक और लोकप्रियता के प्रमाण हैं। वात्सल्य प्रसंग के अंतर्गत उनका 'नागदमन' प्रसंग भी गुजराती भक्ति साहित्य में अति सुन्दर, मार्मिक एवं सर्वप्रिय है। आज भी उनका पद 'जल कमल दल छोंऽ बाला, स्वामी अमारो जागरो, जागरो तने माररो, मने बालहत्या लागरो ?" गुजरात में घर-घर में गाया जाता है। नागपत्नियों और

कृष्ण के बीच का यह संवाद वस्तुतः बड़ा रसपूर्ण है। कृष्ण को जगाने के लिए यशोदा का गाया हुआ प्रभाती—'जागने यादवा, कृष्ण गोवालिया, तुज बिना धेनुमों कोण जाशे'' आज भी गुजराती घरों में प्रभात के समय खूब गाया जाता है।

श्रृंगार के क्षेत्र में नरसिंह की मौलिकता—विशेषतः 'सुरत संग्राम' काव्य के विषयवस्तु की कल्पना में अपनी निजी है। सूर ने भी अनेक मौलिक उद्-भावनाएं अपने पदों में प्रस्तुत की हैं। किन्तु इस प्रकार की नहीं। संयोग वर्णन नरसिंह का अति उद्दाम है क्योंकि वे सखी भाव से वर्णन करते हैं। वस्तुतः किंवदन्ती तो यह है कि नरसिंह ने शिवजी की कृपा से शिवजी के साथ जाकर रासलीला देखी थी, देखते-देखते जलती मशाल के साथ अपना हाथ भी जला लिया था। इसीलिए देखा-अनुभव किया वर्णन करने में नरसिंह का उत्साह अनोखा है। सूर के समान वे भी प्रारंभ में शिवभक्त थे। शिवाजी को जो प्रिय हो वह पाने के प्रयास में उन्होंने कृष्ण भक्ति पाई और रासलीला देखी। सूर के समान वे भी समन्वयवादी हैं क्योंकि नरसिंह ने भी राम प्रसंग को छुआ है। सूर का विरह-वर्णन अद्वितीय है इसकेसम्बन्ध में दो मत नहीं हो सकते, किन्तु नरसिंह ने भी विरह-वर्णन में तीव्र वेदना को मार्मिक ढंग से मुखरित किया है। नरसिंह मेहता जिस क्षेत्र में सूर से निश्चित रूप से दो कदम आगे और दो हाथ ऊंचे दिखाई देते हैं वह क्षेत्र है दार्शनिकता का। नरसिंह मेहता की विनय-भावना सख्य भाव की ही नहीं, सखी भाव की होने से वे कृष्ण से खूब लड़ते रहते हैं अपने विनय के पदों में। दार्शनिक पद तो उन्हें वेदान्ती, परम ज्ञानी, आत्मस्थ (Realises Soul) सिद्ध करते हैं। सूर ने इतनी मात्रा में और इतनी सूक्ष्मता से ऐसे पद नहीं लिखे हैं। उनकी वैष्णव जन की परिभाषा देखिए जहां वे मानवता के धरातल पर वैष्णवत्व का निश्चय होने देते हैं जब वे कहते हैं—

> ''वैष्णव जन तो तेने रे कहिए
> जे पीड़ पराई जाणे रे।''

इसीलिए तो महात्मा गांधी जी ने इसे राष्ट्रीय भजन का रूप दिया।

कबीर के समान वे भक्ति और धर्म के नाम पर चलने वाली अधर्मता के विरोधी थे। बिल्कुल कबीर की तरह ही वे कहते हैं—

> ''शुथयु स्नान सेवा न पूजा थकी। शुथयुं घरे रही दान दीध।
> शुथयुं खरदर्शन थको। शुथयुं वरण ना भेद आणे।
> ऐ छे परपंच सहु पेट भरवा तणा आतमाराम परिब्रह्मन जोयो।
> भणे नरसैयो तत्वदर्शन विना रत्नचिंतामणि जन्म सोयो।''

कहीं वे कहते हैं—''पक्षापक्षी त्यां नहीं परमेश्वर समदृष्टि ने सर्व समान''

एक पद में वे कहते हैं।

"जीव ईश्वर अने ब्रह्म ना भेदमां सत्य वस्तु नहीं सद्य जडशे
हुं अने तुपणुं तजीश नरसैंया तो, गुरु तने हर्ष थी पार पाडशे।"

उनका यह पद— "जागीने जोऊं तो जगत् दीसे नहीं
ब्रह्म लटका करे ब्रह्म सामे।"

बड़ा ही प्रसिद्ध दार्शनिक पद है। ब्रह्म और जीव के भेद कैसे हैं यह समझाने के लिए वे स्वर्णालंकार और भीतर के स्वर्ण का उदाहरण देते हुए कहते हैं—

"अन्त तो हेमनुं हेम होये।" सगुण भक्त होते हुए भी वे निर्गुणवादी की तरह से कहते हैं—

"नेत्रविण निरखवौ, रूप विण परखवौ, वण जिह्वाए रस सरस पीवो
सकळ अविनाशी ए. नवज जाये कळयो, अरध उरध नी मांहे महाले,
नरसैंया चौ स्वामी सकळ व्यापी रह्यों, प्रेमना तंतमां संत झाले"

नरसिंह मेहता मराठी विभक्ति "चा, चौ" आदि का प्रयोग प्रायः सभी पदों में अपने गुरु के स्मरणार्थ करते रहते हैं। नरसिंह भाग्यवादी हैं जब वे कहते हैं—

"जेहना भाग्य में जे समे जे लख्युं
तेहने ते समे तेज मळशे"

वल्लभाचार्य और विट्ठलनाथ जी ने ब्रज के बाद गुजरात में ही सर्वाधिक अनुयायी पाये थे। कवि गोपालदास ने तो वल्लभाख्यान ही लिखा था। भक्ति संगीत और रासनृत्य ने गुजरात को मदोन्मत्त कर दिया था। स्वामी नारायण संप्रदाय के संस्थापक स्वामी सहजानन्द और उनके शिष्यों ने भी कृष्ण भक्ति, कृष्ण प्रेम, कृष्ण लीला, आदि के अनेकानेक पद लिखे हैं।

नन्ददास के साथ तुलना की जाय ऐसे गुजराती कवि हुए हैं दयाराम, जिनका जन्म सन् 1767 ई० में हुआ था। दयाराम अति रसिक कवि थे। दयाराम ने रासपंचाध्यायी, ओखा हरण, दशमूलीला, अजामिलाख्यान, गरबी संग्रह आदि। दयाराम ने हिन्दी में 'रसिक कल्लभा' और 'सतसैया' की भी रचना की है। दयाराम विशेष लोकप्रिय हुए अपनी गरबियों के कारण। बांसुरी को लेकर लिखी गई उनकी गरबी कड़ी प्रसिद्ध है।

"मानीती तुं छे मोहन तणी हो बांसलडी रे।
तुंने वालम करे छे धणुं वहाल रे हो वांसलडी।
पतिव्रताना पण मुकाया हो वांसलडी।
तें तो छोडाविया सतीओना सत्य रे हो वांसलडी।
जोतो तुं काष्ट केरो करकड़ो हो वांसलडी।
तुंने आज मळी छे ठकरात रे हो वांसलडी।
चोरनी संगे शीखी चोरवा हो वांसलडी।
वहाले माखण पोर्यु ने तें तो मंन रे हो वांसलडी।"

उनकी रसिकता इस प्रसिद्ध पद में देखिए—

हुं शुं जाणुं जे वहाले मुजमां शु दीठुं
वारे वारे सामुं भाळे, मुख लागे मीठुं, हुं शुं जाणुं
मने एकलडी देखी त्यां मारे पालवे लागे,
रंक भई कांइकांइ मारी पासे मागे, हुं शुं जाणुं

मीराबाई जितनी हिन्दी जगत में प्रसिद्ध एवं लोकप्रिय हैं उतनी ही गुजरात में। उनका "बोलमा बोलमा बोलमा रे, राधाकृष्ण बिना बीजुं बोलमा रे।' और 'गोविंदो प्राण अमारो रे मने जग लाग्यो खारो रे।' आदि गीत बड़े चाव से आज भी गुजरात में गाये जाते हैं। मीराबाई के अतिरिक्त गंगा सती नाम की कवयित्री भी बड़ी प्रसिद्ध एवं लोकप्रिय हुई। फुटकल भक्त कवि तो वैसे कई एक पाये जाते हैं, जैसे (सीताहरण) के रचयिता मंत्री कर्मण दशम स्कंध के रचरिता केशव 'हरि-लीला षोडषकला' के रचयिता 'भीमा' महाभारत के रचयिता कवि नाकर आदि।

कबीर के साथ जिनकी तुलना की जा सके ऐसे गुजराती कवि हैं अक्षयदास जो अरवो के नाम से ही प्रसिद्ध हैं। अरवो ने सत्रहवीं शताब्दी अपने छप्पय आदि में धार्मिक आडम्बर, पाखंड आदि की घोर भर्त्सना की है। वे सुनार जाति के थे और अपनी मुंहबोली बहन के संदेह करने पर कि वे उसके स्वर्णालंकार चोरी करेंगे, वैरागी हो गये। चारों ओर तीर्थाटन कर वे इस निष्कर्ष पर पहुंचे कि गुरु भी पाखंडी होते हैं, तीर्थस्थान भी पापस्थान होते हैं और ज्ञान प्रायः शब्दों तक ही रह जाता है, व्यवहार में उसको कोई लाना नहीं चाहता। अरवा ने 'चाबरवा' शीर्षक से जिसका अर्थ है चाबुक, बिल्कुल कबीर की तरह धर्म के ठेकेदारियों और दंभ करने वाले पाखंडियों पर तीखी वाणी के खूब चाबुक चलाये हैं। ढोंगी गुरु के लिए वे कहते हैं—

गुरु थई बेठो होंशे करी, कंठे पहाण, शके क्यम तरी
पोते हरि नहीं जाणे लेश, काढी बेठो गुरुनो वेश।"

वे तो कहते हैं कि तू ही अपना गुरु बन, बस अनतर्मुखी हो जा।

"गुरु था तारो तुं ज————वाळय अंतरमां सेवा"

धार्मिक पाखंडों की निरर्थकता पर उनकी ये पंक्तियां देखिए—

तिलक करतां त्रेयन वह्या, जप मालाना जाकां गया
तीर्थ फरी फरी थाक्यों चरण तोय न पहोंचा हरि ने शरण
कथा सुणी सुणी फूटयां कान, अरवा तोय न आव्युं ब्रह्मज्ञान

एक स्थान पर वे कहते हैं :

"एक मूरख ने एवी टेव, पत्थर एटला पूजे देव"

'अरवे गीता', 'अनुभव बिंदु', 'पंचीकरण,' 'गुरुशिष्य संवाद,' 'कैवल्यगीता', 'परमपद प्राप्ति' आदि अरवा की रचनाएं प्रसिद्ध हैं। हिन्दी में भी अरवा की

'पंचदशी तात्पर्य' और 'ब्रह्मलीला' रचनाएं उपलब्ध होती हैं। कबीर के समान वे हिन्दू-मुस्लिम भेद को मिटाना चाहते थे। एक स्थान पर कहा है—

'आपे आपमां उठी बला, एक कहे राम ने एक कहे अल्ला'

कबीर की तरह वे ऊंच-नीच के भेद की घोर भर्त्सना करते हुए कहते हैं—

'भूतपंचना आ संसार, मूरख ते वहे वर्ण अहंकार
भात चालवा वर्णावर्ण को मस्तक, हस्त, करि, चरण
ब्राह्मण, क्षत्रिय, वैश्य ने शूद्र, हरितो पिंड अरवा कोण शूद्र।'

वे तो कहते हैं—'ऊंच नीच न गणे नारायण' आगे प्रेमानन्द, शामळ, रत्नेश्वर वल्लभ, विश्वनाथ जानी आदि ने भी भक्तिपरक आख्यान-काव्य लिख कर गुजराती के भक्ति साहित्य को समृद्ध किया।

इस प्रकार हम गुजराती भाषा और साहित्य में आख्यान काव्यों की, ज्ञानपरक कविता की और कृष्ण भक्ति काव्य की परंपराएं तो पाते हैं, किन्तु रामभक्ति परक काव्य लगभग नहींवत् है यह ध्यान देने योग्य बात है। संभवतः इसका कारण यह है कि ब्रज की कृष्ण भक्ति परंपरा से गुजरात अधिक प्रभावित रहा, आज भी है और इसीलिए राम भक्ति काव्य की प्रवृत्ति कवि भालण आदि कवियों की गिनती की रचनाओं में ही ढूंढने पर मिलती है। सूर की तुलना का कवि नरसिंह मेहता गुजराती साहित्य में है, मीरा तो द्वारिका में जाकर अन्तकाल तक वहीं थीं इसलिए गुजरात की ही हैं, अपने गुजराती कृष्णभक्ति के पदों में आज भी वहां जीवित हैं, कबीर के समकक्ष कवि अरवो मिल जाते हैं, किन्तु महाकवि तुलसीदास जैसा कवि गुजरात में नहीं हुआ। इसके अतिरिक्त यह भी ध्यान देने योग्य बात है कि हिन्दी में सैकड़ों भक्त कवि भक्तिकाल के अन्तर्गत पाये जाते हैं, गुजराती में कुल मिलाकर भी कुछ गिनती के ही भक्तकवि मिलते हैं। गुजराती का भक्तिकाव्य न तो हिन्दी के भक्तिकाव्य के समान न तो अधिक वैविध्यपूर्ण है और न ही अनुभूति और अभिव्यक्ति की सूक्ष्मताओं से स्पंदित और ओतप्रोत ही है। किन्तु तब भी महात्मा गांधीजी ने नरसिंह मेहता को राष्ट्रीय भक्तकवि बना दिया, उनके 'वैष्णव जन तो तेने कहिए' भजन को राष्ट्रीय भजन का गौरव प्रदान कराया यह गुजराती भक्ति साहित्य के लिए उल्लेखनीय और महत्त्वपूर्ण बात है। सभी भाषाओं के श्रेष्ठ गायकों ने इसे नये-नये लय में गाया है और अंतर्राष्ट्रीय स्तर के 'गांधी' चलचित्र में भी इस लोकप्रिय भजन का सुन्दर, सरस, मधुर, प्रस्तुतीकरण हुआ है, यह गुजराती भक्ति साहित्य के लिए अभिमान की तो नहीं, पर गौरव की बात तो अवश्य ही है।

हिंदी-उर्दू : भारतीय स्वतंत्रता आंदोलन का साहित्य

डॉ० बी० सत्यनारायण

भारतीय स्वतंत्रता-आन्दोलन, देश के इतिहास की एक अभूतपूर्व घटना है। भारत में स्वातंत्र्य-बीज बोने तथा उन्हें विकसित करने का काम युगीन नेताओं के बलिदान, ओजस्वी तथा आवेगपूर्ण भाषणों के साथ-साथ तत्कालीन भारतीय साहित्यकारों ने भी किया। इस युग में भारतीय साहित्य का प्रयोजन प्रायः समाज-जागरण, राष्ट्रीय स्वतंत्रता-आन्दोलन की ओर जनता को उन्मुख करना था। इससे साहित्य का जन-जीवन के साथ निकट-सम्पर्क स्थापित हुआ। हिन्दी-उर्दू के साहित्यकार स्वतंत्रता-आन्दोलन के उन्हीं पक्षों से अधिक प्रभावित रहे, जो सामान्य जनता के जीवन से अधिक सम्बद्ध थे। बीसवीं शताब्दी के आरंभिक दो दशकों (सन् 1900 से 1920 ई०) के हिन्दी-उर्दू काव्य में स्वतंत्रता-आन्दोलन की जो अभिव्यक्ति हुई है, अर्थात् स्वतंत्रता-आन्दोलन को तीव्र रूप प्रदान करने में युगीन हिन्दी-उर्दू कवियों का जो योगदान रहा है, उसे निम्नलिखित बिन्दुओं की सहायता से समझा जा सकता है।

राजभक्ति तथा देशभक्ति

राजा के प्रति अपनी भक्ति व श्रद्धा को अभिव्यक्त करना, राजा का गुणगान करना, राजा को ईश्वर रूप में देखना, आदि की परम्परा हमारे देश में प्राचीन काल से विद्यमान है। आलोच्य युग में देश-प्रेम के उद्‌गारों की अभिव्यक्ति का आरंभ 'राजभक्ति' तथा 'देशभक्ति' के माध्यम से हुआ है।

पं० बदरीनारायण 'प्रेमघन' के काव्य में राजभक्ति से युक्त देशभक्ति के उद्‌गार युग के अन्य कवियों की अपेक्षा अधिक मिलते हैं। उन्होंने 1900 ई० में महारानी विक्टोरिया की हीरक जुबली के अवसर पर 'हार्दिक-हर्षादर्श'; सन् 1901 में सम्राट सप्तम एडवर्ड के साम्राज्याभिषेक के अवसर पर 'भारत बधाई'; सन् 1906 में युवराज जार्ज फ्रेडरिक अर्नेस्ट आलबर्ट प्रिन्स आफ् वेल्स के भारत आगमन पर 'आर्याभिनन्दन' की रचना की। इन रचनाओं में प्रेमघन ने

तत्कालीन शासकों की प्रशंसा करते हुए, भारत के सुधार की मांग की। प्रेमघन की उक्त कविताओं को 'खुशामदी कविता' की श्रेणी में रखना भारी भूल होगी। वैसे, इस युग में राजभक्ति के नाम पर चाटुकारिता का भी अभाव नहीं था। पं० रामचरित उपाध्याय ने स्वार्थपूर्ण राजभक्ति की अभिव्यक्ति पर तीखा व्यंग्य किया (खुशामदी टट्टू, राष्ट्रीय सिंहनाद)। प्रेमघन को खुशामदी टट्टुओं से सख्त नफ़रत थी (आनन्द कादम्बिनी, माला-8, पौष और माघ संवत् 1965 वि० पृ० 37)। प्रेमघन की कविताओं में शुद्ध राजभक्ति के साथ-साथ देशभक्ति की प्रबल भावनाएं भी निहित हैं, जो युगीन स्वतंत्रता-आन्दोलन की जागरूक चेतना का परिचायक हैं।

आलोच्य युग में राजभक्ति सम्बन्धी कविताएं प्राय: श्रीमती एनी बेसण्ट तथा उनके अनुयायियों का प्रसिद्ध सिद्धान्त 'फॉर गॉड, क्राउन अण्ड कन्ट्री' की परम्परा में भी लिखी जा रही थीं।

उर्दू-काव्य में राजभक्ति के उद्गार हिन्दी-काव्य की तुलना में बहुत ही कम मिलते हैं। उर्दू-कवियों ने अंग्रेज़ शासकों के जलसों वा जश्नों का यथार्थ चित्रण तो किया, परन्तु उनके प्रति अपनी भक्ति का प्रदर्शन नहीं किया। अकबर इलाहाबादी ने पहली जनवरी सन् 1901 को देहली में एडवर्ड सप्तम के जश्ने-ताजपोशी के संदर्भ में जो दरबार हुआ था और जिसमें एडवर्ड सप्तम की अनुपस्थिति में उनके प्रतिनिधि के रूप में ड्यूक आफ़ कनाट शरीक हुए थे, उस पर 'जल्व:-ए-देहली दरबार' शीर्षक कविता लिखी थी, जिसमें शाइर ने दरबार का आंखों देखा हाल बयान किया और अन्त में यह व्यंग्य भी किया—

महफ़िल उनकी साक़ी उनका
आंखें मेरी बाक़ी उनका

आगे चलकर अकबर ने सन् 1911 में जार्ज पंचम के जश्ने-ताजपोशी के अवसर पर 'देहली दरबार' शीर्षक कविता की रचना की। उन्होंने अंग्रेज़ी राज पर एक तंज़िया नज्म 'ब्रिटिश राज' और अंधी राजभक्ति पर 'कोराना अंग्रेज़-परस्ती' कविता लिखकर अपनी स्वतंत्र विचारधारा का परिचय दिया, जो आज़ादी की भावनाओं का परिचायक है।

इस सीमित अध्ययन से पता चलता है कि आलोच्य युग के कवियों में कोरी राजभक्ति नहीं थी, अपितु उनकी यह भावना देशभक्ति की भावनाओं से अनुप्राणित थी। इन कवियों ने जहां-जहां भी अंग्रेज़ प्रशासकों का स्वागत किया, वहां-वहां देश की दुर्दशा का सिंहावलोकन कर देश में सुधार की मांग का प्रस्ताव भी रखा, जो स्वतंत्रता-आन्दोलन का एक माध्यम था। इन कवियों ने अंग्रेज़ों की दृष्टि में अपना स्थान जमाये रखते हुए, जनमानस में अंग्रेज़ों के दुष्कर्मों को फैलाते हुए विक्षोभ पैदा किया। शासन की कठोर व्यवस्था के कारण स्वतंत्रता-आन्दोलन

के ये सेनानी (कवि) सरकार का प्रत्यक्ष विरोध नहीं कर सके, यदि किए होते तो वीर सावरकर तथा तिलक की भांति उन्हें आजीवन कारावास का दण्ड भोगना पड़ता था।

अतीत का गौरवगान

आलोच्य कालीन भारत में स्वतंत्रता-आन्दोलन की अभिव्यक्ति का एक शांतिमय माध्यम 'अतीत का गौरवगान' था। उन दिनों भारत में विद्या, कला-कौशल, सभ्यता के साथ-साथ देश-प्रेम व देशभक्ति की भावनाओं का शोचनीय अभाव था। इस अभाव की पूर्ति में युगीन हिन्दी-उर्दू के कवियों ने भारत के स्वर्णिम अतीत का गौरवगान कर भारतीयों को स्वतंत्रता-आन्दोलन के प्रति अनुप्राणित किया। कवियों का यह भी विचार था कि—"पतित जातियों को उनके उत्थान में उनके अतीत गौरव का स्मरण बहुत बड़ा सहायक होता है" (सियारामशरण गुप्त : मौर्य विजय, भूमिका)। अत: अतीत से प्रेरणा लेकर वर्तमान को एक नयी शक्ति व स्फूर्ति प्रदान करना युगीन कवियों का एक लक्ष्य रहा है।

डा० मुहम्मद इक़बाल ने 'सारे जहां से अच्छा हिन्दोस्तां हमारा' का तराना सुनाकर भारत की अनन्त महिमा का गुणगान करते हुए लिखा है—

'यूनानो-मिस्रो-रूमां सब मिट गये जहां से
अब तक मगर है बाक़ी नामो-निशां हमारा'

भारत माता के प्रथम महागायक पं० श्रीधर पाठक ने भी भारत की अपार ज्ञान-संपदा का परिचय दिया (सम्पा० अज्ञेय, पुष्करिणी)। युग-नेता महावीर प्रसाद द्विवेदी ने भी लिखा है—

जलवा तेरा जग में छाया
जो जिसने मांगा सो पाया
ग़ैरों को भी सभ्य बनाया
('मेरे प्यारे हिन्दुस्तान', सरस्वती, नवम्बर, 1920)

पं० ब्रजनारायण 'चकबस्त' ने—'अय ख़ाके-हिन्द तिरी अज़मत में क्या गुमां है" (ख़ाके वतन) लिखकर भारत की महानता को उजागर किया। इतिहास इस बात का साक्षी है कि भारत अपने प्राचीन काल में संसार का गुरु (शिक्षक) था। भारत के गुरुत्व का प्रतिनिधित्व करते हुए पं० आनन्दनारायण शुक्ल ने लिखा है—

लिये ग़ैर-मुल्कों ने तुझसे सबक़
तिरी दास्तां के उड़ाये वरक़
('ज़मीने वतन', हिन्दोस्तां हमारा, भाग-1)

फ़िराक़ ने (गोरखपुरी) 'अय मादरे-वतन' कविता में भारतमाता का गुण-

गान किया। ज़फरअली खां ने 'हिन्दोस्तां' शीर्षक कविता में भारत के प्रति अपनी अखण्ड प्रेम-भावना को प्रकट किया और अपनी साम्प्रदायिक उदारता को इन शब्दों में अभिव्यक्त किया, जो तारीफ़े क़ाबिल है—

"नाक़ूस से गरज़ है न मतलब अज़ां से है
मुझको अगर है इश्क तो हिन्दोस्तां से है"

'साग़र' निज़ामी 'तरानः-ए-वतन' में भारत-प्रेम की अपनी तीव्र आकांक्षा को लेकर स्वतंत्रता-आन्दोलन में कूद पड़े। जोश मलीहाबादी ने 'वतन' शीर्षक कविता में भारत से अपना अभिन्न सम्बन्ध स्थापित किया। जां निसार अख़तर ने भी भारत के प्रति अपनी अखण्ड भक्ति का परिचय देते हुए लिखा है—

"मुहब्बत है ख़ाके वतन से हमें
मुहब्बत है अपने चमन से हमें"

('बादः-ए-वतन', हिन्दोस्तां हमारा, भाग-1)

किन्तु डा० मुहम्मद इक़बाल ने 'अतीत वर्णन' को तत्कालीन परिस्थितियों के अनुरूप अनुपयुक्त समझा। उन्होंने कवियों से कहा—

"ज़रा देख इसको जो कुछ हो रहा है होने वाला है
धरा क्या है भला अहदें कुहन की दास्तानों में।"

('तस्वीरे दर्द', हिन्दोस्तां हमारा, भाग-2)

हिन्दी में गुप्त बन्धुओं (भारत-भारती, मौर्य-विजय), पं० लोचनप्रसाद पाण्डेय (पद्य-पुष्पांजलि), पं० महावीरप्रसाद द्विवेदी ('भारतवर्ष', सरस्वती, अक्तूबर 1920), पं० रूपनारायण पाण्डेय ('मातृमूर्ति', सरस्वती, जून 1913), पं० रामचरित उपाध्याय (सरस्वती, अगस्त 1918), आदि कवियों ने भारत को संसार का 'सिरमौर', शिरोमणि, स्वर्ग से न्यारा माना है। इन हिन्दी-उर्दू कवियों ने तत्कालीन भारतीयों की हीन-भावना (इनफीरियारिटी कामप्लेक्स) को उखाड़ फेंकने का अथक परिश्रम किया है। भारतीय गौरव की अखण्डता को पुनरुज्जीवित करते हुए स्वतंत्रता-आन्दोलन की चेतना को जाग्रत करने का निरन्तर प्रयत्न किया, युगीन कवियों ने।

जन-जागरण

आलोच्य काल के हिन्दी-उर्दू कवियों ने अपने काव्य के माध्यम से अपने-अपने पाठकों में 'जन-जागरण' का पुनीत कार्य भी किया, जो तत्कालीन स्वतंत्रता-आन्दोलन के लिए परम आवश्यक था। कवियों का जागरण-स्वर, कहीं प्रार्थना के रूप में तो कहीं उद्बोधनात्मक शैली में व्यक्त हुआ। जन-जागरण के क्षेत्र में मैथिलीशरण गुप्त का स्थान अग्रगण्य रहा है। उनकी 'भारत-भारती' जागरण का उद्घोष करती हुई अवतरित (सन् 1912) हुई—

"हे भाइयो ! सोये बहुत, अब तो उठो जागो अहो।"

आचार्य महावीरप्रसाद द्विवेदी ने 'भारत-भारती' के सम्बन्ध में लिखा है—"इसमें वह संजीवनी शक्ति है जिसकी प्राप्ति हिन्दी के और किसी भी काव्य से नहीं हो सकती। इससे हम लोगों की मृतप्राय नसों में शक्ति का संचार हो सकता है" (सम्पादकीय, सरस्वती, अगस्त 1914)।

पं० रायदेवीप्रसाद 'पूर्ण' ने देश की दुर्दशा की ओर 'भारत-सन्तान' का ध्यान आकृष्ट करते हुए जागरण का उद्‌बोधन (स्वदेशी-कुण्डल, पूर्णसंग्रह) दिया तो पं० नाथूरामशंकर ने देशवासियों को जाग्रत करते हुए देश की वेदी पर प्राणों की बलि देने की प्रेरणा ('बलिदान-गान', शंकर-सर्वस्व) दी। पं० गयाप्रसाद शुक्ल 'सनेही' ने देश-सेवा के निमित्त धन-दौलत, व्यापार आदि को तुच्छ ठहराया (त्रिशूल तरंग, पृ० 15) पं० मातादीन 'शुक्ल' ने समझाया कि राष्ट्र की सेवा ही मानव-जीवन का सार है और इस समय भारतीयों को 'धर्म-वीर' और 'कर्म-वीर' बनकर देश का उद्धार करना होगा ('निवेदन', कान्यकुब्ज नायक, अक्तूबर 1919)।

ख़्वाजा अल्ताफ़ हुसैन हाली ने सामाजिक जागरण पर ज़ोर देते हुए नारा लगाया कि "बस बहुत सोये, उठो होश में आओ" ('हुब्बे वतन', हिन्दोस्तां हमारा, भाग-2)। ज़फ़रअली खां अपने समय के एक जागरूक शाइर होने के नाते कुछ कर दिखाने की आवश्यकता पर बल देते हुए लिखते हैं—

"हो तुम जिसके ज़र्रे वह है ख़ाके-हिन्द
छुपे हैं जो इसमें वह जौहर दिखाओ"

('दावते अमल', हिन्दोस्तां हमारा, भाग-2)

मुहम्मद हुसैन महवी लखनवी ने 'समय' से आग्रह किया कि

"तिरी बरबादियां देखी नहीं जाती हैं अब हम से
ख़ुदा के वास्ते उठ और हो आज़ाद इस ग़म से"

('वक्ते-बेदारी'—हिन्दोस्तां हमारा, भाग-2)

महमूद इसराईली ने बुल-बुल के आर्त्तनाद को शब्दबद्ध करते हुए लिखा है—

"इंक़िलाब आया, नये सैयारे अब गर्दिश में हैं
अपनी आंखें खोल, वह रफ़तारे-दौरां हो चुकी"

('नालः-ए-अन्दलीब, हिन्दोस्तां हमारा, भाग-2)

साग़र निज़ामी ने अधिकारों की रक्षा हेतु पैग़ाम देते हुए लिखा है—

"उठ अय मश्तिक और अपने हक़्क़े-फ़ितरत की हिफ़ाज़त कर
जो आज़ादी तिरा मक़सूम है उसकी हिमायत कर"

('पैग़ामे अमल', हिन्दोस्तां हमारा, भाग-2)

इस प्रकार हिन्दी-उर्दू कवियों ने भारत की सुप्त जनता को जगाने में अपना

विशेष योगदान दिया। तत्कालीन शासन के विरुद्ध जन-मानस को तैयार करने में जागरणधर्मी उद्गारों का अत्यधिक महत्त्व है।

स्वदेश, स्वदेशी, स्वराज्य-आन्दोलन

'स्वराज्य' जीवंत राष्ट्र का एक लक्षण है। स्वराज्य के अभाव में कोई राष्ट्र अपनी अभिव्यक्ति तथा अपना हित-संपादन नहीं कर सकता। राष्ट्र में स्वतंत्रता की कामना व आकांक्षा देशवासियों के जीवन की एक अनिवार्य आवश्यकता होती है। राष्ट्र, मानव-समुदाय मात्र नहीं होता, अपितु वह एक जीवंत इकाई है। किसी देश का 'स्वतंत्रता-आन्दोलन' इस इकाई के आधार पर ही निर्भर रहता है।

अंग्रेज़ों के शासन-काल में हमारी अवनति की जड़ हमारी मानसिक दुर्बलता रही। स्वार्थ एवं अकर्मण्यता की भावनाओं से हम घिरे रहे। शक्ति-सम्पन्न होते हुए भी उसके सदुपयोग से हम अनभिज्ञ ही रहे। यहां तक कि एक लम्बी अवधि तक हमारे मन से स्वदेश, स्वराज्य की कल्पना भी दूर होती गयी।

'स्वराज्य' भारत की अपनी प्रकृति है। 'स्वराज्य' ध्येय के सहारे देश की जनता में प्रबल पुरुषार्थ, सेवा तथा त्याग की भावनाओं को पुनरुज्जीवित किया जा सकता है। यह कार्य भारत में हुआ, अर्थात् राष्ट्र-जीवन की आत्मा बलवती हुई।

स्वदेश, स्वदेशी, स्वराज्य तथा स्वतंत्रता आन्दोलन का वास्तविक आरम्भ सन् 1905 की बंग-भंग की घटना से हुआ। इस घटना से देश में तीव्र असन्तोष फैला। इस असन्तोष ने 'वन्देमातरम्' आन्दोलन का रूप ले लिया। देश में स्वदेशी की भावनाएं तीव्रतर होती गयीं, जिन्हें सर्वव्यापी बनाने में युग के हिन्दी-उर्दू कवियों ने अपना महत्वपूर्ण योगदान दिया।

भारत-वन्दना के महागायक पं० श्रीधर पाठक ने अस्पताल की रोग-शय्या से स्वदेश की महिमा का गौरवगान निम्नलिखित पंक्तियों में किया—

"निज स्वदेश ही एक सर्व-परब्रह्म-लोक है
निज स्वदेश ही एक सर्व-पर अमर-लोक है
निज स्वदेश विज्ञान-ज्ञान-आनंद-धाम है
निज स्वदेश ही भुवि त्रिलोक-शोभाभिराम है।"

(भारत गीत, पृ० 141)

अंग्रेजों ने अपनी स्वार्थपूर्ण आर्थिक नीतियों के द्वारा भारत की आर्थिक संपदा का यथेष्ट शोषण किया। इस कारण, देश में स्वदेशी-आंदोलन का जन्म हुआ। 'बॉयकाट' स्वदेशी आन्दोलन का शस्त्र बना। विदेशी वस्तुओं का बहिष्कार होता गया और स्वदेशी वस्तुओं का प्रचलन बढ़ता गया। इन सभी घटनाओं का यथार्थ चित्रण युगीन हिन्दी-उर्दू काव्य में उपलब्ध है।

रायदेवीप्रसाद पूर्ण ने 'स्वदेशी-कुण्डल' में स्वदेशी वस्तुओं को ग्रहण करने का बिगुल बजाते हुए भारत की औद्योगिक उन्नति के लिए मशीन युग की आवश्यकता पर बल दिया। युगीन जन-मानस में भी विदेशी वस्तुओं के बहिष्कार की धारणा बलवती होती गयी। बम्बई के एक सज्जन ने अंग्रेजी भाषा में विदेशी वस्तुओं के बहिष्कार पर एक लेख छपवा कर कई सहस्र अनुरोध-पत्र देश-देशान्तरों में बांटे, जिसका एक अंश यहां द्रष्टव्य है—

"रिजाल्व रादर टु डाइ दान टच वन इंच आफ् म्यांचेस्टर क्लाथ देर ईज़ एनर्जी एनफ़ इन दि कंट्री टु सप्लाइ दि वान्ट्स आफ् इट्स पीपुल यूज़ इण्डिया क्लाथ अण्ड इंडियन एलोन।" (भारत जीवन, 23-3-1896)।

पं० नाथूरामशंकर ने विदेशी वस्तुओं के बहिष्कार में दृढ़ प्रतिज्ञ होने पर जोर दिया (शंकर-सर्वस्व, पृ० 331)। पं० लोचनप्रसाद पांडेय ने विदेशी वस्तुओं का बहिष्कार मात्र नहीं चाहा, अपितु उन वस्तुओं का सर्वनाश कर डालने पर बल दिया—

"सबै स्वदेशी वस्तु लेन हित 'एवमस्तु' करि।
परदेशी वस्तुन तमाम नाशन को प्रण धरि।।" (पुष्पांजलि, पृ० 22)

आलोच्यकालीन भारत में, विदेशी वस्तुओं का बेहद प्रचलन था, अर्थात्—"जो वस्तु देखो, 'मेड इन' इंग्लैंड, इटली, जर्मनी, जापान, फ्रांस, अमेरिका व अन्य देशों की बनी" (भारत-भारती) थी। उर्दू शाइर अहमक फफूंदवी ने 'अहदे-फिरंग' कविता में इस स्थिति पर करारी चोट करते हुए लिखा है—

"या यह आलम है कि जापान अगर रहम न खाये
अपनी मैयत को कफ़न के भी मिलने में दरंग।"

(हिन्दोस्तां हमारा, भाग-II)

स्वदेशी आन्दोलन के परिणामस्वरूप देश में स्वदेशी वस्तुओं का प्रचलन बढ़ा और विदेशी व्यापारियों की काफी हानि हुई (मासिक 'लक्ष्मी', सितम्बर 1908)। इस स्थिति का समर्थन उर्दू-शाइर लाला लालचन्द फ़लक की 'वेदारिए हिन्द' की इन पंक्तियों से भी हो जाता है—

"तरक्क़ी पर है इन रोज़ों 'फ़लक' परचार देसी का।
पराये देश की चीज़ों से नफ़रत होती जाती है।।"

(हिन्दोस्तां हमारा, भाग-II)

अप्रैल, 1916 में पूना में लोकमान्य तिलक के द्वारा 'होमरूल' (स्वराज्य) लीग की स्थापना हुई। तिलक ने 'केसरी' (दैनिक) और 'मराठा' (साप्ताहिक) पत्र-पत्रिकाओं के द्वारा होमरूल का प्रचार किया। श्रीमती बेसण्ट ने भी 'न्यू इंडिया' (दैनिक) और 'कामन व्हील' (साप्ताहिक) पत्र-पत्रिकाओं के द्वारा होमरूल का प्रबल प्रचार किया। नतीजा यह हुआ कि "पंजाब सरकार···ने आज्ञा

देकर लोकमान्य तिलक को देहली और पंजाब के भीतर प्रवेश करने की मनाही कर दी।" (केशवकुमार ठाकुर : भारत में अंग्रेजी राज्य के दो सौ वर्ष, पृ० 496) लीग की सभाओं में भाग लेने से छात्रों को रोका गया (मन्मथनाथ गुप्त : राष्ट्रीय आन्दोलन का इतिहास, पृ० 281)। सरकार की इस दमन नीति से होमरूल आन्दोलन का प्रचार घटा नहीं, अपितु वह बढ़ता ही गया (गुरुमुख निहालसिंह : भारत का वैधानिक एवं राष्ट्रीय आन्दोलन का विकास, पृ० 319)।। इधर हिन्दी-उर्दू कवियों ने होमरूल के प्रचार को अपने कन्धों पर लिया। ब्रजनारायण चकबस्त अपने समय के एक सच्चे स्वतन्त्रता सेनानी थे, जिनका क्षेत्र उर्दू-काव्य रहा। वे होमरूल-आन्दोलन से मुतासिर हुए बिना नहीं रह सके, क्योंकि उस समय की स्थिति का वर्णन उन्हीं के कलम से 'आवाज़-ए-कौम' में द्रष्टव्य है—

"ज़मीं से अर्श तलक शोर होमरूल का है।
शबाब क़ौम का है, ज़ोर होमरूल का है॥"

(हिन्दोस्तां हमारा-II)

चकबस्त ने अनुभव किया कि भारत की दीनता को दूर करने का एक मात्र उपाय 'होमरूल' (स्वराज्य) की प्राप्ति ही है और इसके बिना शांति की स्थापना हो नहीं पायेगी, अर्थात्—

"दिलों को मस्त जो करती है वह हवा है यही।
गरीब हिन्द के आज़ार की दवा है यही॥" (हि० ह० II)

चकबस्त स्वराज्य की भावनाओं से ओत-प्रोत थे। उन्होंने राष्ट्रीय सिंहनाद की गर्जना करते हुए लिखा है—

"यह जोश पाक जमाना दबा नहीं सकता।
रंगों में खूं की हरारत मिटा नहीं सकता।
यह आग वह है जो पानी बुझा नहीं सकता।
दिलों में आके ये अरमान जा नहीं सकता॥"

प्रथम विश्वयुद्ध से भारत का किसी भी तरह का सम्बन्ध नहीं था। अंग्रेजों के अधीन होने मात्र से भारत को विवश होकर युद्ध में शामिल होना पड़ा। क्योंकि ब्रिटिश-सरकार ने युद्ध में भारतीयों की सहायता मांगी थी और गांधी भी मदद के लिए तैयार हुए। अतः भारत के सभी धर्मों के सेनानियों ने तन-मन-धन से सरकार की मदद की, जिसका आंखों देखा हाल पं० श्रीधर पाठक की कविता—'कृतज्ञता ब्रिटेन की भारत के प्रति' में मिलता है (भारत-गीत, पृ० 167)। उर्दू के शिबली नोमानी एक ऐसे क्रान्तिकारी शाइर थे, जिन्होंने प्रथम विश्वयुद्ध के दौरान अंग्रेजों का साथ देने से साफ इनकार कर दिया था। उन्होंने इस सन्दर्भ में 'जंगे-यूरोप और हिन्दुस्तानी' शीर्षक कविता की रचना की, जिसमें उन्होंने एक ज़र्मन के माध्यम से बरतानिया के फौज की शक्ति-हीनता पर करारा व्यंग्य किया

था। फलस्वरूप शिबली नोमानी के नाम गिरफ्तारी का वारंट जारी किया गया था, किंतु उस वारंट के अमल होने से पहले ही उनका स्वर्गवास हो गया था।

भारतीयों को विश्वास था कि प्रथम विश्व-युद्ध के उपरान्त सरकार उनकी मांगें पूरी करेगी, क्योंकि भारत की जनता ने युद्ध के दौरान सरकार की यथोचित सेवा की थी। सेवा के बदले उन्हें फरवरी, 1019 में 'रौलट एक्ट' का पुरस्कार मिला। "रौलट एक्ट पास होते ही राजनीति गरमाई।" (शंकर-सर्वस्व, पृ० 466)। सरकार ने भारत की बढ़ती हुई राजनीतिक चेतना को कुचलना आरम्भ कर दिया। 13-4-1919 को पंजाब में भारतीय स्वतंत्रता आंदोलन की प्रसिद्ध दर्दनाक घटना 'जलियां वाला बाग' घटी। जनरल डायर के नृशंसात्मक कार्यों का हवाला युगीन हिन्दी-उर्दू काव्यों में मिलता है। ज़फर अली खां ने 'मज़ालिमें-पंजाब' कविता में डायर के अत्याचारों का ब्यौरा देते हुए अपने ख्वाजा से कहा कि 'आप भी पंजाब में एक बार पेट के बल रेंग कर देखिए, सुबहो-शाम हंटर खाकर देखिए, ज़मीं पर नाक से लकीर खींच कर देखिए, बाद मग्रिब मस्जिद में जाने के जुर्म में अपनी पीठ पर चाबुक की रेखाएं खिचवाइए, दिन में सोलह मील हांपते-कांपते चलिए और जेल में जाकर अरहर की दाल खाते हुए सरकार के घर मेहमान बन कर रहिए तो तब कहना कि प्रलय तक मारशल ला कायम रहे या आप भी जनरल ओडायर से इंकार करने वालों में से एक होंगे। हिन्दी-कवि पं० नाथूराम शंकर ने भी 'हत्यारी होली' कविता में डायर के अमानुषिक व्यवहार को प्रतिध्वनित किया। उर्दू-कवि त्रिलोकचन्द महरूम ने 'शिकवः-ए-सैयाद' में सरकार से अपनी शिकायत तो की, किन्तु अन्त में निराश होकर उन्हें लिखना पड़ा—

"न तड़पने की इजाज़त है न फ़रियाद की है।"

उन दिनों शासन की ऐसी कठोर व्यवस्था थी कि भारतीयों को किसी भी प्रकार की आज़ादी नहीं थी। डा० मुहम्मद इक़बाल ने लिखा है—

"यह दस्तूरे-ज़बांबन्दी है कैसी तेरी महफ़िल में।
यहां तो बात करने को तरस्ती है ज़बां मेरी।"

('तस्वीरे दर्द', हिन्दोस्तां हमारा-II)

लेकिन ब्रजनारायण चकबस्त का कहना था—

"पिनहाने वाले अगर बेड़ियां पिनहायेंगे।
खुशी से क़ैद के गोशे को हम बसायेंगे॥"

('वतन का राग', हि० हमारा, भाग-II)

सरकार के अत्याचारों से तंग आकर पं० नाथूराम शंकर ने सरकार को 'जरासंध' (समस्यापूर्ति, शंकर-सर्वस्व) और पं० रूपनारायण पाण्डेय ने 'दुःशासन' ('अहिंसा संग्राम', पराग) की संज्ञाएं देते हुए शासन की निन्दा की और अपने

आक्रोश को व्यक्त किया। इस प्रकार युगीन कवियों ने अपने काव्य में राजनीतिक घटनाओं का चित्रण कर जन-मानस में विक्षोभ तथा आक्रोश को जगाया।

साम्प्रदायिक एकता

भारतीयों की बढ़ती हुई राजनीतिक चेतना को भंग करने के लिए अंग्रेज़ों ने 'डिवाइड एण्ड रूल' की नीति अपनाई थी। अपनी इस नीति में अंग्रेज़, कुछ हद तक सफल भी हुए। अर्थात् हिन्दू-मुस्लिम दोनों जातियों के कुछ लोगों में वैमनस्य बढ़ता गया, जिसका इज़हार अहमक़ फफूंदवी के इन उद्‌गारों में हुआ—

"न वह पहली सी मुहब्बत न वह अगला सा ख़ुलूस
न बिरहमन में वह अन्दाज़, न वह शेख़ में ढंग"
× × ×
न दसहरे में वह रौनक़ न मुहर्रम में वह शान
बर्छियां सीनों में पिन्हां है निगाहों में खदंग"

यह वैमनस्य आज़ादी की लड़ाई में घातक सिद्ध हुआ। जागरूक हिन्दी-उर्दू कवियों ने साम्प्रदायिक एकता की भावना का खुलेआम प्रचार करना आरम्भ कर दिया। पं० रायदेवीप्रसाद पूर्ण ने 'स्वदेशी-कुण्डल' में लिखा है—

"मुसलमान हिन्दुओ ! वही है कौमी दुश्मन,
जुदा-जुदा जो करे फाड़ कर चोली दामन" (पूर्ण-संग्रह)

ख़्वाजा अल्ताफ़ हुसैन हाली ने आपसी भेद-भाव को समाप्त करने का उद्‌बोधन देते हुए लिखा है—

"तुम अगर चाहते हो मुल्क की ख़ैर
न किसी हमवतन को समझो ग़ैर
हों मुसलमान इसमें या हिन्दू
बौद्ध मज़हब हो या कि हो ब्रह्मू"

(हुब्बे वतन, हिन्दोस्तां हमारा-II)

जफर अली खां ने हिन्दू भाइयों के प्रति अपना अभिन्न सम्बन्ध स्थापित किया और अपने मुस्लिम भाइयों को उद्‌बुद्ध करते हुए नारा लगाया कि—

"पसीना गिरे हिन्दुओं का जहां
वहां तुम मुसलमानों का खूं बहाओ"

('दावते अमल', हिन्दोस्तां हमारा-II)

युगीन हिन्दी कवि 'धनुर्धर' ('जातीयता', कान्यकुब्ज-नायक, दिसम्बर-1919), पं० महावीरप्रसाद द्विवेदी ('भारतवर्ष', सरस्वती, अक्तूबर 1920), पं० रामनरेश त्रिपाठी ('जन्मभूमि भारत', सरस्वती, जनवरी 1914), आदि ने 'हिन्दू-मुस्लिम भाई-भाई' का नारा लगाया। परिणाम यह हुआ कि देश में

साम्प्रदायिक वैमनस्य के स्थान पर सामरस्य की लहर चलने लगी, जिसे युगीन हिन्दी-उर्दू कवियों ने—अपने काव्य में मुखरित किया। भारतीय आत्मा पं० माखनलाल चतुर्वेदी ने स्वीकार किया कि—

"टूटे हुए, वे प्रेम-बन्धन प्रेम से जुड़ने लगे,
भूले हुए, सीधे पथों की ओर भी मुड़ने लगे।"

('चेतावनी', राष्ट्रीय वीणा)

इस खुशहाली पर लाला लालचन्द फलक ने मुबारकबाद पेश करते हुए लिखा है कि—

"मुबारक हिन्द की बेदार क़िस्मत होती जाती है।
नुमायां हिन्दियों में अब उखूबत होती जाती है।"

('बेदारिए-हिन्द', हिन्दोस्तां हमारा, भाग-2)

इस प्रकार युगीन हिन्दी उर्दू कवियों ने साम्प्रदायिक अर्थात् राष्ट्रीय एक्य को स्वतंत्रता आंदोलन के लिए अत्यन्त आवश्यक तत्त्व के रूप में ग्रहण किया। कवियों की मातृ भावना अपनी-अपनी संस्कृतियों की एक विशेषता रही है। इस एकता के महत्त्व पर बल देते हुए कवियों ने देशवासियों का ध्यान स्वतंत्रता आन्दोलन की ओर अग्रसर किया। कवियों का यह योगदान अविस्मरणीय है।

आलोच्यकालीन हिन्दी-उर्दू काव्य ने भारतीय स्वतंत्रता आन्दोलन में मिला-जुला रोल अदा किया है। दोनों की काव्य प्रवृत्तियां लगभग एक-सी चली हैं। इससे स्वतंत्रता आन्दोलन को संबल मिला है। हिन्दी-काव्य की भांति उर्दू-शाइरी भी भारत की महानता को आरम्भ से ही उजाकर करती हुई आयी है। युगीन कवियों के अनुसार देशभक्ति का तत्पर्य देश के प्रति प्रेम-भाव को रखना या अभिव्यक्त करना मात्र नहीं है, अपितु देश के महान कार्यों पर गर्व करना तथा देश की मिट्टी के कण-कण से प्रेम करना और उसकी हर मुसीबत में अपनी कुर्बानी के लिए तैयार रहना है। यह कहना अतिशयोक्ति नहीं होगी कि हिन्दी-उर्दू काव्य भारतीय स्वतंत्रता आन्दोलन के इतिहास को अपने सीने में समाये हुए है। दोनों काव्यों ने युग की राजनीतिक घटनाओं का यथार्थ चित्रण कर अपेक्षित राजनीतिक चेतना को तीव्रतर बनाने में कोई कसर बाकी नहीं रखा। दूसरे मानों में हिन्दी-उर्दू कविता युगीन ब्रिटिश-शासन के विरुद्ध युद्ध की क्षमता रखती हैं। इन कवियों में कुछ ऐसे कवि भी हुए हैं, जिनकी भावनाएं फांसी के फंदे तक की परवाह नहीं करतीं। आलोच्य काल की हिन्दी-उर्दू कविता को केवल 'प्रचार का साहित्य' मानना अनुचित होगा, क्योंकि 'जन-मानस' में सरकार के प्रति विद्रोह को जगाने के लिए प्रचारात्मक शैली ही उपयुक्त समझी गयी। हमें गर्व है कि हिन्दी-उर्दू काव्य में भारतीय स्वतंत्रता आन्दोलन की विश्वसनीय ऐतिहासिक पूंजी है।

हिन्दी-कन्नड़ : संत साहित्य

प्रा० अंतेश्वर बसपुरे

इक्कीसवीं शती की ओर बढ़ते समय देश बहुत ही नाजुक दौर से गुजर रहा है। राष्ट्रीय एकात्मता की बात बहुत धूमिल बनती जा रही है। इस संक्रमण अवस्था में समग्र भारतीयों को एकता के बंधन में बांध रखना विकट समस्या बन गयी है। विभिन्न स्तरों पर एकता की कड़ी को दृढ़ करने का प्रयास हो रहे हैं। मानवीय तथा सामाजिक चेतना को जगाने के लिए सबसे पहले यह जरूरी है कि वैचारिक परिवर्तन लाने का प्रयास किया जाय। यह संभव है साहित्यिक धरातल पर ही। उत्तर-दक्षिण को एक सूत्र में बांधना जरूरी है। याने अलग-अलग भारतीय भाषाओं के बीच तौलनिक अध्ययन आवश्यक है।

भारतीय भाषाओं में निर्मित साहित्य समग्र मानव जाति के लिए महान उपलब्धि है। हिन्दी, कन्नड़, तेलुगु, मलयालम, तमिल, आदि साहित्य वर्तमान युगीन जीवन में चिंतन की नई दिशा प्रदान करने में सक्षम है। मानवतावादी जीवन दृष्टिकोण से परिपूर्ण भारतीय साहित्य समग्र भारतीयों को ही नहीं बल्कि विश्व-मानव को एक सूत्र में बांधने में सक्षम है। इस बात को ध्यान में रखते हुए केवल हिन्दी तथा कन्नड़ संत साहित्य का तुलनात्मक अध्ययन प्रस्तुत किया जा रहा है। विशेषता कन्नड़ संत मा० बसवेश्वर तथा सर्वज्ञ और हिन्दी संत कबीर के संदर्भ में ही विवेचन प्रस्तुत है।

कन्नड़ का वचन साहित्य तथा हिन्दी का संत साहित्य इनमें अत्यादिक साम्य है। कन्नड़ भक्तिकाव्य में अनेकों वचनकार हो गये "इन वचनकारों में पंडित भी हैं, अनपढ़ भी हैं। पंडितों ने आम जनता की भाषा में याने सरल कन्नड़ में ही अपने स्वानुभूतियों को व्यक्त किया है। इस प्रकार उन्होंने सामान्य को असामान्य जीवन दृष्टि प्राप्त करने के लिए राजमार्ग खुला कर दिया। इन वचनों का आधार आध्यात्म और नीति है। इसी कारण से सदियों के बाद भी ये अजर और अमर हैं। स्वानुभाव से उमड़कर निकली हुई यह आत्मा की वाणी है। कोई अमोघ आध्यात्म तत्व दो-चार छोटे वाक्यों में व्यक्त हुआ है। अनेक बार यह वाणी

तुकबद्ध होकर लोकोक्तियों के रूप में व्यक्त हुई है। इन वचनों को कन्नड़ का उपनिषद मानकर गौरवान्वित करना सार्थक है।" शरण साहित्य में वचनकारों की सूची बहुत लम्बी है। पर केवश मा० बसवेश्वर, सर्वज्ञ के बचनों को मौलिकता को दर्शाते हुए हिन्दी संत कवि कबीरदासजी से तुलना प्रस्तुत है—

मा० बसवेश्वर (1150)

बारहवीं शती का समय भारतवर्ष के लिए अत्यन्त गौरवशाली कहा जा सकता है। उस समय सामाजिक, धार्मिक, राजनीतिक वातावरण विषमता से परिपूर्ण था। इन प्रतिकूल परिस्थितियों में ही मा० बसवेश्वर रूपी प्रखर व्यक्तित्व का सूरज उदित हुआ। आपका जन्म भले ही कर्नाटक प्रांत में हुआ हो पर आपके विचारों में समग्र मानव जीवन में चेतना जगाने की क्षमता है। आपने लोकवाणी कन्नड़ भाषा को अपने विचारों की आलोक वाणी बनायी। यही कारण है कि आज उनका वचन साहित्य विश्वभाषाओं में अनूदित हो रहा है। मानवतावादी तथा समाजवादी जीवन दृष्टिकोण ही उनके वचन साहित्य की प्रमुख विशेषता हैं। उनके वचन साहित्य को देखकर उन्हें न केवल वचनकार ही, बल्कि युगदृष्टा कर्मयोगी भी कह सकते हैं। 'कायक वे कैलास' इस उक्ति के आधार पर बसवेश्वर ने स्पष्ट किया कि कर्म करना ही इन्सान का धर्म है। कर्म करने से ही सार्थक जीवन रूपी स्वर्ग की प्राप्ति हो सकती है। वर्गविहीन क्रांति तथा अहिंसावादी विचारधारा को 12 वीं शती में प्रवाहित करते हुए बसव ने कहा था।

कळबेड, कॉलबेड, हुसिय नुडिलुलेड।
मुनिय बेड, अन्यरिगे असहय पडबेड ॥
तन्न बण्णिसलु बेड, इदिर हळियलु बेड।
इदे अन्तरंग शुद्धि, इदे बहिरंग शुद्धि ॥
इदे नम्म कूडल संगमन नॉलिसुब परि।

अर्थात :—चोरी मत करो, मारो मत, झूठ मत बोलो, क्रोध मत करो, दूसरों के प्रति घृणा मत दिखाओ, अपनी प्रशंसा आप मत करो, सामने वाले की निंदा मत करो, यही अंतरंग शुद्धि और बहिरंग शुद्धि है, यही भगवान कूडल संगमदेव को सन्तुष्ट करने की हमारी रीति है।

मा० बसवेश्वर एक भक्त श्रेष्ठ तथा आध्यात्मिक नेता थे। बसव ने सामाजिक बुराइयों का खंडन करते हुए जाति, वर्णभेद, ऊंच-नीच का भेदभाव दूर किया। विश्व में पहली बार नारी की अवहेलना को दूर करते हुए उसे पुरुष के सभानान्तर गौरव का स्थान दिलाया। धर्म का द्वार का द्वार सभी के लिए खोल दिया। कर्म, ज्ञानसाधना भक्ति, नीति का सुन्दर परिपाक आपके वचन साहित्य

में हुआ है। इसी विचारधारा को हम 15वीं शती में हुए संत कबीर के साहित्य में भी पाते हैं।

सर्वज्ञ (सं० 1600)

दक्षिण क्षेत्र में महात्मा बसवेश्वर युग के बाद पुष्पदत्त नामक त्रिपदिकार का उदय हुआ। आप जनप्रिय कवि थे। आप अपनी प्रतिभा के कारण ही 'सर्वज्ञ' कहलाए। आपके वचनों की संख्या करीब दो हजार है। आपके बारे में समीक्षकों की यह राय है कि, 'उनकी वाणी लोक की आलोक वाणी थी। उन्होंने त्रिपदी को अपनी अभिव्यक्ति का माध्यम बनाया।' कहते हैं कि "उनके त्रिपदी में तीनों लोकों को नापने की शक्ति है। उनकी भाषा कहावतों एवं मुहावरों से भरी है। आपके त्रिपदियों में धार्मिक आडंबर, भ्रष्टाचार, अनैतिकता, अहिंसावादी, सत्यवादी, मानवतावादी तथा कर्मठता आदि से संबंधित चिंतन प्रकट हुआ है। भगवान के संदर्भ में सर्वज्ञ की धारणा है—

"आ देव ई देव मादेव नंनबेड।
आ देवर देव-भुवन प्राणिगळिग दवनें
देव सर्वज्ञ"

अर्थात—"यह देव, वह देव, महादेव कहकर विभिन्न नामों से पुकारे जाने वाले इन सब देवों से सारे विश्व का अधिदैव बनकर समस्त विश्व को चैतन्य देने वाले जो चेतना स्वरूप हैं वही वास्तव में देव हैं।"

सर्वज्ञ का वचन (काव्य) नीतियों का अनमोल खजाना है। व्यवहार ज्ञान उनके त्रिपदियों में निहित है। फक्कड़ाना अंदाज वाला सर्वज्ञ जो कुछ भी उसने देखा उस पर निर्भयता से स्पष्ट शब्दों में कहा। कन्नड़ के कवि श्री बेन्द्रेजी ने सर्वज्ञ के बारे में कहा है "कवि दो प्रकार के होते हैं, वर्णक व दर्शक। जो बातें सभी लोगों को दिखायी देती हैं, वर्णक कवि उन्हीं का सरल वर्णन करते हैं। किन्तु कवि उन बातों को अपनी सूक्ष्म दृष्टि से देखकर, जो दूसरों को नहीं दिखतीं, दूसरों को भी दिखलाते हैं। सर्वज्ञ ऐसा ही एक दर्शक कवि था। उसकी नीतियां कोरे शुष्क शब्दों का समन्वय नहीं, रसमय संभाषण है। उनका हास्य भी करुणायुक्त वैद्य द्वारा की गई शल्य चिकित्सा है।'[1]

मा० बसवेश्वर सर्वज्ञ और कबीर : तुलनात्मक विवेचन

भारतीय इतिहास में बारहवीं शती से 17 वीं शती तक देश में जबरदस्त उथल-पुथल का वातावरण व्याप्त हो गया था। मानवीय मूल्यों का ह्रास, आतंक का वातावरण और चारों ओर लूटमार मची हुई थी। प्रतिकूल परिस्थितियों में एक साथ उत्तर-दक्षिण क्षेत्र में संत कवियों तथा शरण साहित्यिकों अपने ज्ञानज्योत को

जगाते हुए समाज में फैले हुए अज्ञानमय अंधकार को दूर किया। तीनों ही संतों का सृजन काल अलग-अलग है पर उनमें आत्मानुभूति विचारधारा, जीवन दृष्टि-कोण आदि में समानता निहित है। तीनों का वैयक्तिक जीवन मीठे तथा कड़ुवे अनुभव से प्रभावित था। तीनों संतों ने गुरु की महिमा का गान करते हुए उसे ईश्वर से बढ़कर माना है—

बसव "गुरु कारुण्यवे सदाचार।
गुरु कारुण्य वे शिवाचार॥
गुरु कारुण्यवे प्रसाद रुचि।
मुंदे गुरु, हिंदे लिंग कूडल संगमदेव॥

संर्वज्ञ "परमना रुपदलि नेरवीयलरियदे।
नरगागी बन्दु वरवींद गुरुविगे॥
सरयार काणॆ सर्वज्ञ।

कबीर गुरु गोविन्द दोनों खड़े काके लागूँ पांय।
बलिहारी गुरु आपने जिन गोबिन्द दियो बताय॥"

उत्तर तथा दक्षिण के संतों ने बाह्यांडबर का विरोध करते हुए मूर्तिपूजा का विरोध किया तथा अंतरआत्मा में बसे हुए ईश्वर की उपासना करने के लिए कहा। मा० बसवेश्वर ने कहा है कि "आग को देखकर घलने वाली लाख की मूर्ति ईश्वर कैसे बन सकती है। समय पड़ने पर बेची जाने वाली मूर्ति को मैं कैसे ईश्वर कहूं? निराकार, निर्विकार, निरंजन, कड़ूल संगम देव ही एक मात्र ईश्वर है।" इसी संदर्भ में सर्वज्ञ का कथन है कि 'क्या वह ईश्वर जो चिकने बालुका कण में है, वर्णरंजित चित्रों में विराजमान है, अपने में नहीं है। वाराणसी जाने का कारण क्या है? तारण पुरुष जब तुझ में ही है तो बोल, कारण क्या है तेरे इधर-उधर भटकने का? उपरोक्त आशय के समान ही संत कबीर ने अपने एक दोहे में मूर्तिपूजा का खंडन किया है—

"मन मथुरा दिल द्वारिका काया काशी जाणि
दसवां द्वार देहुरा ता में ज्योति पिछाणि॥
कबीर दुनिया देहुरे सीस नवावत जाई।
हिरदा भीतरि हरि बसै, तू ताही सौ हर्यो लाई॥

इस संसार में माया का प्रभाव इतना है कि सामान्य लोग उसी में समा जाते हैं। पर विरले वे लोग हैं जो माया के मोह से परे रहकर जीवन का उत्कर्ष साधते हैं। बसव अपने एक वचन में कहते हैं—पिंजड़े को बलवान समझकर रटने वाले तोते, सदा सर्वदा अमर समझे तू उत्साह से रहा। माया मार्जरि जब तुझे मारेगा तो क्या पिंजड़ा तेरी रक्षा करेगा? केवल प्रभु कूडल संगम देव तेरी रक्षा करेगा।" इसी प्रकार संत कबीरदास मायामोह संबंधी कहते हैं—

'माया तजू तजी नही जाई ।
फिर फिर माया मोहि लपटाई ।
माया, माता, पिता, अति माया अस्तरी सुता ।
माया मारि करै व्यौहार, कहै कबीर मेरे राम आधार ।।

12वीं से लेकर 17वीं शती में धार्मिक संकीर्णता की भावना समाज में फैली हुई थी। सांप्रदायिकता का खतरा उस समय भी समाज में व्यक्त था । धर्म के नाम पर इन्सान इन्सान को बांटने का षड्यंत्र हो रहा था । उस समय वर्णाश्रम पद्धति का विरोध करते हुए बसवेश्वर ने अपने एक वचन में कहा है 'मालिन्य के बिना पिंड का रहना कठिन है । जल बिंदु का व्यवहार एक ही है । आशा, रोष, हर्ष, विषाद आदि सब मानवों के लिए एक ही हैं । आग में लोहे को जलाने वाला लोहार बना, कपड़ा धोकर धोबी बना, वेद पढ़कर कोई ब्राह्मण बना । क्या कोई कान से उत्पन्न हो सकता है ? इस कारण हे कूडल संगम देव जो लिंगसंग को जानता है वही कुलज है । इसी बात को 'सर्वज्ञ' अपने एक त्रिपदी में कहते हैं 'क्या जाति विहीन के घर की ज्योति भी हीन है ।' जाति विजाति की बात न कर, जो ईश्वरीय प्रेम का पात्र है वही सच्चा कुलीन है ।

तीनों संतों ने एकेश्वरवाद को स्वीकार करते हुए इस बात को स्पष्ट किया कि ईश्वर एक है । वह कण-कण में समाया है । वह सारी सृष्टि में तुममें मुझमें व्याप्त है । साथ ही साथ तीनों ने बहुईश्वरीय भक्ति का खंडन करते हुए उसे व्यभिचार के समान माना है । समग्र संत मत अद्वैतवादी है । मैं और तू के भेद को मिटाकर ईश्वरीय एकरूपता को पाना ही उनके जीवन का लक्ष्य रहा है ।

संत साहित्य तथा शरण साहित्य में सत्संग को अधिक महत्त्व दिया गया है । सत्संग कारण ही दिव्य दृष्टि प्राप्त होती है । मा० बसवेश्वरने 12वीं शती में (बसवकल्याण) अनुभव मंडप की स्थापना की । वहां पर सभी संत एकत्रित होकर आध्यात्मिक स्तर पर वैचारिक मंथन करते थे । कबीर भी काशी नगरी में भोर के समय सत्संग का आयोजन कर कविता गाया करते थे । जनजागृति का महायज्ञ काशी नगरी में शुरू किया था । जब कि उस समय सांप्रदायिकता का ज्वार भड़क उठा था । इस प्रकार तीनों संतों में वैचारिक साम्य नजर आता है । जैसे—जाति-भेद विरोध, अहिंसा, मूर्तिपूजा का विरोध, एकेश्वरवादी, गुरु की महिमा, अस्पृश्यता निवारण, सदाचार का महत्त्व, स्वर्ग, नरक, मोक्ष संबंधी उनके विचारों में साम्य दृष्टिगोचर होता है । पर कुछ बातों में वैचारिक भिन्नता भी है । शरण शिव की उपासना करने वाले हैं तो संत कबीर निर्गुणवादी हैं । शरण जगत को शिवमय मानते हैं तो संत कबीर जगत मिथ्या कहते हैं । शरण साहित्य में सबसे उल्लेखनीय बात यह है कि आध्यात्मिक क्षेत्र में तथा सामाजिक स्तर पर नारी को महत्वपूर्ण स्थान दिलाया । नारी को पुरुष के समान गौरव प्राप्त हुआ । पर संत (हिन्दी)

साहित्य में स्त्री निंदा अधिक है। कबीर तथा तुलसीदास ने स्त्री को सामान्य नहीं माना।

निष्कर्ष

हिन्दी तथा कन्नड़ संत साहित्य का तुलनात्मक दृष्टिकोण से उसके साम्य तथा वैषम्य को देखने के बाद निष्कर्ष रूप से कह सकते हैं कि बसव, सर्वज्ञ और कबीर इन्होंने आध्यात्मिक धरातल पर चिंतन करते हुए जीवन की सच्चाई को यथार्थ रूप में प्रस्तुत किया है। भाषा, संप्रदाय, युग भिन्न होते हुए भी उनका आत्मिक चिंतन एक है। यह बात सच है कि हिन्दी से भी कन्नड़ साहित्य का इतिहास पुराना है। 12वीं शती में मा० बसवेश्वर ने वचन साहित्य का सृजन करते हुए जीवन के सत्य को सबसे पहले यथार्थ रूप में प्रस्तुत किया है। उसी विचारधारा को बाद में कबीर, सर्वज्ञ और आधुनिक युग में मा० गांधी और कार्लमार्क्स ने आगे प्रवाहित किया, यह कहना अनुचित नहीं होगा।

यह सोचना महत्वपूर्ण नहीं है कि कन्नड़ शरण साहित्य का प्रभाव हिंदी संत साहित्य पर हुआ है या नहीं। पर यह सच है कि हिन्दी और कन्नड़ के संतों ने भौतिक जीवन में रहकर भी उसे मुक्त रहकर साधना करते हुए आत्मिक सौंदर्य को ही प्रकट किया है। जड़वादी लोग केवल भौतिक सुख को ही महत्व देते हुए असार्थक जीवन जीते हैं। वे अपनी-अपनी सीमाओं में बंध जाते हैं। पर संत तथा शरण आत्मिक धरातल पर एक हो जाते हैं। उनकी जीवनानुभूति एक बन जाती है। आत्मिक चेतना को सीमाओं में, युगों में बांध नहीं सकते। अंत में यह कहना उचित ही होगा कि मा० बसवेश्वर, सर्वज्ञ और कबीर के आत्मा से निकली हुई अमर वाणी सच्चे अर्थों में, मानवीय एकातमता का सार्थक रूप है। इस तरह भारतीय संतों की वाणी हमारे राष्ट्र के लिए तथा समग्र मानव जाति के लिए गौरवशाली है।

सन्दर्भ

1. कन्नड़ साहित्य का सुबोध इतिहास, डॉ० हल्लीखेडे

हिन्दी-तेलुगु : भाषा और साहित्य

डॉ० टी० मोहनसिंह

तुलनात्मक प्रवृत्ति मनुष्य की जन्मजात प्रवृत्ति है। अपनी इसी प्रवृत्ति के ही द्वारा मनुष्य वस्तुओं में अन्तर्निहित अन्तर को तथा उनकी श्रेष्ठता को जान लेता है। ज्ञान की परिपुष्टि एवं समृद्धि वस्तुतः तुलना के बिना संभव नहीं है। तुलनात्मक अध्ययन के द्वारा विज्ञान, साहित्य, कला, उद्योग आदि विभिन्न क्षेत्रों का अनुवेक्षण एवं मूल्यांकन किया जाता है।

तुलनात्मक अध्ययन की उपादेयता और महत्व

साहित्य के अध्ययन की विभिन्न विधियों में तुलनात्मक अध्ययन एक है। तुलनात्मक अध्ययन का साहित्यिक अदान-प्रदान के क्षेत्र में बहुत महत्त्व है। राष्ट्रीय एवं अन्तर्राष्ट्रीय विचारों का निरूपण एवं उदात्तीकरण इस विधि द्वारा ही संभव है। साहित्यों के तुलनात्मक अध्ययन के अन्तर्गत अध्येता तुलनीय साहित्यों की कृतियों, कृतिकारों, विधाओं एवं प्रवृत्तियों में निहित साम्य एवं वैषम्य का मूल्यांकन प्रस्तुत करता है। तुलनात्मक अध्ययन द्वारा विश्व की विभिन्न भाषाओं के वैविध्य तथा एकता के तत्वों से हम परिचित हो सकते हैं।

भारत बहुभाषिक देश है। भारतीय साहित्य के इतिहास की अवधारणा के निर्माण के लिए तुलनात्मक अध्ययन आवश्यक है। सर जेम्स ने कहा है कि तुलना समग्रता को प्रदान करती है--Comparision bestows perfection"[1] हेनरी जार्ज मानते हैं कि तुलनात्मक अध्ययन संस्कृति सार प्रदान करता है—"···It grants essence of our Culara।"[2] रेमाक ने कहा है कि 'तुलनात्मक साहित्य एक राष्ट्र के साहित्य की परिधि के परे दूसरे राष्ट्रों के साहित्य के साथ तुलनात्मक अध्ययन है तथा यह अध्ययन कला, इतिहास, समाज विज्ञान, धर्मशास्त्र आदि ज्ञान के विभिन्न क्षेत्रों के आपसी सम्बन्धों का भी अध्ययन है।"[3]

वस्तुतः तुलनात्मक साहित्य विविध साहित्यों के पारपरिक संबंधों का अध्ययन भी है—"The object of comparative Literature is essentlly the study of diverse literetures in their relations with one another।"[4]

मैक्समूलर ने कहा है कि "सभी उच्चतर ज्ञान की प्राप्ति तुलना पर ही आधारित है।"[5]

तुलनात्मक अध्ययन का मूल उद्देश्य एक विस्तृत परिप्रेक्ष्य में विभिन्न भाषाओं के साहित्यों का अध्ययन है जिससे कि उसका उचित अभिज्ञान या रसास्वादन हो सके तथा उन भाषाओं के साहित्य के बारे में एक समुचित विचारधारा का विकास हो।

तुलनात्मक अध्ययन के लिए प्राचीन या आधुनिक का कोई अर्थ ही नहीं, वस्तुतः वहां जो भी तुलनीय है वही तुलनात्मक साहित्य का विषय बन जाता है। विविध भाषा साहित्यों की तुलना करने से प्राप्त समानताओं के अनुसन्धान से भारत की सांस्कृतिक, साहित्यिक एवं भावात्मक एकता का स्पष्टीकरण हो जाता है। सन् 1935 के आस-पास भारतीय भाषाओं के साहित्य से संबद्ध शोधकार्य में तुलनात्मक पद्धति की ओर भारतीय विद्वानों का ध्यान आकर्षित हुआ। तब से विभिन्न विश्वविद्यालयों में हिन्दी को आधार में रखकर भारतीय भाषाओं के साहित्यों का तुलनात्मक अनुसन्धान एवं अध्ययन किया जा रहा है ताकि भाषाओं के वैविध्य एवं एकता के तत्वों का उद्घाटन यथार्थ ढंग से हो सके।

'अविभक्तं विभक्तेषु' के सिद्धान्त वाक्य को लेकर अनेकता में एकता को खोजने का कार्य तुलनात्मक अध्ययन द्वारा किया जाता है। बाहर से विभक्त अथवा पृथक्-पृथक् दिखाई पड़ने वाले भारतीय भाषाओं के साहित्य में जो समानताएं हैं उन्हीं का रेखांकन तुलनात्मक अध्ययन द्वारा संभव है।

तुलनात्मक शोध का स्वरूप

हिन्दी में स्थूल रूप से भाषा एवं साहित्य के क्षेत्र में जो अनुसंधान कार्य हो रहा है उसमें निम्न पद्धतियां अपनाई जा रही हैं—

1. तुलनात्मक पद्धति
2. सर्वेक्षण पद्धति
3. आलोचनात्मक अध्ययन पद्धति
4. समस्यामूलक पद्धति
5. वर्गीय अध्ययन पद्धति
6. क्षेत्रीय अध्ययन पद्धति
7. अनुगम पद्धति
8. निगमन पद्धति

शोध का अर्थ है परिष्करण, प्रमाणीकरण, दोषनिवारण, संदेह निवारण[6] खोज, अनुशीलन आदि शब्द इसी अर्थ की आंशिक अभिव्यक्ति करते हैं। कोई भी

साहित्यिक सत्य जब परिष्कृत, प्रमाणित, संदेह-रहित और तथ्यपूर्ण होकर सामने आता है, तब वह शोध का परिणाम बनता है। शोध वस्तुतः सन्देहहीन और विशुद्ध साहित्योपलब्धि तक पहुंचने वाली प्रक्रिया का नाम है।"[7]

आचार्य सुन्दर रेड्डी जी के अनुसार—"तुलनात्मक अध्ययन मानव के सीमित ज्ञान क्षेत्र का विस्तार करता है। देश की एकता एवं राष्ट्रीय जीवन की एकता के लिए विभिन्न भारतीय भाषाओं एवं साहित्यों का तुलनात्मक अध्ययन आवश्यक ही नहीं, अनिवार्य भी है।"[8]

"तुलनात्मक अध्ययन का लक्ष्य आलोचना एवं अनुसंधान से भी अधिक महत्वपूर्ण है। तुलनात्मक अध्ययन मानव के सीमित ज्ञानक्षेत्र को विस्तृत करता है और उसके भाषागत, साहित्यिक एवं प्रादेशिक बंधनों को ज्ञानार्जन में बाधा नहीं डालने देता।"[9]

विभिन्न भाषाओं तथा साहित्यों की विशेषताओं में से साहित्यगत एकरूपता या समानता का निरूपण करना तुलनात्मक शोध का मुख्य उद्देश्य है। तुलनात्मक अनुसंधान के द्वारा मानव जाति के हृदय एवं मस्तिष्क में परिलक्षित भाव साम्य का समुद्घाटन एवं विश्व साहित्य के द्वारा विश्व मानवता की एकता का निरूपण किया जाता है। तुलनात्मक शोध से अध्ययन को व्यापक परिप्रेक्ष्य मिलता है। तुलनात्मक शोध द्वारा विभिन्न साहित्यों की समानताओं एवं भिन्नताओं का विवेचन करके इनके कारणों का अन्वेषण किया जाता है, विश्व मानव एवं विश्व मानवतावाद का पुनः सुदर्शन किया जाता है।

तुलनात्मक अनुसंधान के अन्तर्गत—एक ही साहित्य के दो युगों, काव्य प्रवृत्तियों या दो लेखकों की तुलना; एक साहित्य का दूसरे साहित्य पर प्रभाव आदि की तुलना तथा दो साहित्यों के दो कवियों, लेखकों, कृतियों, प्रवृत्तियों आदि की तुलना की जाती है।

तुलनात्मक शोध के अन्तर्गत विषय के सर्वांगीण अध्ययन तथा निरीक्षण एवं परीक्षण के सन्दर्भ में अनुसंधानकर्ता को निम्नलिखित तत्वों के प्रति ध्यान देना नितांत आवश्यक है ताकि प्रस्तुत विषय और तुलनीय विषय के सम्बन्ध में पूर्ण ज्ञान की उपलब्धि हो जाय, वे तत्व हैं—

1. समता
2. अभेद
3. पार्थक्य
4. विषमता

तुलनात्मक शोध अध्येता की योग्यता के विकास का अवसर प्रदान करता है।

वह दो साहित्यों से जुड़ी हुई समस्याओं का विश्लेषण करता है। तुलनात्मक पद्धति से अन्वेषक की दृष्टि सूक्ष्म से सूक्ष्मतर होकर अतल गहराई में स्थित काव्य की अन्तरात्मा का स्पर्श कर लेती है। इतना ही नहीं, किसी विषय की एकांगी अध्ययन की अपेक्षा तुलनात्मक अध्ययन करने से ज्ञान की अनन्त वृद्धि भी होती है।"[10]

तुलनात्मक शोधार्थी के गुण

साहित्य के शोधार्थी के लिए आवश्यक सभी गुणों के साथ-साथ तुलनात्मक शोधार्थी में कुछ विशेष गुणों की आवश्यकता होती है, यथा—

1. स्वाभाविक अभिरुचि और उत्सुकता
2. अनिवार्य तटस्थता एवं ईमानदारी
3. बौद्धिक प्रामाणिकता
4. मस्तिष्क की बहुमुखी गति
5. तुलनीय भाषाओं तथा साहित्यों का पूर्ण ज्ञान
6. तुलनात्मक अध्ययन की प्रविधि का ज्ञान
7. योग्य निर्देशक को चुनने की शक्ति
8. विषय की मौलिकता, उपयुक्तता एवं संभाव्यता का ज्ञान
9. सामग्री संकलन एवं विषय प्रतिपादन की क्षमता
10. तुलनीय भाषा समुदायों के इतिहास एवं संस्कृति के परिप्रेक्ष्य में सामग्री की व्याख्या एवं विश्लेषण करने की क्षमता
11. तथ्यों और उपलब्धियों की उच्चतर आलोचना एवं मूल्यांकन की योग्यता
12. पूर्वाग्रह एवं पक्षपात मुक्त हो प्रादेशिक साहित्यों के अन्तर्गत बिखरी हुई भारत की सांस्कृतिक एकता के अन्वेषण की प्रवृत्ति

तुलनात्मक शोध की प्रविधि

तुलनात्मक अध्ययन की प्रविधि पहले आलोचना के क्षेत्र में चलती थी। गत 40-50 वर्षों से वह शोध क्षेत्र में आई है अत. कहा जा सकता है कि तुलनात्मक अध्ययन का एक पैर शोध के क्षेत्र में रहता है, दूसरा आलोचना के। किन्तु यहां इस तथ्य को नहीं भूलना चाहिए कि बस्तुतः शोध प्रक्रिया एवं प्रविधि ही अनुसंधान नहीं है। फिर भी शोध की प्रविधि से अनभिज्ञ शोधार्थी अपने कार्य को सुचारु रूप से नहीं कर पाता। तुलनात्मक अनुसंधान सामान्य शोध की अपेक्षा कठिन है अतः इस सन्दर्भ में शोधार्थी को चाहिए कि वह निम्नलिखित बातों की ओर ध्यान दें—

1. तुलनीय अंश का निर्वाचन
2. सीमा निर्धारण एवं सामग्री संकलन
3. छानबीन या विश्लेषण तथा वर्गीकरण
4. त्याग और ग्रहण
5. अनुसन्धान में प्राप्त सत्यों की स्थापना
6. संयोजन और निर्णय
7. वैज्ञानिक रूपरेखा एवं प्रस्तुतीकरण
8. विषय प्रतिपादन के सन्दर्भ में भारत की अनेक रूपात्मक विराट संस्कृति की मूलभूत एकता का अन्वेषण एवं पुन:स्थापना
9. समकालीन, पूर्ववर्ती एवं परवर्ती लेखकों के ग्रंथों का अध्ययन
10. परीक्षण एवं मूल्यांकन
11. तुलनात्मक विश्लेषण

तुलनात्मक शोध के सन्दर्भ में सबसे महत्वपूर्ण बात यह है कि शोधार्थी उस कार्य को करने के लिए उपयुक्त है या नहीं। वह तुलनीय भाषाओं तथा उनके साहित्यों का पूर्ण ज्ञाता है या नहीं ? शोध निर्देशक वस्तुत: दो भाषाओं का आधिकारिक विद्वान् है या नहीं ? अन्यथा तुलनात्मक शोध-प्रबन्धों के स्तर में गिरावट आयेगी। अनुवाद तथा भाषा-शैली सम्बन्धी समस्याएं शोधकार्य में बाधक सिद्ध होंगी।

तुलनात्मक अनुसन्धान की क्षेत्र परिधि : हिन्दी और तेलुगु के सन्दर्भ में

हिन्दी भारत की राजभाषा है। यह हमारी सम्पर्क भाषा भी है। राष्ट्रभाषा हिन्दी एवं प्रादेशिक भाषाओं के विकास के लिए साहित्यिक आदान-प्रदान एवं तुलनात्मक अध्ययन की महती आवश्यकता है। भारत की सांस्कृतिक एवं साहित्यिक एकता के तत्त्वों को प्रकाशित करने का कार्य तुलनात्मक अध्ययनों द्वारा ही सम्भव है।

तेलुगु आन्ध्र प्रदेश की राजभाषा है। जनसंख्या की दृष्टि से भारतीय भाषाओं में हिन्दी के बाद का स्थान तेलुगु को ही प्राप्त है। प्रान्तीय भाषाओं के साथ राजभाषा का तालमेल आज की एक महत्वपूर्ण भाषा समस्या है। दोनों भाषाओं के पाठकों को निकट लाना वस्तुत: तुलनात्मक अध्ययन का प्रमुख उद्देश्य है। इस सन्दर्भ में आन्ध्रप्रदेश के भाषा-प्रेमियों, मनीषियों, शोधार्थियों ने अब तक काफी योगदान दिया है। अत: हिन्दी और तेलुगु के क्षेत्र में जो तुलनात्मक शोध-कार्य हुआ है उसके मूल्यांकन के लिए दोनों भाषाओं के साहित्यों की तुलनात्मक

क्षेत्र परिधि की चर्चा आवश्यक है—

1. साहित्यों की तुलना
2. साहित्यकारों की तुलना
3. विशिष्ट कृतियों की तुलना
4. साहित्यिक प्रवृत्तियों की तुलना
5. परम्परा विवेचन
6. प्रभाव सूत्रों की खोज
7. विभिन्न वादों, सिद्धान्तों एवं आन्दोलनों की तुलना
8. साहित्यिक विधाओं की तुलना
9. सर्जन के मूल प्रेरणा स्रोतों, विशिष्ट जीवन दृष्टियों, जीवनमूल्यों व सिद्धान्तों की तुलना
10. काव्यरूपों की तुलना
11. काव्यशास्त्र के तत्त्वों अथवा उन तत्त्वों की दृष्टि से कृति, कृतित्व अथवा कृतिकारों की तुलना
12. वर्ण विषय, भाव, रस, प्रतीक, बिम्ब, छन्द, भाषा आदि उपकरणों की दृष्टि से कृतियों या कृतित्व की तुलना
13. विभिन्न प्रान्तों के लोक साहित्य की तुलना
14. सांस्कृतिक अध्ययन
15. समाजशास्त्रीय अध्ययन
16. मनोवैज्ञानिक अध्ययन
17. साहित्य के पात्रों, घटना-व्यापारों एवं चरित्रांकन की तुलना
18. शिल्प व रचना शैलियों की तुलना
19. आलोचना के मूल्यों, मानों, पद्धतियों, सिद्धान्तों की तुलना
20. व्याकरण एवं भाषा-विज्ञान सम्बन्धी तुलना
21. अनुवाद की समस्याओं की तुलना

सन्दर्भ

1. Research and Search, p. 1
2. Research Methodology
3. तुलनात्मक साहित्य की भूमिका : इन्द्रनाथ चौधुरी, पृ० 5
4. वही, पृ० 9

5. तुलनात्मक अनुसंधान और उसकी समस्याएं : सं० डा० सरगु कृष्णमूर्ति, पृ० 84
6. अनुसंधान का विवेचन : डा० उदयभानु सिंह, पृ० 12
7. साहित्य शोध के सिद्धान्त और समस्याएं : सं० डा० रामगोपाल शर्मा दिनेश, पृ० 33
8. द्रष्टव्य—तुलनात्मक अनुसंधान एवं उसकी समस्याएं, पृ० 102
9. हिन्दी और तेलुगु के प्रतिनिधि कवियों का तुलनात्मक अध्ययन : डा० को० शिवसत्यनारायण, पृ० ग-घ
10. उद्धरित : तुलनात्मक अनुसंधान और आलोचना : डा० के० रामनाथन, पृ० 10

हिन्दी-तेलुगु तुलनात्मक अध्ययन : शोध सर्वेक्षण

डॉ॰ टी॰ मोहनसिंह

आन्ध्र प्रदेश के विभिन्न विश्वविद्यालयों, दक्षिण भारत हिन्दी प्रचार सभा मद्रास, केन्द्रीय हिन्दी संस्थान आगरा, कर्नाटक, नागपुर, सागर आदि विश्वविद्यालयों में गत 40 वर्षों से तुलनात्मक शोधकार्य हो रहा है। अब तक लगभग 100 शोध-प्रबन्ध / पी-एच॰ डी॰ या एम॰ फिल॰ उपाधि के लिए स्वीकृत हुए हैं जो निम्नलिखित विषयों से सम्बन्धित हैं।

भक्तिकाल

1. हिन्दी और तेलुगु के वैष्णव भक्ति साहित्य का तुलनात्मक अध्ययन : के॰ रामनाथन् (वे॰ वि॰ वि॰ 1963)
2. मध्यकालीन हिन्दी एवं तेलुगु निर्गुण परंपरा : एक तुलनात्मक अध्ययन : बन्दा रामलिंगप्पा (आन्ध्र 1978)
3. हिन्दी और तेलुगु के रामकाव्य (साकेत और कल्पवृक्षम् के विशेष संदर्भ सहित) : बी॰ सायिलु (उस्मानिया, 1976)
4. हिन्दी और तेलुगु रामायणों में काल संवेदना : के॰ सीता लक्ष्मी (आन्ध्र 1978)
5. कबीर और वेमना का तुलनात्मक अध्ययन : कोल्लि वेंकटेश्वर रेड्डी (लखनऊ, 1961)
6. तुलसीदास और त्यागराजु की भक्ति पद्धति का तुलनात्मक अध्ययन : टी॰ सुभद्रा (आन्ध्र 1972)
7. तुलसी रामायण और रामायण कल्पवृक्ष : एक तुलनात्मक अध्ययन : पी॰ वी॰ आचार्य (आन्ध्र 1974)
8. रामचरितमानस और रंगनाथ रामायण का तुलनात्मक अध्ययन : राघवाचारी (उस्मानिया 1972)

9. सूर और पोतन्ना की भक्ति भावना : सी० एच० रामुलु (उस्मानिया, 1973)
10. सूरदास और अन्नमाचारी का तुलनात्मक अध्ययन : एम० संगमेशम (वेंकटेश्वर, 1970)
11. सूरदास और पोतन्ना की भक्ति पद्धति : एक तुलनात्मक अध्ययन : के० कमलादेवी (आन्ध्र 1975)
12. सूरदास और पोतन्ना के साहित्य में वात्सल्य : लीला ज्योति (उस्मानिया, 1968)
13. सूरदास और पोतन्ना : तुलनात्मक अध्ययन : एन० एस० दक्षिणामूर्ति (आगरा विद्यापीठ, 1965)
14. त्यागराज एवं विनय पत्रिका के गीत : के० कृष्णमूर्ति (वेंकटेश्वर, 1986)
15. हिन्दी और तेलुगु के मध्यकालीन रामसाहित्य की तुलना : सी० हेच० सूर्यनारायण मूर्ति (सागर, 1964)
16. सूर और अन्नमाचार्य में प्रेम और माधुर्य तत्व : नागरत्नम्मा(वेंकटेश्वर, 1988)
17. हिन्दी और तेलुगु के रामायणों में पीढ़ियों का अन्तर : के० सीतालक्ष्मी (आन्ध्र 1978)
18. हिन्दी एवं तेलुगु के शैव काव्य : एक तुलनात्मक अध्ययन : जे० के० विश्वेश्वरराव (आन्ध्र 1980)
19. अष्टछाप और ताल्लपाका के कवियों का तुलनात्मक अध्ययन : सुमनलता (उस्मानिया, 1988)
20. सूर और पोतना के काव्य में अद्वैतदर्शन : रंगसाई (उस्मानिया, 1988)
21. शिवराजभूषण एवं शिवभारत का तुलनात्मक अध्ययन : डा० सावित्री
22. शिवराजभूषण एवं शिवभारत : एक तुलना : वसन्त कुमारी
23. सूरदास एवं पोतना के काव्य में माधुर्य भावना : अहमद हुस्सेन (अन्नामलै 1976)

रीतिकालीन साहित्य

1. हिन्दी और तेलुगु के शृंगारकाव्य का तुलनात्मक अध्ययन : एम० गोपालकृष्ण शर्मा (आगरा, 1969)
2. केशव और श्रीनाथ तुलनात्मक अध्ययन : एन० एस० दक्षिणामूर्ति (आगरा, 1965)

3. हिन्दी और तेलुगु के मुक्तक नीतिकाव्यों का तुलनात्मक अध्ययन : जी० अन्नपूर्णा, (द० भा० हि० प्र० स०)
4. हिन्दी और तेलुगु के नीतिकाव्यों का तुलनात्मक अध्ययन : के० शिव-सत्यनारायण, (आन्ध्र 1970)

आधुनिककालीन साहित्य

1. कथा साहित्य

1. हिन्दी और तेलुगु उपन्यास साहित्य को महिलाओं का योगदान : के० लीलावती (आंध्र, 1975)
2. स्वातंत्र्योत्तर हिन्दी उपन्यासों में व्यक्त वर्गचेतना का अध्ययन : वाई० शिवराम रेड्डी (वेंकटेश्वर, 1978)
3. हिन्दी और तेलुगु उपन्यासों का तुलनात्मक अध्ययन : जी० वी० सुब्रह्मण्यम (आंध्र, 1970)
4. हिन्दी और तेलुगु के स्वातंत्र्यपूर्व ऐतिहासिक उपन्यासों का तुलनात्मक एवं ऐतिहासिक अध्ययन : चलिसानि सुब्बाराव (सागर, 1969)
5. हिन्दी और तेलुगु की लघु कथाओं का तुलनात्मक अध्ययन : महेन्द्रकुमार डिपरा (आंध्र, 1978)
6. प्रेमचन्द और तेलुगु के समकालीन साहित्यकार : वी० श्रीनिवासाचारी (उस्मानिया ,1969)
7. हजारीप्रसाद द्विवेदी और नोरि नरसिंह शास्त्री के उपन्यासों का तुलनात्मक अध्ययन : अश्वत्थ नारायण (वेंकटेश्वर, 1979)
8. हिन्दी और तेलुगु उपन्यासों पर मार्क्सिज्म का प्रभाव : के० सुब्रह्मण्यम् (आंध्र, 1980)
9. हिन्दी और तेलुगु के स्वतंत्रतापूर्वककालीन उपन्यासों में राष्ट्रीय भावना : मुहम्मद आवादीन
10. हिन्दी और तेलुगु उपन्यासों की चरित्रयोजना पर मनोविज्ञान का प्रभाव : आर० श्रीधर (आंध्र)
11. आचार्य चतुरसेन शास्त्री एवं विश्वनाथ सत्यनारायण के उपन्यासों में सामाजिक चेतना : टी० के० सुमनकुमार
12. प्रेमचन्द और गोपीचन्द : एक तुलना : सत्यनारायण
13. साठोत्तर हिन्दी तेलुगु उपन्यासों में नगर जीवन : बी० जयरामुलु (वेंकटेश्वर, 1982)

काव्य

1. आधुनिक हिन्दी और तेलुगु कविता पर गांधीवाद का प्रभाव : एम० शिवप्रसाद राव (आंध्र, 1977)
2. आधुनिक हिन्दी और तेलुगु कविता में कल्पना : टी० माछी रेड्डी (वेंकटेश्वर, 1977)
3. आधुनिक हिन्दी और तेलुगु कविता में मानवतावाद : सरगू कृष्णमूर्ति (कर्नाटक, 1970)
4. स्वातंत्र्योत्तर हिन्दी और तेलुगु कविता का तुलनात्मक अनुशीलन : वी० रुक्मिणी (सागर, 1970)
5. स्वातंत्र्योत्तर हिन्दी और तेलुगु काव्य प्रवृत्तियां : वाई० वेंकटरत्नम (वेंकटेश्वर, 1977)
6. हिन्दी और तेलुगु की आधुनिक कविता में नगरीय धारणाओं का तुलनात्मक अध्ययन : के० मल्लिकार्जुन राव (आंध्र, 1978)
7. हिन्दी और तेलुगु की आधुनिक कवयित्रियों का तुलनात्मक अध्ययन : एन० शेषारत्नम (आंध्र, 1979)
8. हिन्दी और तेलुगु की प्रगतिवादी काव्यधाराओं का तुलनात्मक अध्ययन : के० रामा नायुडू (द० भा० हि० प्र० स०, 1971)
9. हिन्दी और तेलुगु स्वच्छन्दतावादी काव्य का तुलनात्मक अध्ययन : आदेश्वर राव (वेंकटेश्वर, 1967)
10. हिन्दी और तेलुगु गद्य काव्यों का तुलनात्मक अध्ययन : एम० रामलिंगेश्वर राव (आंध्र, 1977)
11. हिन्दी और तेलुगु का स्वच्छन्दतावादी काव्य : नागेश्वर राव (उस्मानिया, 1974)
12. हिन्दी और तेलुगु की प्रगतिवादी काव्यधारा : एक तुलनात्मक अध्ययन : विश्वनाथ (उस्मानिया, 1979)
13. हिन्दी और तेलुगु की प्रगतिवादी कविता : रंगय्या (उस्मानिया, 1980)
14. हिन्दी और तेलुगु की नई कविता : एक तुलनात्मक अध्ययन : विजय भारती (आंध्र, 1981)
15. आधुनिक हिन्दी और तेलुगु कविता में राष्ट्रीय भावना : वी० दामोदरम (वेंकटेश्वर, 1983)
16. आधुनिक हिन्दी और तेलुगु कविता पर औद्योगीकरण का प्रभाव : लक्ष्मणाचार्युलु (उस्मानिया, 1989)

17. दाशरथि और दिनकर की कविता में राष्ट्रीय चेतना : संजीव (उस्मानिया, 1989)
18. छायावाद और भावकविता में प्रकृति चित्रण : लक्ष्मीनरसय्या (उस्मानिया, 1988)
19. भारतभारती और भारतधर्म दर्शनमु : एक तुलनात्मक अध्ययन : एम० वी० यस० प्रसाद (उस्मानिया, 1988)
20. हिन्दी और तेलुगु की भाव कविता : सत्यनारायणाचार्युलु (आंध्र, 1980)
21. हिन्दी और तेलुगु कविता पर गांधीवाद का प्रभाव : एम० शिवप्रसाद राव (आंध्र, 1977)
22. हिन्दी और तेलुगु की आधुनिक कविता में नारी परिकल्पना का तुलनात्मक अध्ययन : के० मल्लिकार्जुन राव (आंध्र, 1978)
23. सुमित्रानन्दन पन्त : देवुलपल्लि कृष्णशास्त्री : एक तुलनात्मक अध्ययन : पी० ए० राजु (आंध्र)
24. हल्दी घाटी एवं राणाप्रताप सिंह चरित्रा : तुलनात्मक अध्ययन : ए० सत्यनारायण
25. हिन्दी और तेलुगु की आधुनिक कविता में बिम्ब विधान : टी० माचिरेड्डी

नाटक—एकाँकी

1. आन्ध्र हिन्दी रूपक : हिन्दी और तेलुगु के नाटक साहित्य का तुलनात्मक अध्ययन : आई० पांडुरंगा राव (नागपुर, 1957)
2. हिन्दी और तेलुगु के नाटक : उद्भव और विकास : पी० विश्वनाथम (उस्मानिया, 1979)
3. हिन्दी और तेलुगुएकांकियों का तुलनात्मक अध्ययन : एन० विजयी लक्ष्मी (आंध्र, 1978)
4. हिन्दी और तेलुगु एकांकियों का तुलनात्मक अध्ययन : जे० कोंडारेड्डी (वेंकटेश्वर, 1979)
5. हिन्दी और तेलुगु एकांकियों का तुलनात्मक अध्ययन : बालनरसय्या (उस्मानिया, 1987)
6. प्रसाद एवं पानुगंटि के नाटक : एक तुलनात्मक अध्ययन : ए० गोपाल राव
7. भारतेन्दु एवं वीरेशलिंगम के नाटकों में समाज सुधार : रामस्वारथ मिश्रा

व्याकरण—भाषा विज्ञान

1. हिन्दी और तेलुगु की व्याकरणिक संरचनाओं का व्यतिरेकात्मक अध्ययन : तेजनारायण लाल शास्त्री (बिहार, 1973)
2. हिन्दी और तेलुगु में क्रिया संरचना : एक तुलनात्मक अध्ययन : एम० कृष्णाजी राव (वेंकटेश्वर, 1979)
3. हिन्दी और तेलुगु के शब्दों का अर्थगत अध्ययन : ई० कामेश्वरी
4. हिन्दी और तेलुगु के पदबन्धों का तुलनात्मक अध्ययन : सुब्बाराव
5. हिन्दी और तेलुगु के ध्वनियों का तुलनात्मक अध्ययन : जे० विश्वामित्र (आगरा, 1966)
6. तेलुगु और हिन्दी में प्रचलित समानस्रोतीय शब्दावली का भाषा वैज्ञानिक अध्ययन : (आगरा, 1966)
7. हिन्दी और तेलुगु की वाक्य संरचना का तुलनात्मक अध्ययन : सी० मूर्ति (आगरा, 1971)
8. हिन्दी और तेलुगु के प्रसंग प्रत्यय का तुलनात्मक अध्ययन : बी० वी० रेड्डी (आगरा, 1968)

लोक साहित्य

1. हिन्दी एवं तेलुगु लोकोक्तियों का तुलनात्मक अध्ययन : के० वी० एल० नरसिंहाराव (आगरा विद्यापीठ, 1967)
2. आन्ध्र के लोकगीत : कर्ण राजेशषगिरिराव (आगरा, विद्यापीठ 1965)
3. हिन्दी और तेलुगु लोकगीतों का तुलनात्मक अध्ययन : सज्जा पशुपतिराव (आंध्र, 1978)
4. हिन्दी और तेलुगु लोककथाएं : वरलक्ष्मी (आंध्र, 1986)
5. हिन्दी और तेलुगु के लोकगीतों में वीरभावना : एम० सरस्वती (उस्मानिया, 1981)
6. हिन्दी तेलुगु मुहावरों का तुलनात्मक अध्ययन : बी० सुब्बाराव (आंध्र, 1984)
7. हिन्दी तेलुगु लोकगीतों में रस योजना : अद्दंकि रामाराव (आंध्र, 1984)
8. हिन्दी तेलुगु लोक संस्कार गीतों का तुलनात्मक अध्ययन : वी० नागशर्वरी
9. हिन्दी और तेलुगु के कहावतों का तुलनात्मक अध्ययन : एन० एस० दक्षिणामूर्ति (साहित्य सम्मेलन प्रयाग)

अन्य विषय

1. तेलुगु और शतक साहित्य : बी० बी० आर० शर्मा (उस्मानिया, 1975)
2. उन्नीसवीं शती में हिन्दी तेलुगु गद्य साहित्य के विकास की तुलना : वी० वी० सूर्यनारायण (काशी, 1970)
3. भारतेन्दु हरिश्चन्द्र एवं वीरेश लिंगम पन्तुलु : एक तुलनात्मक अध्ययन : ख्वाजा मोइनुद्दीन (उस्मानिया, 1965)
4. हिन्दी तेलुगु समालोचना : तुलनात्मक बोध और मूल्य : यस० कृष्णबाबू (आंध्र, 1977)
5. जयशंकर प्रसाद और विश्वनाथ सत्यनारायण : एक तुलनात्मक अध्ययन : जी० सुब्बाराव

स्वीकृत शोध प्रबन्धों की उपलब्ध सूची की ओर दृष्टिपात करने से पता चलता है कि भक्तिकाल पर 25, रीतिकाल पर 5, आधुनिक काल पर 75 शोध प्रबन्ध अब तक लिखे गये। आधुनिक काल से सम्बन्धित शोध-प्रबन्धों में 15 कथा साहित्य से सम्बन्धित हैं, 25 काव्य से सम्बन्धित हैं; नाटक-एकांकी; व्याकरण एवं भाषा विज्ञान, लोक साहित्य प्रत्येक से सम्बन्धित दस-दस शोध प्रबन्ध मिलते हैं। अन्य विषयों से सम्बन्धित शोध प्रबन्धों की संख्या मात्र 5 है।

व्यक्तित्व और कृतित्व तथा कृतियों की तुलना से सम्बन्धित शोध प्रबन्ध सर्वाधिक लिखे गये हैं। जिन लेखकों की तुलना की गई है इनमें उल्लेखनीय हैं—सूर और पोतना, सूर और अन्नमाचार्य, तुलसी और त्यागराज, कबीर और वेमना, केशव और श्रीनाथ, भारतेन्दु एवं वीरेश लिंगम पन्तुलु, पन्त और कृष्णशास्त्री, दाशरथि और दिनकर; प्रेमचन्द और गोपीचन्द, हजारीप्रसाद द्विवेदी और नोरि-नरसिंहा शास्त्री। ग्रन्थों की तुलना के अन्तर्गत उल्लेखनीय हैं—रामायण कल्पवृक्ष और तुलसी रामायण; साकेत और कल्पवृक्ष, तुलसी रामायण और रंगनाथ रामायण प्रस्तुत किये गये शोध प्रबन्ध। उपर्युक्त अनुसंधान कार्य के बाद भी कई ऐसे अनुत्तरित प्रश्न हमारे सामने आते हैं जिनका सही उत्तर भविष्य में होने वाला शोध ही दे सकता है। वे प्रश्न हैं—

1. हिन्दी की ही तरह तेलुगु साहित्य को केन्द्र में रखकर तुलनात्मक शोध कार्य नहीं हो रहा है ?
2. तेलुगु की तरह हिन्दी जनवादी या प्रगतिवादी कविता जनता से तथा जन आन्दोलनों से क्यों नहीं जुड़ पाई है ?

3. हिन्दी की तरह तेलुगु उपन्यासों में ग्राम्यकथा क्यों नहीं लिखी जा रही है ?

4. हिन्दी की तरह तेलुगु उपन्यासों में आंचलिक कथाओं को विशेष आदर क्यों नहीं प्राप्त हुआ ?

5. हिन्दी के समसामयिक उपन्यासों की तरह तेलुगु का समसामयिक उपन्यास साहित्य निम्न वर्ग विशेषकर निचले तबकों के जीवन से क्यों नहीं जुड़ पा रहा है ?

6. तेलुगु कविता की विशिष्ट प्रवृत्ति--अष्टावधान एवं शतावधान का विकास हिन्दी में क्यों नहीं हुआ ?

7. हिन्दी की भांति तेलुगु साहित्य में व्यंग्य लेखन क्यों नहीं उभर पा रहा है ?

8. साहित्यकारों द्वारा आत्मकथाएं प्रस्तुत करने की प्रवृत्ति का विकास जिस तरह उत्तर में हो रहा है वैसा दक्षिण में क्यों नहीं हो रहा है ?

9. स्वातंत्र्योत्तर हिन्दी कविता में अकविता, नकेनवादी कविता, विचार कविता, जनवादी कविता, युयुत्सावादी कविता, आदि कविता आन्दोलनों की जो गूंज सुनाई दे रही है वह तेलुगु में क्यों नहीं है ?

10. आधुनिकता बोध से जितनी प्रभावित हिन्दी कविता है उतनी तेलुगु कविता क्यों नहीं है ?

इनके अतिरिक्त निम्न प्रश्न भी विचारणीय हैं—

1. हिन्दी और तेलुगु साहित्यों की विभिन्न विधाओं तथा विभिन्न लेखकों की सृजन प्रक्रियाओं का तुलनात्मक अध्ययन क्यों नहीं हो पाया ?

2. क्या हिन्दी और तेलुगु का तुलनात्मक साहित्यिक इतिहास अभी भी नहीं लिखा जायगा ?

3. क्या तेलुगु की तरह हिन्दी में द्वर्थिकाव्य नहीं लिखे जायेंगे ?

हिन्दी और तेलुगु : तुलनात्मक शोध की संभावनाएं

स्वीकृत शोध प्रबन्धों की जो संक्षिप्त तालिका प्रस्तुत की गई है उससे अब तक विभिन्न विश्वविद्यालयों में हिन्दी और तेलुगु के सन्दर्भ में हुए शोध कार्य से हम आश्वस्त हो सकते हैं, क्योंकि तुलनात्मक अनुसन्धान की प्रक्रिया स्वतंत्र अनुसन्धान प्रक्रिया से कठिन है। इस प्रक्रिया के अन्तर्गत अनुसंधित्सु को एक से अधिक भाषाओं का पूर्ण ज्ञान रखना पड़ता है। इस सन्दर्भ में डा० सरगू कृष्णमूर्ति के शब्द दर्शनीय हैं--"अनुसन्धान साहित्य सागर का चिरन्तन सत्यान्वेषण है तो तुलनात्मक अध्ययन उन रत्नों की रमणीय कान्ति किरणों का जगद्व्याप्त प्रस्फुटन, प्रसरण एवं प्रचलन है।···अनुसन्धान भाषा क्षेत्र को पार कर सत्य, तथ्य एवं कथ्य

के सुदूर क्षितिजों को चूम लेता है।"[1]

स्वीकृत शोध प्रबन्धों के आधार पर यह कहा जा सकता है कि अभी कुछ ऐसी विशेष दिशाएं हैं जिन पर तुलनात्मक अध्ययन हो सकता है, यथा—

1. व्याकरण एवं भाषा विज्ञान से सम्बन्धित विषय
2. समाजशास्त्रीय अध्ययन
3. मनोविश्लेषणात्मक अध्ययन
4. लोक साहित्य का विस्तृत अध्ययन
5. शैली तात्विक अध्ययन
6. सौन्दर्यबोधात्मक अध्ययन
7. काव्य शास्त्र के विभिन्न पक्षों से सम्बन्धित अध्ययन
8. सांस्कृतिक देशांतरण का अध्ययन
9. विभिन्न शिल्पविधियों का अध्ययन
10. समस्यामूलक अध्ययन
11. अनुवाद की व्यावहारिक समस्याएं
12. सादृश्य सम्बन्ध परम्परा एवं प्रभाव सूत्रों का अध्ययन

उपर्युक्त अध्ययन के द्वारा तुलनात्मक साहित्यिक इतिहास का निर्माण तथा भारतीय साहित्य के इतिहास की संकल्पना का कार्य संभव हो पायेगा। हिन्दी शोध कार्य का द्रुतगामी प्रसार जहां प्रगति का परिचायक है वहीं स्तर की गिरावट एवं विषयों की पुनरावृत्ति चिन्ता का विषय है। यहां इस तथ्य को स्वीकार करना समीचीन होगा कि आज हमें परिमाणात्मक विकास की आवश्यकता नहीं है, गुणात्मक विकास की ही अपेक्षा है।

निष्कर्ष

हिन्दी और तेलुगु तुलनात्मक अध्ययन से दोनों भाषाओं एवं साहित्यों में नयी चेतना का सूत्रपात होता है और अपनी सीमाओं का बोध होता है। तुलनात्मक शोध द्वारा भारतीय जनमानस को अधिकाधिक समझा जा सकता है तथा समृद्ध किया जा सकता है।

भारतवर्ष सामासिक संस्कृति का देश है। तुलनात्मक अध्ययन द्वारा अनेक प्रकार की विघटनशील प्रवृत्तियों को दूर कर हमारी मूलभूत एकता की पुनः स्थापना का प्रयास किया जाता है। वर्तमान अशांतिपूर्ण वातावरण में अपरिचय-जनित आशंकाओं का निराकरण कर एक भारतीय आत्मा को सुप्रतिष्ठित करने का उदात्त कार्य तुलनात्मक अनुसंधाता करता है। प्रादेशिक भाषाओं में विद्यमान संस्कृति, साहित्य एवं शब्द सम्पदा के उत्तमोत्तम से राष्ट्रभाषा हिन्दी को विभूषित करने तथा समृद्ध करने का कार्य तुलनात्मक अध्ययन द्वारा संभव है।

समस्त क्षेत्रीय भाषाएं भारतीय जनजीवन के विभिन्न रूपों एवं गुणों का प्रतिनिधित्व करती हैं, अत: उन भाषाओं के साहित्यों के साथ हिन्दी भाषा एवं साहित्य के विभिन्न पक्षों की तुलना भारतीय साहित्य की परिकल्पना का प्रथम सोपान है।

डा० रवीन्द्र कुमार जैन ने तुलनात्मक शोध की उपादेयता की चर्चा करते हुए सच ही कहा है कि "विभिन्न साहित्यों के विविध रूपों में व्यक्त मानव चेतना की अखण्डता, विराटता एवं जिजीविषा को तुलनात्मक अध्ययन द्वारा प्रस्तुत किया जा सकता है।" अत: कहा जा सकता है कि हिन्दी तेलुगु के क्षेत्र में हो रहा तुलनात्मक अध्ययन इसी भावना का प्रतीक है।

सन्दर्भ

1. तुलनात्मक अनुसन्धान एवं उसकी समस्याएं, पृ० 11-12
2. वही, पृ० 34

केवट तथा मल्लाहों के लोकगीत

चारुदत्ता चौगुले

केवट और मल्लाह वैसे समानार्थी शब्द हैं। दोनों का अर्थ नाविक या नाव खेनेवाला होता है। हम इन दोनों शब्दों को धारण करने वाली जाति को एक ही समझते हैं, किन्तु ये लोग अपने आपको एक नहीं समझते। एक जाति अपने आपको केवट कहती है और दूसरी अपने को मल्लाह कहती है। दोनों का (नाव खेने का) काम ही एक नहीं, भाषा, रहन-सहन, संस्कार, रीति-रिवाज, स्वभावगत प्रवृत्तियां आदि सभी एक-सी हैं। फिर भी इनमें कुछ सूक्ष्म भेद हैं। वह भेद कहीं-कहीं इनके गीतों में झलकता है। अगर केवट को मल्लाह कह दो तो वह आपकी जान का दुश्मन बन जाय और मल्लाहों को केवट कहो तो वह आगबबूला हो जाय, मानो उसे किसी ने गाली दे दी हो। ये आपस में दूसरे को अपने से हलका और अपने आपको दूसरे से श्रेष्ठ समझते हैं। एक ही अर्थ वाले दो शब्द धारण करने वालों में यह भेद कैसे आया, किस दौर में आया, समझ में नहीं आता। वैसे रामायण के पहले भी 'कैवर्त' जाति का उल्लेख है। ये कैवर्त नाविक हुआ करते थे, कैवर्त का ही बदला हुआ रूप केवट या खेवट है। 'रामायण' काण्ड में इसी केवट ने राम को गंगापार कराया था जिस प्रसंग का वर्णन बड़े सरस रूप में तुलसीकृत रामायण में आता है।

स्वाभाविक ही है कि जिस आदमी ने राम को पार उतारने का काम किया होगा उसके सभी भाई-बन्द बड़े गौरव और अभिमान के साथ यह बात बताते होंगे कि हमने तो प्रत्यक्ष प्रभु राम को नदी पार कराया। इस कारण हो सकता है वे अपने आपको अन्य कुलों के नाविकों से श्रेष्ठ बताने लगे हों, स्वयं को केवट और बाकी को मल्लाह कहने लगे हों, मानने लगे हों कि वे तो साधारण नाविक हैं, असली तो हम राम को पार लगाने वाले केवट ही हैं बाकी मल्लाहों से श्रेष्ठ है।

एक सम्भावना यह भी बनती है कि जिनके पास बड़ी और महंगी नावें होंगी, वे, जिनके पास छोटी या सस्ती नावें होंगी उनसे अपने आपको श्रेष्ठ समझते होंगे।

जो भी कारण रहा हो, दोनों जातियों में आपस में ऊंच-नीच का भेद आ गया है—जो अब इनकी संस्कृति का भी अंग बन गया है।

ये जन जातियां वैसे मूलतः उत्तरी भारत (राजस्थान, मध्यप्रदेश) आदि जगहों से हैं, किन्तु मुझे इनका अध्ययन करने तथा इनका साहित्य पाने उत्तरी भारत में नहीं जाना पड़ा। ये लोग मुझे इसी मराठवाड़ा की धरती पर जंगलों, नदियों के किनारों पर बसे मिले। यह सुनकर आपको शायद ताज्जुब होगा कि ये हिन्दीभाषी लोग हमारे मराठवाड़ा में भी हैं। मैंने इन लोगों से भेंट की। उनका साहित्य पढ़ा तथा बातें सुनीं, टेप कीं तो कई आश्चर्यजनक तथ्य मेरे सामने आये।

जैसे ये लोग मूलतः कौन हैं, कहां के हैं और यहां कब आये इसके उत्तर में दो तरह की बातें सामने आयीं। दोनों जातियों का यह कहना है कि हम राजपूत हैं, लड़ाई करते थे। बरसात में लड़ाइयां नहीं होती थीं तो सेना में भरती कम कर दी जाती थी। बरसात में नदी में पानी खूब होता था, तो हम लोग नाव चलाने का काम किया करते थे।

नाव चलाना इनकी उपजीविका का दोयम साधन था और सैनिक होना प्रथम। ये लोग मूलतः कहां के हैं? इस प्रश्न के उत्तर में मल्लाहों ने दृढ़तापूर्वक कहा कि, "हम टीकमगढ़ के हैं।" और टीकमगढ़ राजस्थान में पड़ता है। केवटों के पास इसका कोई ठोस उत्तर नहीं है कि वे कहां के हैं, किन्तु उनके गीतों में जयपुर शहर का बार-बार उल्लेख आता है। राजस्थानी शब्दों का भी प्रचुर मात्रा में प्रयोग मिलता है। इस तरह सिद्ध होता है कि राजस्थान के ही हैं और जयपुर के इर्द-गिर्द से आये हैं।

ये लोग मराठवाड़ा में कैसे आये इस प्रश्न के उत्तर में दो-तीन तर्क सामने आये। हो सकता है कि यह सब एक बार न आकर समय-समय पर कारणानुसार आते गये हों। जैसे दिल्ली से दौलताबाद मुहम्मद तुगलक ने अपनी राजधानी बदली। तब उसकी सेना में आये हुए कुछ सैनिक लौटकर नहीं जा सके और वहीं बस गये! कुछ राजा जसवंतसिंह की सेना में आये, जिनका पड़ाव इसी औरंगाबाद शहर में सुनहरी महल नामक जगह पर पड़ा था, जहां आज विद्यापीठ की इमारत विद्यमान है! उनमें से कुछ लोग इसी विश्वविद्यालय में सेवक के पद पर नियुक्त हैं। कुछ बायजाबाई की टुकड़ी में आये थे, जो चंबल की डकैत थी और औरंगजेब से जूझने शिवाजी महाराज के संकेत पर दक्षिण में आयी थी। इस प्रकार इन लोगों के मराठवाड़ा की धरती पर समय-समय पर आते रहने का इतिहास गवाह है। यहां आने पर इन्हें पेट पालने का कोई साधन नसीब न हुआ! इनके पास न खेत थे, न गांव-घर। सो ये नदी किनारे रहने और शिकार करके अपना पेट पालने लग गये! नदी से सम्बन्धित कुछ और उद्योग भी इन्होंने शुरू किये, जैसे खरबूज की बेल लगाना, सन निकालना, कातना आदि। मल्लाहों ने भाजी का व्यापार भी शुरू किया और ये लोग अपने मूल स्थान को भूलकर यहाँ मराठवाड़ा के कोख में पड़े जैसे तैसे जीते रहे हैं! दुनिया इनसे बेखबर है और ये दुनिया से बेखबर हैं, किन्तु

एक काम इन लोगों ने अच्छा किया कि इन्होंने अपने रीति-रिवाज, भाषा और संस्कृति को आज भी नहीं छोड़ा है ! पढ़ाई-लिखाई से तो ये अब भी कोसों दूर हैं। शहरी सभ्यता इन्हें छू भी नहीं पायी है। इन जातियों ने अपने संस्कारों के साथ अपने गीतों को भी याद रखा है। शादी-ब्याह में ये अब भी वही गीत गाते हैं, जो उनकी प्राचीनतम् धरोहर हैं। मैं जब अपने शोध कार्य के दौरान इनके पास पहुंची तो मुझे स्वयं कल्पना नहीं थी कि इतना बड़ा खजाना मेरे हाथ लगनेवाला है। यह तो और भी अच्छा हुआ कि समय रहते मैंने इस खजाने को पा लिया, क्योंकि इन गीतों को गानेवाले पुराने बूढ़े लोग अब कम रह गये हैं। नयी पीढ़ी पर तो फिल्मों ने अपना प्रभाव जमा लिया है। कुछ साल के बाद तो शायद यह कीमती जवाहरात मिट्टी में मिल गये होते।

आश्चर्य की बात तो यह है कि इन दोनों एक सी लगने वाली जातियों तथा भाषाओं में पाये जाने वाले गीतों में जिस तरह भरपूर साम्य है, वैसे सूक्ष्म भेद भी है। इसलिए इनमें तुलना हो सकती है। हम जब तक बाहर से देखकर केवट और मल्लाहों के लोक गीत कहते हैं, तब तक यह एक-सा ही लगता है, किन्तु वास्तव में ये दोनों भिन्न हैं। जो इसके बीच जाता और इनसे निकटता स्थापित करता है उसकी समझ में यह भेद आने लगता है।

इस तुलना को हम देखें तो जन्म के जो गीत इनमें प्रचलित हैं उनके नामों में भी यह भेद लक्षित होता है। केवट के यहां इन्हें **छठी के गीत** कहा जाता है, तो मल्लाहों के यहां इन्हें **बिस्वार** कहते हैं। वैसे मल्लाह **बधावा** भी कहते हैं। और केवट **सोहरगाना** भी कहते हैं। जन्म के ये गीत दोनों के यहां कई प्रकार के हैं, जैसे---लड़की के पांव भारी होने के गीत, उसकी इच्छा पूछे जाने के गीत, प्रसव-पीड़ा के गीत, शिशु जन्म के गीत, जन्म के बाद बधाई के गीत, नामकरण के गीत, आसरा, कुआं या जल पूजने के गीत, वधू के पहली बार गर्भवती होने की खुशी का गीत, केवटों के यहां इस तरह गाया जाता है।

कुंवर ने खे फूलों की बास लगी है मरवना
चंदने डौना, हरहरीयां से डौना
कुंवर ने खे पहलो मास लगो है मरवना
चंदने डौना हरि हरीया से डौना

इस प्रकार नौ मास पूरे होने तक गाने के बाद जब वधू को पुत्र होता है तो आश्चर्य की बात है कि इस समाज में उसे कुएं में फेंक देने की बात होती है। क्योंकि बेटी होती तो उसे चट ब्याह दिया जाता किन्तु बेटे के लिए वधू कहां से लायें ? लगता है किसी समय समाजशास्त्र की दृष्टि से इस समाज में बेटियों की बहुत कमी रही होगी। बेटी का नेग (दाम या दहेज) लेने की प्रथा इस समाज में शायद इसी से प्रचलित हुई है।

मल्लाहों के यहां इसी प्रकार नौ मास पूरे होने का वर्णन करने वाला गीत और भी प्यारा है। और शरीर शास्त्र की दृष्टि से तो शास्त्रोक्त भी है। शरीर-शास्त्र कहता है, एक बार गर्भ धारण हो जाए तो इसके पश्चात् पति-पत्नी का काम-सम्बन्ध नहीं होना चाहिए। उन्हें एक-दूसरे से दूर रहना चाहिए, नहीं तो गर्भ को धक्का लगने से गर्भपात की सम्भावना बढ़ जाती है। यह आधुनिक शास्त्रीय बोध इस आदिम जाति को भी है। यह निम्नलिखित गीत में परिलक्षित होता है।

पहिलो महिना जब यो लागियो रे
राम ने बांधीया मूट
ननद बाई पिया भगाई देव देसा के
री देसा के गोरी जान ननदबाई
पिया भगाई देव देसा के

भाभी द्वारा अपनी ननद से कहा जा रहा है कि तुम अपने भाई को कहीं दूर देश भेज दो क्योंकि राम ने गांठ बांध दी है अर्थात् मैं अब गर्भवती हो गयी हूं। मल्लाह स्त्री अपने पति को दूर रखने की बात करती है। इसके ठीक विपरीत भाव है केवट स्त्री का। वह तो प्रसव-पीड़ा से व्यथित होकर पहले अपने पिया को बुलाने को कहती है :

माये बुलाव पिया जल्दी से, बुलाव जल्दी से
अंगिया भीज रही गर्मी से
घर में घर में घर में मर गयी सर्दी से

प्रसव में मरने की बात मल्लाह स्त्री भी करती है, किन्तु उसका अन्दाज अलग है :

इत्ती भारी की पुतळया हमको काहे को होना
अब नहीं भरोसा जीने का
भर लावोजी कटोरा ठण्डे पानी का।

प्रसव की पीड़ा के गीत तो दोनों ओर गाये जाते हैं। किन्तु एक ही घटना को केवट स्त्री किस प्रकार अभिव्यक्त करती है और मल्लाह स्त्री कैसे—यह देखने योग्य है। केवट स्त्री प्रसव की असह्य पीड़ा में यह सोचकर कि वह अब नहीं जियेगी अपने सारे रिश्तेदारों को बुलाकर अपनी चीजें, गहने और कपड़े उन्हें बांट देती है, किन्तु जब उसे बेटा हो जाता है तो जिसको जो भी बांटा था उससे वह सब वापस ले लेती है। क्योंकि अब तो उसका उत्तराधिकारी आ गया है :

अब कमर में निकली पीर
अब मैं मर जाऊंगी
मेरे ननद को बुलाव जल्दी से
हंसली दे देऊंगी

मेरे देवर को बुलाव जल्दी से
कोठी दे देवूंगी
अब हुओ जी नन्दलाल
अब मैं जिन लेऊंगी
ननद को बुलाव जल्दी से
हंसलि ले लेवूंगी

यहां पहले तो वह पीड़ा से और मृत्यु के आतंक से उदार, दानी बन गयी है, किन्तु पीड़ा खत्म होते ही, और बेटे को पाते ही दुनियादार और कंजूस हो जाती है। इसके ठीक विपरीत मल्लाह स्त्री मारे दर्द के मरी जा रही है। लेकिन किसी के मांगने पर भी कुछ भी देने को तैयार नहीं है। कहां तो केवट स्त्री बुला-बुलाकर बांट रही है और कहां यह मल्लाहन मांगने से भी नहीं देती :

सास आये पनिया तपाये मांगे अपने नेंग
नेंग जोख कुछ ना मांगो पिया गये परदेस
चाबी रह गयी री कमरिया कैसे पकड़ी
दायी आये नाल कटाये मांगे अपना नेंग
नेंग जोख कुछ ना मांगो पिया गये परदेस

यहां कमरिया शब्द का दुहरा प्रयोग बड़ी मौलिकता से किया गया है! पिया परदेस गये उनके कमरे से लगे तिजोरी की चाबी भी साथ चली गयी सो अब मुझसे पैसे मत मांगो! और दूसरे अर्थ में हाय राम! मेरी कमर कैसे दर्द ने पकड़ी है। इस पर पिया भी घर नहीं, तुम लोग मुझे पैसे मांग कर तंग मत करो। यहां एक ही स्त्री-प्रकृति के दो भिन्न रूपों के दर्शन होते हैं।

गर्भवती से उसकी इच्छा पूछने के प्रसंग के गीत दोनों ओर हैं, किन्तु वहां भी संस्कारगत अन्तर है। जैसे केवटों के यहां गर्भवती अपनी इच्छा बताती है तो उसमें उसका निसर्ग प्रेम और उच्च अभिरुचि झलकती है :

सखी तोरो मन काहे पे होये दे जारो दे
सखी मोरो मन बाग पे होये दे जारो दे
सखी हिलमिल बागो में जाये दे जारो दे
सखी तोरो मन काहे पे होये दे जारो दे
सखी मोरो मन आय पे होये दे जारो दे

इसकी तुलना में मल्लाह स्त्री की अभिरुचि कुछ सस्ती जान पड़ती है। जैसे :

हरि हरियाले डौना
तोरो काहे पे मन होये मरवना
मोरो केले पे मन होये मरवना
हरि हरियाले डौना

मरवना और हरि हरियाले डौना याने गर्भवती और उसकी हरी भरी इच्छा से जिसे यहां मराठी में **डाहोके** कहते हैं।

सारी पीड़ा को झेलकर जब शिशु का जन्म होता है, तो उससे होनेवाला आनन्द दोनों तरफ एक-सा ही है। मल्लाह स्त्री उसे यूं प्रकट करती है :

धन्ना धन्ना जसोदा के लाल गोपाल लाल भुंईं में पड़े
जाके कहो जी अपने ससरा बड़े से
चूड़ियां दे देव दान, गोपाल लाल भुंईं में पड़े।

यहां की स्त्री का मां के पेट से निकलकर बच्चे के भूमि पर आ जाने का आनन्द है, किन्तु साथ में इस खुशी के मौके पर कुछ पाने की इच्छा भी रखती है। केवट स्त्री को केवल आनन्द पाने में ही आनन्द है। कुछ और पाने की चाह उसमें नहीं! वह तो केवल खुशी में झूमना चाहती है।

भगतसिंह भाई के सिर पर इतनो भी राज
आनन्द घड़ी घड़ी री माई आज
सगुन घड़ी घड़ी री माई आज
घर पीछे राधा खड़ी खड़ी री माई आज

या—

उठो हीरालाल गुड बांटो
घर नतियां भये नन्दलाल
जाई न के माला तुम पहनो
चाफन के माला तुम पहनो

स्वयं कुछ न चाहकर वह इस खुशी में उनको जाई चाफा की माला पिन्हाना चाहती है, तो मल्लाह स्त्री शिशु के जन्म से उस घर में जो खुशी हुई है उसका वर्णन कुछ यूं करती है :

बाहर ससराजी खुले बाजा बजा के
घर में सास जी खुली ललन खिला के
घर आज नौबद बाजे दशरथ राय के
बाहर जेठजी खुले शकरपान बटाय के
घर में जेठानी खुली हरिला बनाय के

अब जब शिशु का जन्म हो गया है और वधू उसे दूध पिलाकर उसका भरण-पोषण करने वाली दूधी मां हो गयी है, तो दोनों जातियों में उसका बड़ा ख़याल रखा जाता है! उसको अच्छा खिलाया-पिलाया जाता है। इस सेवाभाव से मल्लाह-वधू इनकार नहीं करती, किन्तु केवट-वधू बड़े नखरे दिखाती है? जैसे मल्लाहों के यहां वधू को आभूषणों का आकर्षण दिखला कर कहा जाता है :

दूजी सुतीया घडानू वहे फासे जडाना दूधी मैना
आड़े से रहना दूधी मैना, दूधा री से रहना दूधी मैना

हे दूध पिलाती मां ! हम तेरे लिए और दूसरी सुतियां धड़ायेंगे। भले ही तेरे पास एक है, फिर भी हम और दूसरी बना देंगे। तू केवल दुपहरी से सावधान रहना। घर में ही रहना ! उसी के सामने न पड़ना, क्योंकि तू दूध पिलाती मां है तुझ पर किसी की बुरी नजर पड़ सकती है। यहां मल्लाह-वधू कोई विरोध करती नहीं दिखती, किन्तु केवट-वधू तो दूध आने के लिए पथ्य की जो गरम चीजें नव प्रसवा को खिलायी-पिलायी जाती हैं, उनको सेवन करने से साफ इनकार करती है। तो सास-ससुर उसकी बड़ी मिन्नत करते हैं।

सास कहे बहू जिरो पी, बहू जिरो पी
नतिया के दूध आये बहू जिरो पी

इस पर वधू तुनककर नापसनी से मना कर देती है :

साले मसाले को जिरो कोया पिये
जिरो कोया पिये ?

तो सास बड़ी नम पड़कर मिन्नतवारी से कहती है :

नादान कुम्हलाये सुहागिन जिरो पी

तेरा छोटा सा लाल बिना दूध के कुम्हला जायेगा, सुहागन इसे पी ले ! अब तो सास, ससुर, पति सबके सब उस शिशु की मां का बहुत ही खयाल रखने लगे हैं। पहले तो जब तक बच्चा नहीं था यह लोग बात भी नहीं पूछते थे ! इस बात का बदला एक गीत में गिन-गिन कर केवट-वधू लेती है !

जब कैसे राजा पिया फटी गोधड़िया ना देवो
अब कैसे रजैया धर आइयो ऐ ज्यू अब कैसे

इस पर लाचार-सा पति कहता है :

जाने दे री धना पिछले री बोल
बहि गंगा बह जाने दे
जब कैसे राजा पिया सुखे कोरा ना देवो
अब कैसो मिलीदा भर आईयो रोज्यू

इस प्रकार हर बात पर वह आड़े हाथों लेती है। और पति बेचारा 'जाने दे पुरानी बातें भूल जा' वगैरह ही कहता रह जाता है। तो मल्लाह स्त्री एकदम मिस्कील है। वह पुरानी बातों का बदला सिर्फ बोलकर नहीं, व्यवहार में चुका लेना चाहती है। जब तो उसे बहुत सेवा-टहल करनी पड़ती थी, किन्तु अब तो घर में उसकी सेवा हो रही है। तो यहां की नवोढ़ा वधू अपने पति से खूब काम कराकर उसे खूब नचा रही है। और मन-ही-मन सुख पा रही है कि मुझसे कैसी कसरत करवाते थे ! अब लो भुगतो। वह जान-बूझकर एक-एक काम पति के पीछे

लगाती है जैसे :

गरमी ही गरमी हो रही मेरे लाल
पंखा ही पंखा झलावो मेरे लाल

जब वह पंखा झलने लगता है तो यह कहती है :

सर्दी ही सर्दी हो रही मेरे लाल
रजैया ही रजैया ओढ़ाओ मेरे लाल

और आगे कहती है :

अंगही अंग पिराये मोरे लाल
पांव ही पांव दबाओ मोरे लाल

इस प्रकार यह तो केवल इन जातियों के गीतों के चन्द नमूने थे ! इस तरह से तुलना करनी हो तो इन दोनों के यहां होने वाले विवाह के गीत, सावन के गीत, होली के गीत, नवरात्रि के गीत, भक्ति के गीत और अन्य भी अनेक ऐसे गीत हैं जिनकी तुलना करना एक निबन्ध का नहीं एक प्रबन्ध का विषय होगा।

तृतीय खण्ड

अन्य विषय

महाराष्ट्र के कृषि और औद्योगिक विकास का असंतुलन

डॉ० जी० एस० कल्याणकर
(अनुवादक : प्रतिभा धारासुरकर)

आजकल आर्थिक विकास किया जाना जितना महत्त्वपूर्ण है, उतना ही, बल्कि उससे भी ज्यादा, महत्व सन्तुलित आर्थिक विकास को दिया जा रहा है। आर्थिक विकास होने की प्रक्रिया में प्रमुख रूप से दो तरह के असन्तुलन पैदा हो सकते हैं। प्रादेशिक असन्तुलन (Regional Imbalance) और क्षेत्रों क्षेत्रों के बीच का असंतुलन (Inter-Sectoral Imbalance)। आर्थिक विकास की प्रक्रिया में से पैदा होने वाला असंतुलन कम करने के लिए कोशिश की जानी चाहिए, ऐसा आम आदमी को भी लगने लगा है। यह सबके लिये महत्वपूर्ण है यानी सबकी भावनाओं से जुड़ा सवाल बन गया है। महाराष्ट्र में प्रादेशिक असन्तुलन के सम्बन्ध में सरकार की तरफ से नियुक्त दांडेकर समिति उसी की प्रतिक्रिया-स्वरूप बनी थी, ऐसा कहना उचित होगा।

प्रस्तुत लेख में कृषि और उद्योग दोनों क्षेत्रों के विकास में उत्पन्न असन्तुलन, उसकी उत्पादन-वृद्धि के असन्तुलन से परखने की कोशिश की गई है। उसके लिए कृषि-उत्पादन और औद्योगिक उत्पादन की वृद्धि के दर (Growth rates) का उपयोग किया है।

महाराष्ट्र राज्य की स्थापना मध्यप्रदेश के विदर्भ और हैदराबाद राज्य के मराठवाड़ा क्षेत्रों को सम्मिलित करके 1 मई 1960 को की गयी। राज्य स्थापित होने से आज तक इस राज्य ने कृषि और उद्योग के क्षेत्रों में बहुत तरक्की की है। भौगोलिक प्रदेश और जनसंख्या की दृष्टि से सोचने पर भारत के राज्यों में महाराष्ट्र तीसरे स्थान पर है तो साक्षरों की दृष्टि से केरल के बाद दूसरे स्थान पर। यहां की शहरी जनसंख्या की मात्रा (35 प्रतिशत) भारत की औसत से (23 प्रतिशत) बहुत अधिक है। इससे राज्य में हुई औद्योगिक प्रगति (Industrialistion) का अनुमान लगाया जा सकता है।

भारत के कुल ग्रॉस उपजाऊ क्षेत्र में से (Total Gross Cropped Area) 12 प्रतिशत भाग (1986-87) में महाराष्ट्र में था तो कुल नेट उपजाऊ क्षेत्र का (Total Net Cropped Area) 13 प्रतिशत था। इसी प्रकार 1982-83 में राज्य का नेट उपजाऊ क्षेत्र का 10 प्रतिशत और ग्रॉस उपजाऊ क्षेत्र का 13 प्रतिशत भाग सिंचाई में था। उसी साल पूरे भारत के लिए इसकी मात्रा क्रमशः 28 और 30 प्रतिशत थी।

उपर्युक्त आंकड़ों को ध्यान से देखने पर पता चलता है कि कृषि की उत्पादकता निराशाजनक है। उदाहरण के लिए सन् 1986-87 में भारत में अनाज-उपजाऊ क्षेत्र का 11 प्रतिशत सिर्फ महाराष्ट्र में था। किन्तु अनाज पैदावार का केवल 5 प्रतिशत उत्पादन यहां हुआ था। इसी प्रकार की स्थिति कपास-विकास के बारे में नजर आती है। देश के कपास-उपजाऊ क्षेत्र के अड़तीस प्रतिशत क्षेत्र और कुल पैदावार का सिर्फ 11 प्रतिशत महाराष्ट्र में हुआ था।[1]

महाराष्ट्र के उद्योग क्षेत्र की तुलना भारत से करने पर प्रतीत होता है कि भारत की कुल औद्योगिक पूंजी की 17 प्रतिशत पूंजी 85-86 में और मजदूरों के 17.5 प्रतिशत महाराष्ट्र के उद्योग क्षेत्र में है। राज्य के औद्योगिक उत्पादन के ग्रॉस मूल्य का भारत के औद्योगिक ग्रॉस मूल्य से उत्पादन की मात्रा 23.5 प्रतिशत है। उसी प्रकार हर मजदूर के पीछे औसत उत्पादकता और औसत 'बढ़ाया हुआ मूल्य' और पूंजी में लगाये हुए रुपये की औसत उत्पादकता भारत के मुकाबले में महाराष्ट्र में ज्यादा है।[2]

उपर्युक्त कृषि और उद्योग के कार्यों की पृष्ठभूमि पर महाराष्ट्र में इन दोनों क्षेत्रों के विकास में पैदा होने वाले असन्तुलन को देखने का प्रयास किया गया है। यह लेख दो भागों में बंटा हुआ है। पहले भाग में महाराष्ट्र के कृषि और उद्योग क्षेत्र के विकास को भारत के मुकाबले में स्पष्ट किया गया है। कृषि क्षेत्र के विकास का मूल्यांकन मुख्य रूप से कृषि क्षेत्र ने मूल्य में हुए वृद्धि दर (Growth Rates of Value added by agriculture) और कृषि उत्पादन वृद्धि के दर (Growth Rates of agricultural Production) की दृष्टि से किया हुआ है। उसी प्रकार महाराष्ट्र के उद्योग क्षेत्र ने मूल्य में की हुई बढ़ोत्तरी की वृद्धि दर और औद्योगिक उत्पादन की वृद्धि दर के द्वारा उद्योग क्षेत्र के विकास का विचार किया गया है। दूसरे भाग में महाराष्ट्र के कृषि और उद्योग क्षेत्र के विकास में राज्य के निर्माण (स्थापना) से किस प्रकार असन्तुलित दर से हुआ है, यह स्पष्ट किया गया है। अन्त में कुछ महत्वपूर्ण निष्कर्ष दिये गये हैं।

I

कृषि और उद्योग क्षेत्र के विकास को समझने के लिए इन क्षेत्रों ने मूल्य में की हुई बढ़ोत्तरी की वृद्धि दर और कृषि और औद्योगिक उत्पादन के वृद्धि दर का सहारा लिया जा सकता है। इससे आर्थिक विकास ध्यान में आता है। इसकी विस्तार से चर्चा नीचे दी गई है।

राज्य के आर्थिक विकास का राज्य में हुई अन्दरूनी आय (उत्पन्न) (S.D.P.) महत्वपूर्ण निदेशक हैं। सातवें दशक में महाराष्ट्र की अन्दरूनी आय प्रतिबर्ष चार प्रतिशत ज्यादा दर से बढ़ी थी। लेकिन 1970-71 से 1983-84 इन तेरह वर्षो के दौरान वह प्रतिवर्ष (स्थिर कीमतों के संदर्भ में) 4.9 प्रतिशत तो 1970-71 से 86·87 के दरम्यान प्रतिवर्ष 4.4 प्रतिशत के दर से बढ़ गया था।

सातवें दशक में राज्य की अन्दरूनी आय में हुई वृद्धि प्रमुख रूप से कृषि क्षेत्र के मूल्य में बढ़ोतरी की वृद्धि दर ज्यादा होने से हुई थी। यह वृद्धि दर सातवें दशक में अधिक होने की वजह यह थी कि गन्ने के क्षेत्र में हुई बढ़ोतरी बिगर सिंचाई कृषि क्षेत्र के पैदावार में वृद्धि कपास के नये पैदावार तकनीक (कम समय में आने वाले लम्बे धागे के कपास की किस्म, जाति वगैरह) है सातवें दशक में महाराष्ट्र में कृषि क्षेत्र में मूल्य की बढ़ोतरी का वृद्धि दर आठवें दशक के मध्यतक 0.6 प्रतिशत तक कम हुआ है। (तालिका क्र० 1 देखिए) अनाज पैदावार की बढ़ोतरी का दर आठवें दशक में सातवें दशक की तुलना में घटा हुआ है। इस प्रकार वृद्धि दर (मूल्य के बढ़ोतरी का) में हुई कमी प्रमुख रूप से अकालग्रस्त स्थितियों के कारण हुई थी, क्योंकि महाराष्ट्र में कृषि प्रमुख रूप से बारिश पर निर्भर है। राज्य के 303 तालुकों में से 90 तालुके हमेशा सूखाग्रस्त रहते हैं।

उद्योग क्षेत्र के सम्बन्ध में सोचने पर पाया जाता है कि इस क्षेत्र ने सातवें दशक में 'मूल्य बढ़ोतरी में' प्रतिवर्ष 6.4 प्रतिशत दर से वृद्धि हुई थी। ये दर कृषि क्षेत्र की दर के मुकाबले में अधिक था। आठवें दशक के मध्य तक (1980-81 से 1985-86) तक उद्योग क्षेत्र का 'बढ़ोतरी मूल्य' वृद्धि दर 3.8 प्रतिशत घटा था, किंतु राज्य के कृषि क्षेत्र के पिछड़ेपन का असर उद्योग क्षेत्र पर उसी अनुपात में नहीं हुआ। कृषि क्षेत्र पर उसी अनुपात में नहीं हुआ। कृषि क्षेत्र की विपरीत स्थिति की ओर ध्यान देने से—औद्योगिक क्षेत्र की यह बढ़ोतरी मूल्य वृद्धि दर उचित लगती है।

तालिका सं० 1

महाराष्ट्र के कृषि और औद्योगिक क्षेत्र के 'बढ़ोतरी मूल्य' वार्षिक चक्र वृद्धि-दर (आंकड़ों में)

काल खंड	कृषि क्षेत्र में की गई मूल्यी की बढ़ोतरी दर	उद्योग क्षेत्र में की गई मूल्य वृद्धि दर
1970-71 से 1980-81 (10 साल)	6.0	6.4
1980-81 से 1985-86 (5 साल)	0.6	3.8

Source 'Income and Growth—I A Regional Profile, I sher Judge Ahluwalia and Krishna Srinivason, The Economic Times, February 25, 1988)

(अ) कृषि उत्पादन की वृद्धि

हरी क्रांति के जमाने में (1967-68 से 1984-85) भारत में अनाज पैदावार हरी क्रांति पूर्व (1950-51 से 1967-68) के समय की अपेक्षा ज्यादा यानी प्रति वर्ष 2.68 प्रतिशत (हरी क्रांति पूर्व काल प्रतिवर्ष 2.32 प्रतिशत दर से) बढ़ गया। यह वृद्धि प्रमुख रूप में गेहूं के पैदावार में हुई वृद्धि से संभव हुई है। गेहूं का उत्पादन हरी क्रांति पूर्व काल प्रतिवर्ष 3.85 प्रतिशत दर से बढ़ गया। तो बाद के समय में 5.7 प्रतिशत दर से। चावल की उत्पादन वृद्धि-दर हरी क्रांति के समय में (2.37 प्रतिशत) उसके पहले की तुलना में (2.65 प्रतिशत) कम था। दाल की पैदावार में कम लेकिन बढ़े हुए दर से वृद्धि हरी क्रांति के समय हुई कपास, तिलहन, जूट वगैरह की फसलों के वृद्धि-दर हरी क्रांति के जमाने में बढ़ने के बजाय कम हुए थे, इसलिए बगैर अनाज-उत्पादन हरी क्रांति के जमाने में तुलनात्मक दृष्टि से कम दर से बढ़ा। लेकिन कुछ कृषि-उत्पादन की वृद्धि दर हरी क्रांति के जमाने में (2.65 प्रतिशत) उसके पहले के जमाने की अपेक्षा (2.54 प्रतिशत) थोड़ी सुधर गयी है।

महाराष्ट्र में कृषि-उत्पादन में अनाज फसलों का बड़ा हिस्सा होता है। करीब-करीब 80 प्रतिशत उपजाऊ क्षेत्र अनाज पैदावार के लिए उपयोग में लाया जाता है। ऐसे अनाज-उत्पादन की राज्य में हुई वृद्धि की तुलना भारत से करने पर कुछ

बातें स्पष्ट होती हैं। इस संबंध में विषय से संबंधित जानकारी नीचे दिये हुए तालिका क्र० 2 में दी हुई है।

तालिका सं० 2

अनाज उत्पादन की वार्षिक चक्र वृद्धि दर (तीन साल के सरासरी उत्पादन के सहारे बीच के सालों में (प्रतिशत में)

	महाराष्ट्र राज्य	भारत
1962-65 से 1970-73	3.77	1.95
1968-69 से 1980-81	6.11	2.24
1968-69 से 1975-76	3.54	1.45
1970-71 से 1975-76	1.21	1.19
1975-76 से 1980-81	2.38	1.90
1967-68 से 1083-84	4.44	2.62
1973-74 से 1983-84	3.66	3.00

Source : Papers by Smt. S. D. Sawant and G. S. Bhalla, published in 'The Development Process of the Indian Economy,' (Eds) P. R. Brahmananda and V. R. Panchmukhi, Himalaya Publishing House, New Delhi, 1987)

उपर्युक्त तालिका से यह स्पष्ट होता है कि, हरी क्रांति के बाद के दिनों में, यानी 1967-68 से 1983-84 के बीच महाराष्ट्र राज्य के अनाज-उत्पादन में वृद्धि-दर भारत की वृद्धि-दर से बहुत अधिक थी, किन्तु 1962-65 से 1970-73 के काल में महाराष्ट्र के कृषि उत्पादन की वृद्धि दर ऋण (minus) था। इस समय महाराष्ट्र का कृषि-उत्पादन हर साल तकरीबन 3.77 प्रतिशत कम हुआ था।

अब हम महाराष्ट्र के कृषि उत्पादन की बढ़ोतरी पर और अधिक विस्तार से सोचेंगे। उसके लिए महाराष्ट्र के कृषि उत्पादन के निर्देशांक (Index Numbers) और उसके सहारे निकाली हुई वृद्धि-दर को जांचकर देखेंगे। कृषि-उत्पादन का निर्देशांक (सभी फसलों के सन्दर्भ में) 1960-61 में 109.8 था। उसमें 1983-84 में 160 तक वृद्धि हुई थी। इसका मतलब यह है कि इस समय में कृषि-उत्पादन का निर्देशांक लगभग 50 से बढ़ गया था। अनाज-उत्पादन के निर्देशांक में उसी जमाने में 54 से बढ़त हुई थी। वह 1960-61 में 102.6 से 1983-84 में 148.45 तक हो गई थी। अनाज के उत्पादन के निर्देशांक में 60 की वृद्धि हुई तो दालों में 30 प्रतिशत की वृद्धि हुई थी। इसी समय में अनाज की

उत्पादन-वृद्धि में तृण धान्य की उत्पादन-वृद्धि का हिस्सा दालों की उत्पादन-वृद्धि के मुकाबले दुगुना था।

महाराष्ट्र राज्य निर्माण के पहले दशक में (1960-61 से 1970-71) कृषि उत्पादन बढ़ने के बजाय घटा हुआ प्रतीत होता है। इस दस वर्ष के अन्तराल में कृषि-उत्पादन प्रति वर्ष 2 प्रतिशत था, उससे भी अधिक दर से घटा था। कृषि-उत्पादन की यह कमी इस दशक के पहले पांच सालों में केन्द्रित हुई थी वो भी अनाज उत्पादन की दर की कमी के कारण। इस दशक के बाद के पांच सालों में कृषि-उत्पादन प्रतिवर्ष 3.32 प्रतिशत से बढ़ा हुआ दिखाई देता है। सातवें दशक में महाराष्ट्र का कृषि-उत्पादन प्रतिवर्ष पांच प्रतिशत की दर से बढ़ गया था। इसमें अनाज-उत्पादन वृद्धि की वार्षिक दर 5.4 प्रतिशत तो गैर-अनाज उत्पादन-वृद्धि का वार्षिक दर 4.2 प्रतिशत रहा था। अनाज-उत्पादन की वृद्धि प्रमुख रूप से तृण-धान्य उत्पादन की वृद्धि से हुई थी, क्योंकि इस काल के दौरान तृण-धान्य उत्पादन प्रतिवर्ष 6.1 दर से बढ़ा था, तो दालों का उत्पादन केवल 2.3 प्रतिशत बढ़ा था। सातवें दशक के पहले पांच वर्ष का विचार करने पर कृषि-उत्पादन की वार्षिक वृद्धि-दर 8.7 प्रतिशत (उसमें अनाज-उत्पादन वृद्धि-दर 10.8 प्रतिशत और गैर अनाज 6.0 प्रतिशत) आता है। बाद के पांच सालों के लिए वह केवल 1.4 प्रतिशत आता है। अनाज-उत्पादन के विषय में सोचने पर पहले पांच सालों में (1970-71 से 1975-76) तृण-धान्य-उत्पादन 10.7 प्रतिशत तो दालों का उत्पादन प्रतिवर्ष 11.3 प्रतिशत बढ़ गया था। बाद के पांच सालों में (1976 से 1980-81) दालों का उत्पादन प्रति वर्ष 6.0 प्रतिशत दर से कम हुआ था, किन्तु अनाज-उत्पादन प्रति वर्ष 1.6 प्रतिशत दर से बढ़ा था। 1980-81 से 1983-84 तक के तीन सालों के दौरान कृषि-उत्पादन प्रतिवर्ष 3.8 प्रतिशत दर से बढ़ गया, जिसमें अनाज-उत्पादन की वृद्धि 2.3 प्रतिशत दर से हुई थी।

उपर्युक्त विवरण से स्पष्ट होता है कि महाराष्ट्र का कृषि उत्पादन सातवें दशक में संतोषजनक दर से बढ़ा था, किन्तु उसके पहले के समय में उसमें ज्यादा वृद्धि नहीं हुई थी; अपितु वह कम हुआ था। आठवें दशक के शुरू के तीन सालों में कृषि उत्पादन बढ़ा था, किन्तु बाद के तीन वर्षों में कम हुआ।

(ब) औद्योगिक उत्पादन की वृद्धि

भारत में उद्योग क्षेत्र का विकास नियोजन काल में तेज गति से हुआ है। भारत में औद्योगिक उत्पादन का निर्देशांक 1970-71 आधार वर्ष के आधार पर 1950-51 में 29.7 इतना था। वह बढ़कर 1985-86 में 206.1 हो गया। यानी औद्योगिक उत्पादन का निर्देशांक 35 वर्ष के समय में प्रतिवर्ष 5.7 प्रतिशत बढ़ गया।[3] आजादी के बाद के काल में भारत के औद्योगिक उत्पादन का दशक वार

विचार करने पर ऐसा दिखाई देता है कि सातवें दशक में औद्योगिक उत्पादन की वृद्धि-दर सबसे कम यानी प्रतिवर्ष 4.2 प्रतिशत थी, तो आठवें दशक के पहले पांच सालों के लिए वह सबसे अधिक यानी 6.5 प्रतिशत थी, किन्तु भारत के औद्योगिक उत्पादन की वृद्धि का पंचवार्षिक योजना-वार विचार करने पर ऐसा प्रतीत होता है कि तीसरी पंचवर्षीय योजना के समय में वह सबसे ज्यादा यानी प्रतिवर्ष 8.00 प्रतिशत दर से बढ़ गया था तो उत्पादन-वृद्धि सबसे कम दर (5.2 प्रतिशत) से चौथे पंचवर्षीय योजना काल में हुई थी। लेकिन महत्वपूर्ण बात यह रही कि पहली छः पंचवर्षीय योजनाओं के बारे में योजना में निर्धारित की हुई वृद्धि-दर के समान वृद्धि कभी भी प्राप्त नहीं हुई। फिर भी उद्योग क्षेत्र का विकास-दर ठीक था ऐसा प्रतीत होता है।

महाराष्ट्र के उद्योग क्षेत्र ने की हुई प्रगति देखने लायक है। यह बात निम्न-लिखित मुद्दों से ध्यान में आती है। राज्य स्थापित होने के बाद पहले दो दशकों में (1960-61 से 1980-81) वहां के रजिस्टर हुए कारखानों के आंकड़े दुगुने हो चुके हैं तो उत्पादक पूंजी, पूंजी में ग्यारह गुना बढ़ोतरी हुई है। इतना ही नहीं तो औद्योगिक उत्पादन में तेरह गुना बढ़ोतरी हुई है, तो इन क्षेत्रों ने 'मूल्य में की हुई बढ़ोतरी में' नौ गुना वृद्धि की है। इस काल में उद्योग क्षेत्र की मजदूरी भी 50.5 प्रतिशत बढ़ गई है।

सर्वसम्मत आर्थिक टिप्पणी के अनुसार महाराष्ट्र में लगभग 1/6 उत्पादक पूंजी और कामगार होते हुए देश के संगठित क्षेत्र में से महाराष्ट्र का उत्पादन मूल्य (Gross Value) और बढ़ोतरी मूल्य लगभग 1/4 है।[4]

फिर भी महाराष्ट्र के उद्योग क्षेत्र की प्रगति का अध्ययन किया जाना आवश्यक प्रतीत होता है। उसके लिए औद्योगिक उत्पादन के निर्देशांक और उसके सहारे निकाले हुए वृद्धि दर का उपयोग करेंगे। महाराष्ट्र के औद्योगिक उत्पादन का निर्देशांक तालिका क्र० 3 में तो उस निर्देशांक के वृद्धि दर तालिका क्र० 4 में दिये हुए हैं।

तालिका 3

महाराष्ट्र के औद्योगिक क्षेत्र के (Manufacturing sector only) उत्पादन का (रजिस्टर किया हुआ और बिना रजिस्टर किया) निर्देशांक 1970-71—100)

वर्ष	औद्योगिक उत्पादन का निर्देशांक
1960-61	59.82
1965-66	79.09
1970-71	100.00
1975-76	121.30
1980-81	170.72
1983.84	210.51

Source : Maharashtra Quarterly Bulletin of Economics and Statistics Government of Maharashtra.

(a) Vol. IX, Nos. 3 and 4, october, 1968, March 1969
(b) Jan-March, 1982

उपर्युक्त तालिका स्पष्ट करती है कि 1960-61 से 1983-84 के तेईस वर्षों के दौरान महाराष्ट्र में औद्योगिक उत्पादन चौगुना हुआ था। औद्योगिक उत्पादन का निर्देशांक 59.82 से 210.51 तक बढ़ गया था। राज्य के औद्योगिक उत्पादन (राज्य के स्थापना काल से) के दुगुना होने के लिए पन्द्रह वर्ष का समय (1960-61 से 1975-76) लगा। लेकिन औद्योगिक उत्पादन में 1975-76 काल से ज्यादा तेज वृद्धि हुई है। 1960-61 से महाराष्ट्र में औद्योगिक-उत्पादन लगातार बढ़ रहा है। 1961 से 1983-84 तक के तेईस वर्षों के काल में औद्योगिक-उत्पादन वृद्धि की वार्षिक दर 5·6 प्रतिशत था। राज्य स्थापना के बाद के पहले दशक में औद्योगिक उत्पादन प्रतिवर्ष 5.3 प्रतिशत (पहले पांच वर्ष में प्रतिवर्ष 4.8 प्रतिशत दर से) बढ़ा हुआ था। दूसरे दशक में औद्योगिक-उत्पादन में वृद्धि का दर प्रतिवर्ष 5.4 प्रतिशत था। (पहले पांच वर्ष में 4.0 प्रतिशत तो बाद के पांच सालों में 7.1 प्रतिशत था।) आठवें दशक के पहले तीन वर्षों के लिए औद्योगिक-उत्पादन की वृद्धि का दर प्रतिवर्ष 7.3 प्रतिशत था।

तालिका 4

महाराष्ट्र के औद्योगिक उत्पादन का वार्षिक चक्रवृद्धि दर*

काल खंड	औद्योगिक उत्पादन का वृद्धि दर(%)
1960-61 से 1970-71 (10 साल)	5.3%
1960-61 से 1965-66 (5 साल)	5.8
1965-66 से 1970-71 (5 साल)	4.8
1970-71 से 1980-81 (10 साल)	5.4
1970-71 से 1975-76 (5 साल)	4.0
1975-76 से 1980-81 (5 साल)	7.1
1980-81 से 1983-84 (3 साल)	7.3
1960-61 से 1980-81 (20 साल)	5.4
1960-61 से 1983-84 (23 साल)	5.6

*औद्योगिक उत्पादन के निर्देशांक के आधार पर

महाराष्ट्र के औद्योगिक उत्पादन की वृद्धि की तुलना भारत से करने पर ऐसा प्रतीत होता है कि 1960-61 से 1970-71 के काल में महाराष्ट्र में औद्योगिक उत्पादन वृद्धि दर भारत के समान था, लेकिन बाद के यानी सातवें दशक में औद्योगिक उत्पादन का वृद्धि-दर भारत की तुलना में अधिक था। आठवें दशक के मध्य तक महाराष्ट्र में औद्योगिक उत्पादन की वृद्धि-दर भारत की दर के समान ही था।

II

अब तक हमने भारत और महाराष्ट्र के कृषि और उद्योग क्षेत्र के आर्थिक विकास का अध्ययन किया। अब हम महाराष्ट्र के कृषि और उद्योग के विकास में कैसा असन्तुलन पैदा हुआ है इसका लेखा-जोखा प्रस्तुत करेंगे। इन दो क्षेत्रों के विकास के असन्तुलन का अध्ययन करने के लिए उनकी उत्पादन-वृद्धि दर का उपयोग किया गया है, ये निम्नलिखित तालिका में दर्शाया गया है।

तालिका 5

वार्षिक चक्रवृद्धि दर (प्रतिशत आंकड़ों में)

काल खंड	भारत के कृषि उत्पादन की वृद्धि दर	भारत के औद्योगिक उत्पादन की वृद्धि दर
1951-52 से 1960-61	3.59	7.01
1960-61 से 1973-74	2.31	5.46
1973-74 से 1983-84	2.89	5.00

Source : Thamarajakshi, R, 'Inter-relationships between agriculture and industry in India,' The Indian Economic Association, Conference, volume 1985.

भारत का कृषि और औद्योगिक उत्पादन 1951-52 से 1960-61 काल में सबसे अधिक बढ़ा था। ऐसा उपर्युक्त तालिका से स्पष्ट होता है। कृषि और उद्योग क्षेत्र की उत्पादन-वृद्धि-दर बाद के काल में (1960-61 से 1973-74) क्रमशः 2.31 प्रतिशत और 5.46 प्रतिशत तक कम हुआ था, लेकिन उसके बाद के काल में (1973-74 से 1983-84) तक कृषि-उत्पादन की वृद्धि दर 2.89 प्रतिशत तक बढ़ गया था, किन्तु औद्योगिक-उत्पादन का वृद्धि दर 5.00 प्रतिशत कम हुआ था। औद्योगिक उत्पादन की वृद्धि-दर कम होता गया तब भी वह कृषि उत्पादन की वृद्धि-दर की अपेक्षा कहीं अधिक था। इसका अर्थ यह है कि उद्योग क्षेत्र का विकास कृषि की तुलना में तेज गति से हुआ है।

इसी प्रकार महाराष्ट्र के कवि और उद्योग क्षेत्र के विकास के असन्तुलन के अध्ययन के लिए उनके उत्पादन की वृद्धि-दर उपयोग में लाये गये हैं, जो निम्नलिखित तालिका सं० 6 में दिए गये हैं।

तालिका 6

महाराष्ट्र के कृषि और औद्योगिक उत्पादन का वार्षिक चक्रवृद्धि दर (प्रतिशत में)

काल खंड	कृषि उत्पादन की वृद्धि दर	औद्योगिक उत्पादन की वृद्धि दर
1960-61 से 1970-71 (10 साल)	(—) 2.2	5.3
1970-71 से 1980-81 (10 साल)	5.0	5.4
1960-61 से 1980-81 (20 साल)	1.4	5.4
1980-81 से 1983-84 (3 साल)	3.8	7.3
1960-61 से 1983-84 (23 साल)	1.6	5.6

1960-61 से 1983-84 तक के तेईस वर्षों के कालखंड में महाराष्ट्र के कृषि-उत्पादन में प्रतिवर्ष 1.6 प्रतिशत वृद्धि हुई है। इसी काल में औद्योगिक-उत्पादन केवल कृषि-उत्पादन की वृद्धि-दर के साढ़े तीन गुना अधिक दर से यानी प्रतिशत 5.6 प्रतिशत थी। राज्य निर्माण के बाद के पहले दशक में औद्योगिक उत्पादन 5.3 प्रतिशत दर से बढ़ा लेकिन कृषि-उत्पादन बढ़ने के बजाय प्रतिवर्ष 2.2 प्रतिशत की दर से कम हुआ। बाद के दशक में औद्योगिक-उत्पादन भी वृद्धि-दर तुलना में थोड़ी सी अधिक थी, फिर भी कृषि-उत्पादन की वृद्धि-दर भी सुधर गयी थी (प्रतिवर्ष 5 प्रतिशत)। 1980-81 से 1983-84 के दरम्यान की कृषि-उत्पादन की वृद्धि-दर के (3.8 प्रतिशत) लगभग दुगुनी दर से (7.3 प्रतिशत) औद्योगिक उत्पादन बढ़ गया था। कृषि-उत्पादन की वृद्धि औद्योगिक उत्पादन के मुकाबले में कम थी। उत्पादन की वृद्धि-दर को आर्थिक विकास का आधार समझकर उपयोग में लाये जाने से ऐसा प्रतीत होता है कि महाराष्ट्र में कृषि और उद्योग क्षेत्र का विकास समान गति से नहीं हुआ है। उनके आर्थिक विकास में असन्तुलन पैदा हुआ है।

कृषि और उद्योग के विकास पर क्रमशः ग्रामीण और शहरी गरीबी की मात्रा निर्भर रहती है। अब तक ऐसा देखा गया है कि आमतौर पर जिस साल फसलों की स्थिति संतोषजनक होती है उस साल ग्रामीण क्षेत्र के गरीबी की मात्रा कम हुई थी, किन्तु जिस वर्ष फसलों की स्थिति संतोषजनक थी उस वर्ष गरीबी की

मात्रा बढ़ी हुई है। लगभग इसी प्रकार का सम्बन्ध उद्योग क्षेत्र के विकास और नागरिक गरीबी की मात्रा में पाया जाता है। इसलिए नागरिक और ग्रामीण क्षेत्रों के लोगों को समान न्याय देने की दृष्टि से कृषि और उद्योग क्षेत्र का विकास संतुलन दर से होना जरूरी होता है।

उपर्युक्त चर्चा से पाये गये तथ्य निम्नलिखित हैं। महाराष्ट्र के कृषि और उद्योग के आर्थिक विकास में असंतुलन पैदा हुआ है। इन दो क्षेत्रों के बढ़ोतरी मूल्य वृद्धि दर वैसे ही उनकी उत्पादन-वृद्धि-दर में भी बहुत अन्तर है। 1970-71 से 1985-86 के काल में उद्योग क्षेत्र के 'बढ़ोतरी-मूल्य-वृद्धि' और औद्योगिक-उत्पादन-वृद्धि दर दोनों ही कृषि क्षेत्र के मुकाबले में अधिक थे। 1960-61 से 1970-71 के दौरान, इस राज्य निर्माण के बाद के पहले दशक में कृषि-उत्पादन की वृद्धि दर कम थी, किन्तु उद्योग-क्षेत्र का उत्पादन केवल प्रतिवर्ष 5 प्रतिशत से थोड़ा अधिक दक से बढ़ा था। 1970-71 से 1980-81 के दशक में कृषि-उत्पादन की वृद्धि-दर 5 प्रतिशत थी, फिर भी उद्योग क्षेत्र का उत्पादन उससे भी अधिक (5.48) दर से बढ़ा था। राज्य निर्माण के वाद के तेईस वर्षों के अन्तराल पर ध्यान देने पर प्रतीत होता है कि कृषि और उद्योग की उत्पादन-वृद्धि-दर में बहुत ही अन्तर है। अतएव यह कहना गलत न होगा कि महाराष्ट्र में उद्योग क्षेत्र का विकास कृषि की तुलना में तेज गति से हुआ है।

सन्दर्भ

1. महाराष्ट्राची आर्थिक पहाड़ी, 1986-87, अर्थ व सांख्यिकी संचलनालय, महाराष्ट्र राज्य, मुंबई
2. 'दि डेवलपमेंट प्रोसेस ऑफ दी इंडियन इकॉनॉमी' (संपादित) पी. आर. ब्रह्मानंद व वी. आर. पंचमुखी, हिमालया पब्लिशिंग हाउस, नयी दिल्ली, 1987
3. डॉ० स. भा. व्याखलकर यांचे एस. एन. डी. टी. विद्यापीठात 'मराठी अर्थशास्त्र परिषद' व्याख्यानमालेत 'महाराष्ट्रातील उद्योगधंदे यावर दिलेया व्याख्यानाचा सारांश (चक्रमुद्रित)
4. 'इन्कम अंड ग्रोथ—'दा रिजनल प्रोफाइल' आईशर अहुलुवालिया व कृष्णा श्रीनिवासन, दी इकॉनॉमिक टाइम्स, फेब्रुवारी 24, 1988
5. 'इंडस्ट्रीयल डेव्हलपमेंट ऑफ महाराष्ट्र ड्यूरिंग लास्ट ट्वेन्टी फाइव्ह इअर्स' (1960-61 से 1984-85) मराठवाड़ा युनिव्हर सीटी जर्नल (सोशल सायन्सेस), अंक X XIII, क्रं 3, 1986 व 1987
6. 'इंटर रिलेशनशिप्स बिटवीन अग्रीकल्चर अंड इंडस्ट्रि इन इंडिया, आर थम्माराजकक्षी, दी इंडियन इकॉनॉमिक असोसियेशन, कॉन्फरन्स व्हाकन 1985

भारत और विदेशों में नशीली दवाइयों का दुरुपयोग[1]

डॉ० (श्रीमती) सुधा काळदाते
[अनुवादक : डॉ० नंदकिशोर शागा]

विश्व के विभिन्न देशों में नशीली दवाइयों का दुरुपयोग अत्यन्त तीव्र गति से बढ़ रहा है। विश्व स्वास्थ्य संगठन के अनुसार संसार में 7 लाख हेरोइन के व्यसनी, 40 लाख कोकिन के व्यसनी, 11 लाख अफीम के व्यसनी और 34 लाख नींद की गोलियों के सेवन की लत के आदी हैं, इतने शामक और लत के प्रशान्तक सारे विश्व में फैले हैं। विश्व स्वास्थ्य संगठन (World Health Organization) ने अपने अध्ययन से यह ज्ञात किया है कि कुछ देशों में नशीली दवाइयों का सेवन पारम्परिक और सांस्कृतिक रूप में किया जाता है। जैसे—कच्चा अफीम, गांजा (cannabis) और कोका पत्ते, जिसने अन्य नशीली दवाइयों की उपलब्धता को जटिल बनाया है।

इस लेख में मैंने विभिन्न देशों में नशीली दवाइयों के अवैध तथा अस्वास्थ्यकर उपयोग से उभरे दृश्यलेख की तुलना की है। परिवार, शिक्षा, खेल, स्वास्थ्य, व्यवसाय इन क्षेत्रों में गंभीर असंतुलन और नशीली दवाइयों के खतरों के विरुद्ध लड़ने के लिए अपनाये जा रहे उपायों पर विचार किया जा रहा है।

सभ्यता के आरम्भ से ही नशीली दवाइयों का उपयोग चिकित्सा के हेतु, चिन्तन के लिए, भविष्यानुमान के लिए और मनोरंजन के लिए होता आया है। परन्तु इतिहास के किसी भी काल में इन दवाइयों के दुरुपयोग से और उसके गैर-कानूनी व्यापार से होनेवाले सामाजिक और आर्थिक परिणाम के बारे में राज्य प्रमुखों से लेकर सर्वसामान्य नागरिक तक इतनी गहराई से आंदोलित कभी नहीं हुए थे।

यद्यपि नशीली दवाइयों की लत की समस्या एक वर्तमान और आधुनिक व्यसन है और जिस गति से इस व्यसन ने पृथ्वी के बड़े और छोटे देशों को घेर लिया है, वह भयानक है। स्वास्थ्य की हानि के रूप में, असमर्थता, मानव मस्तिष्क

की हानि के साथ-साथ सामाजिक और आर्थिक हानि के दायित्व का बोझ समाजों पर डाला जाता है। इस आधुनिक दवाई की लहर का आरम्भ साठोत्तर काल में औद्योगिक और विकसित देशों में हुआ और सम्पूर्ण विश्व में बहुत जल्दी बड़े पैमाने पर फैल गया जिसमें कैनबीस, (cannabis) उत्तेजक (stimulants), भ्रम में डालने वाली (hallucinogens) हेरोइन और कोकिन का सेवन भी बहुत अधिक बढ़ गया। नशीली दवाइयों के दुरुपयोग की प्रवृत्ति और बहुविध नशीली दवाइयों का उपयोग उसके साथ अल्कोहल की खपत और अधिक जटिलताएं, और बृहत अनुदात्त परिणाम की प्रवृत्ति बढ़ती जा रही है। इस अन्तर्राष्ट्रीय समस्या के कारण संक्षिप्त में इस प्रकार के हैं :

i. पोस्ता (POPPY), अफीम और कोका पत्तियों की अवैध खेती, मार्जुआना (Marguana) पत्तियां जिस पर हाल ही में कानून द्वारा रोक लगाई गई है। पहले इन्हें औषधियों के रूप में उपयोग किया जाता था, किन्तु बारहवीं शताब्दी में, विश्व युद्धों के समय से युवावर्ग में मार्जुआना का सेवन भयप्रद अनुपात में पहुंच गया है।

ii. नशीली दवाइयों के गैरकानूनी व्यापार के गंभीर परिणाम, उपशामकता, जिसे भावनात्मक अव्यवस्था को दबाने के लिए प्रयोग किया जाता है, अन्तर्राष्ट्रीय कोलाइल, माफिया गैंग और तस्कर व्यापारियों के संगठनों ने बड़े पैमाने पर इन दवाइयों की बिक्री को सारे विश्व में फैला दिया।

iii. लोगों द्वारा नशीली दवाइयों का सहारा लेने और अधिक मात्रा में शराब पीने को बढ़ावा देने के अनेक कारण हैं जैसे—अकेलापन, छोटे परिवारों में पैतृक नियंत्रण का न होना, बेरोजगारी एवं बेकारी, भीड़-भाड़ एवं शहरी जीवन की परेशानियां।

iv. नशीली दवाइयों के व्यसन ने मनुष्य और संगठनों को गुनाहों के कार्य-कलापों का बढ़ावा देते हुए स्थानीय अड़ोस-पड़ोस की सीमाओं को पार कर पहले से ही ज्वलंत संलक्षण में ईंधन डालने का कार्य किया है।

v. धन की उपलब्धि, चिकित्सा व्यवसाय के व्यवसायात्मक आयाम, राजनीतिक उपलब्धियां, भ्रष्टाचार ने गैरकानूनी व्यवसाय को गंभीर बना दिया है। गुनाहों के जाल जो नशीली दवाइयों के अवैध व्यापार से भारी मुनाफा कमाते हैं कारण नशीली दवाइयों की गैरकानूनी मांग से व्यसनी व्यक्तियों की संख्या निरन्तर बढ़ती जा रही है।

vi. कुछ विकास—जैसे उत्तम प्रयोगशाला की विधियां और आवागमन का विस्तार एवं संचारण ने इसे विश्व स्तर की समस्या बना दिया है। यह समस्या इतने कम समय में गंभीर अनुभव की जा रही है, कारण नशीली दवाइयों और मानव के दुर्दशापूर्ण परिणामों के बीच गहरा सम्बन्ध हो

गया है। इस विश्वस्तर की समस्या के परिणाम है स्वास्थ्य से सम्बन्धित, सामाजिक, पारिवारिक एवं आर्थिक।

स्वास्थ्य

सभी नशीली दवाइयों के स्नायविक प्रक्रिया पर अत्यन्त सशक्त परिणाम होते हैं, और कुछ मात्रा में शरीर की अन्य प्रक्रिया पर भी होते हैं, अधिकतर उलझन के कारण आचरण को अव्यवस्थित बना देती है। विभिन्न प्रकार की नशीली दवाइयों के उपयोग से ही उनके अनुसार परिणाम भी भिन्न प्रकार के होते हैं, जैसे उसकी पद्धति, मात्रा एवं बार-बार लेना, उनका उपयोग करने वालों की पृष्ठभूमि तथा सामाजिक और भौतिक परिवेश जिसमें नशीली दवाई का सेवन किया जाता है।

अपने हाल ही के एक अध्ययन से विश्व स्वास्थ्य संगठन ने भी यह स्पष्ट किया है कि 8 से 14 वर्ष की आयु वर्ग के बच्चों में यह व्यसन अत्यन्त व्यापक रूप में बढ़ता हुआ दिखाई दे रहा है। जो सम्पन्न और चंचल वृत्ति के होते हैं, सरेस (glue) और बेनझाइन (benzine) का सेवन करते हैं। इस प्रकार का व्यसन हृदय संवहन और श्वसन में जटिलता के कारण तत्काल मृत्यु की ओर ले जाता है। अधिक दिनों तक सेवन करने से यकृत और गुरदे की बीमारियां और अस्थि-मज्जा (bone marrow) को नुकसान पहुंचाती है।

सामाजिक

सामान्यतः यह स्वीकार किया जाता है कि नशीली दवाइयों के कारण उनके व्यसनी व्यक्तियों के द्वारा किये जानेवाले अमूल्य योगदान से समाज को वंचित रह जाना पड़ता है, यदि वे उनके वशीभूत न हुए होते, नशीली दवाइयों के व्यसनी समाज के क्रियाशीलता पर, बौद्धिक एवं दायित्वपूर्ण व्यवहार, योग्यता एवं प्रेरणा और आधुनिक समाज के लिए आवश्यक समष्टिक कार्यों पर गहरा असर डालते हैं।

बहुत अधिक लम्बे अरसे तक नशीली दवाइयों के व्यसनी व्यक्ति बचावात्मक, हिंसक या दब्बू हो जाते हैं। सामान्य जीवन के सामाजिक कार्यकलापों में हिस्सा लेने में बाधक बनते हैं उन्हें सामाजिक एकान्त या उससे दूर रहने का मुख्य कारण है। इससे व्यक्तिगत, पारिवारिक और सामाजिक सम्बन्ध बिगड़ जाते हैं। छात्र और नौकरी करने वाले व्यक्ति जो नशीली दवाइयों का अधिक सेवन करते हैं, उनमें स्पष्ट रूप में अकार्य क्षमता की वृत्तियां, अपने आपके प्रति लापरवाही और उदासीनता देखी जाती है। परम्परागत उद्देश्यों के प्रति रुचि का कम होना तथा स्कूल और नौकरी में ढिलाई आना, परिणामस्वरूप स्कूल तथा कार्य निष्पत्ति में कमी लाते हैं, ऐसी स्थिति में स्कूल और कार्यक्षमता में उत्पादन की कमी लाते

नशीली दवाइयों के दुरुपयोग और उनके स्वास्थ्य पर होने वाले परिणाम

Drug नं० दवाई	Craving लालसा	Abstience Syndrome	Tolerence सहनशक्ति	Toxic effects विषैला परिणाम	Placebo effects	Remarks टिप्पणी
Caffeine (चाय, कॉफी)	+	०	०	०	+	
Tobacco (तम्बाकू)	++	०	+	++	+	फेफड़ों का कैंसर और अन्य कैंसर, श्वास-नली शोध चक्रीय (coronary) हृदय की बीमारियां
Alcohal (शराब)	++	+	++	+++	०	शारीरिक एवं मानसिक गंभीर परिणाम एक लम्बी अवधि में
Morphine, Heroin	+++	+++	+++	०	०	कुछ विषाक्तता, किन्तु स्वयं दिया इंजेक्शन से दूषण की पूरी संभावना, फोड़े
Barbiturates	++	+	++	+	+	यकृत-शोथ, अक्सर विनाशक
Amphetamines	++	०	+++	++	++	मनोविकृति असामान्य नहीं
Non-barbiturate	+	+	++	+	+	
Hypnotics/cocaine अ-बर्बर निद्राजनक/कोफिन	++	०	+	+	०	
Marijuana	++	०	०	०	०	
Lysergic acid diethylamide	+ or ०	०	+	++	?	मनोविकृति या आत्महत्या का आदेश सम्भवत: जैविकमूल गुणधर्म का नुकसान होता है।
Glue-sniffing	+++	०	++	+	++	मस्तिष्क को विषैला बनाना, लम्बी अवधि में नुकसानदायक

संदर्भ : Drug, Science and Society by Alan Norton : Fontana 1973, p. 218

हैं। इस तरह, नशीली दवाइयों के दुरुपयोग के परिणामस्वरूप उनका अकसर स्कूल से पतन और नौकरी का गंवाना देखा जाता है।

नशीली दवाइयों के दुरुपयोग के साथ अकसर अन्य सामाजिक समस्याएं जैसे—वेश्या-वृत्ति एवं जुआ ये भी साथ में जुड़ जाते हैं। नशीली दवाइयों के व्यसनी अकसर कई मनो-सामाजिक(psycho-social) तत्त्वों के साथ जुड़ जाते हैं। अपराधी वृत्ति तथा असामाजिक बर्ताव को मान लेने में महत्त्वपूर्ण भूमिका अदा करते हैं।

यह रिपोर्ट किया गया है कि नशीली दवाइयों के व्यसनी व्यक्ति मुख्यतः उनकी इन आदतों की पुष्टि में सामान्यतः अपराधी कार्यकलापों का आश्रय लेते हैं। लगता है कि इस प्रकार के साहचर्य का सम्बन्ध व्यसनी व्यक्ति के स्वभाव के साथ होता है, उनमें सामाजिक परिवेश की प्रतिक्रिया तथा सामान्यतः अपराधी वृत्तियां लाती हैं।

अत्यन्त मंहगी कोकिन (Cocaine) अप्रत्यक्ष रूप में अपराधी वृत्ति को प्रवृत्त करती है और बड़े पैमाने पर अपराधी समूहों के आर्थिक हितों का समाधान कर सकती है, जो राष्ट्रीय तथा अन्तर्राष्ट्रीय स्तरों पर उसके अवैध व्यापार पर नियन्त्रण करती है।

अधिकांश खिलाड़ी भी जो ओलम्पिक एवं अन्य सम्मानजनक खेल-प्रतियोगिताओं में हिस्सा लेते हैं, नशीली दवाइयों पर निर्भर रहते हैं, मादक दवाइयों से उनका प्रदर्शन बढ़ाते हैं जो वास्तव में मूलतः नहीं होता।

आर्थिक

नशीली दवाइयों के दुरुपयोग को रोकने के लिए तथा इन पर निर्भर व्यक्तियों के इलाज के लिए कल्याणकारी सामाजिक सेवाएं, नशीली दवाइयों के कानून लागू करने वाली संस्थाएं जेल, अपराध-न्याय व्यवस्था और इस प्रकार की अन्य संस्थाएं इन समस्याओं से सम्बन्ध रखने वाली संस्थाओं और विभिन्न सेवाओं की आस्थापना और कार्य चलाने के लिए भारी आर्थिक मूल्य लगाया जाता है। यह आर्थिक मूल्य विभिन्न देशों में अलग-अलग पाए जाते हैं, और नशीली दवाइयों के दुरुपयोग की समस्याएं तथा इन समस्याओं के प्रति उस समाज की जागरूकता इस पर वे मूल्य निर्भर हैं। इन दवाइयों का दुरुपयोग करने वाले व्यक्तियों को चूंकि इन दवाइयों को गैरकानूनी तरीके से खरीदना पड़ता है इसका पूरा खर्चा उनके परिवार पर भारी आर्थिक बोझ डालता है। नशीली दवाइयों के दुरुपयोग का यह सबसे महत्वपूर्ण आर्थिक परिणाम बताया जा सकता है। इन स्थितियों से कुछ अप्रत्यक्ष आर्थिक परिणाम भी निर्माण होते हैं, जैसे—व्यसन के कारण बेकारी और उससे उपजने वाला राष्ट्रीय मानवशक्ति का व्यय तथा उत्पादन क्षमता की

हानि आदि। नशीली दवाइयों के दुरुपयोग से सम्बन्धित अपराधों के भारी आर्थिक मूल्य के अतिरिक्त, विकलांग, अनुपस्थिति, दुर्घटना, असामयिक मृत्यु इन व्यसन-परिणामों से राष्ट्रीय अर्थ-व्यवस्था को भारी कीमत चुकानी पड़ती है।

राजनीतिक

कहा जाता है कि अनैतिक लोगों के हाथों में जानेवाली अधिकतम धनराशि का बहुत बड़ा हिस्सा वकीलों, डॉक्टरों, बैंक-चालकों, न्यायाधीशों, प्रशासकों, राजनीतिज्ञों को रिश्वत देने तथा भ्रष्ट करने में लगाया जाता है। जैसे—लैटिन अमेरिका में कोकिन व्यवसाय सरकार को अस्थिर बना सकती है, और सम्बन्धित सभी देशों की अर्थ-व्यवस्था को भंग कर सकती है, इसलिए कोकीन के व्यवसाय को नियन्त्रण में लाने के लिए दबाव बढ़ते जा रहे हैं।

संयुक्त राष्ट्र की एक निजी संस्था 'The Executive Intelligence Review' में छपे एक अध्ययन का निष्कर्ष है कि जहां पर आतंकवाद है, वहां पर प्रायः नशीली दवाइयों का सम्बन्ध अवश्य होता है। यह अध्ययन यह भी कहता है कि नशीली दवाइयों का व्यापार बन्दूक चलाने तथा सम्बन्धित सभी कारवाइयों को चलाने के लिए आसानी से धन इकट्ठा कर सकता है।

भारत में, हाल ही के अध्ययन ने नशीली दवाइयों के व्यवसाय को तस्करी और आतंकवाद से जोड़ा है, दिल्ली पुलिस को भी यह जानकारी मिली है कि कुछ जाने-माने आतंकवादी नशीली दवाइयों के व्यापार में जुड़े हुए हैं। एक उग्रवादी को, जो मई 1985 में अनेक ट्रांजिस्टर बम-बिस्फोट में दोषी एवं प्रधान था, एक अन्य उग्रवादी के जो नशीली दवाइयों का व्यापारी था, घर में बन्दी बनाया गया था। पुलिस के अनुसार 1985 में बन्दी बनाए गए तस्कर के साथ 145 किलो 'चरस' और 44 किलो स्मैक (smack) था। उसने यह मान्य किया था कि उसका आतंकवादियों के साथ गहरा सम्बन्ध था।

इस प्रकार नशीली दवाइयों का दुरुपयोग और इनके व्यसनी एक आधुनिक महामारी है तथा विश्व भर में संस्कृति के पार की महत्वपूर्ण बहुत बड़ी समस्या है। हालांकि यह वर्तमान दिनों की ही समस्या नहीं है, बल्कि प्राचीन काल की भी है जिसे शेक्सपिअर ने अपनी रचना 'ऑथेलो' में लिखा है—

"पॉपी नहीं, माद्रागारा भी नहीं
न ही विश्व के सभी निद्राजनक अवलेह
तुम्हें उस गहरी नींद सुला सकते हैं
जिसमें तुम कल से डूबी हुई हो।

(शेक्सपिअर-'ऑथेलो')

नशीली दवाइयों के दुरुपयोग का देशानुसार तुलनात्मक स्टेटमेंट और उसके नियन्त्रण के उपाय

देशों के नाम	तीव्र प्रभावकारी नशीली दवाई के नाम	नशीली दवाइयों के दुरुपयोग को नियन्त्रण करने के उपाय
भारत India	Opiates, Connabis (गांजा), हेरोइन, चरस, अफीम	—गैरकानूनी व्यापार में जब्त किये गये सचय को नाश कर देना
अफगानिस्तान Afganistan	Methaqualm, Poppy	—नशीली दवाइयों से सम्बन्धित अपराधों में संवेदन मंदक सेल्स (कोषाणु)
ईरान Islamic Republic of Iran	—	—Methaqualone के उत्पादन, आयात और बिक्री पर रोक लगाई गई है
पाकिस्तान Pakistan	—	—कुछ विशेष कानून पास किये हैं
तुर्की Turkey	—	—नशीली दवाइयों के दुरुपयोग की बुराइयों के बारे में दूरदर्शन, आकाशवाणी तथा अन्य जन-माध्यमों द्वारा लोगों को जानकारी देना
Arbian Peninula		—छात्रों के लिए विशेष सतर्कता तथा आगत तथा निर्गत स्थलों पर विशेष ध्यान रखना
नेपाल (Nepal)	हेरोइन, अफीम, चरस (Hashish)	
बर्मा (Burma)		—Poppy के उत्पादन का व्यापक उन्मूलन और औषधिमय हवाई छिड़काव

1	2	3
थाइलैंड (Thialand) न्यूजीलैंड (Newzaland) सिंगापुर (Singapur)	Glue-sniffing	—नशीली दवाइयों के दुरुपयोग के विरुद्ध 1985 से राष्ट्रीय संहति
Oceania		—नशीली दवाइयों के दुरुपयोग और उनके गैर-कानूनी व्यापार और दुष्परिणामों के बारे में मलेशिया अत्यन्त तीव्र रूप में जागरुकता निर्माण कर रहा है।
अफ्रिकन देश Mausitins	Madruk Tablets (Mcth aqualone) सम्पूर्ण महाद्वीप में गांजा (Cannabis) का दुरुपयोग किया जा रहा है।	Benin, Maunitins, Nigerio, Senegal, Somatta, Zimbabwe और Sudan इन देशों में UNFDAL की सहायता से नये कार्यक्रम आरम्भ किये गये हैं।
Nigerio	हाल ही में हेरोइन का परिचय कराया गया है।	पुलिस और कस्टम्स् के अधिकारियों को रोकथाम का प्रशिक्षण दिया जाता है।
संयुक्त राज्य अमेरिका	Cannabis (गांजा) और उसका व्युत्पन्न धूम्रपान के लिए कोकिन	
कैनाडा मैक्सिको	हेरोइन	

1	2	3
केन्द्रीय और दक्षिणी अमेरिका ब्राजील, पेरु कैरेबियन द्वीप समूह	ये जनता के उपयोग द्वारा बाजार में लाने के कारण उत्पादकता, स्वास्थ्य देखभाल-कार्यक्रम को प्रभावित करते हैं तथा अपराध और हिंसा को बढ़ावा देते हैं। माफिया गांजा, पॉपी की खेती व्यापार, कोंका पेस्ट का दुरुपयोग समस्याओं को और गंभीर बना रहे हैं।	
पूर्वी यूरोप पोलैंड चैकोस्लोवाकिया और सोवियत संघ	अलकोहॉल के साथ मिले बहुविध तत्व मनो-अनुवर्ती तत्त्व, संवेदन मन्दक पौधे, ऐल्केलाइड का काढ़ा, पॉपी के कैपसूल, भारतीय उप-महाद्वीप में स्थापित हेरोइन का विश्वासघातक व्यापार जिसका पश्चिमी यूरोप के साथ गहरा सम्बन्ध है। सोवियत संघ में नशीली दवाइयों की चोरी, Cannabis (गांजे) के खेत	अन्य सम्बन्धित देशों के साथ सत्ता तत्परता से सहयोग कर रही है। स्थितियों का निर्धारण किया जा रहा है। नशीली दवाइयों के दुरुपयोग करने वाले व्यसनियों के नियंत्रण को मजबूत कर पुनः प्रतिष्ठित करना तथा इलाज करने के उपाय दोनों दिशाओं में विकास किया जा रहा है।
पश्चिम यूरोप सभी देश	हेरोइन, कोकीन, गांजा, स्नायविक उत्तेजक, मनो-अनुवर्ती तत्त्व (Psychotropic Substances) LSD गोलियां	हेरोइन प्रयोगशालाओं का पता लगाकर बन्द किये गये कुल मात्रा का 50% गिरफ्तार कर लिया गया। LSD को भारी मात्रा में जब्त किया गया। रोकथाम के कार्यक्रम अपनाए गये।

Ref. 9 : The Drug Menace

यह साठोत्तर काल तक बहुत अधिक सौम्य था। इस समस्या ने सामने एक चुनौती रख दी है। जो विकृत एवं गैरकानूनी तरीकों से धन, ..., प्रतिष्ठा और योग्यता कमाने को उत्सुक हैं उन्होंने सारे समाज के सामने—जो जीवन के वैध और मान्य रास्तों पर चलते हैं, नियम के अनुसार रहते हैं, उनके सामने—एक चुनौती रख दी है। समाज इस चुनौती को स्वीकार करते हुए उसे नियंत्रित करना, वश में रखना होगा और उनसे मिलना होगा, जो नशीली दवाइयों के महारोग से बुरी तरह प्रभावित हुए हैं।

—नशीली दवाइयों के साथ जुड़े जोखिम भरे तत्त्वों को लोगों को समझाना होगा।

—प्राथमिकता के आधार पर पूरी सख्ती के साथ कानून लागू किये जाने चाहिए।

नशीली दवाइयों के दुरुपयोग का सबसे अच्छा और एकमात्र हल है, सभी डॉक्टरों, अन्य वैद्यकीय व्यवसाय से सम्बन्धित व्यक्तियों, शिक्षा शास्त्रियों, समाज सेवकों, अर्थशास्त्रियों, माता-पिता और नागरिकों की ओर से सामूहिक आह्वान का प्रयास करना होगा।

सन्दर्भ

1. Research paper by Dr. Mrs. Sudha Kaldate published in 'Contemporary Social Issues : Essays in the Honour of Dr. P. K. B. Nayar' entitled (Comparative study of Drug Abusu Problem in India and Abroad (in English) published by Jacob John, Kattakayam, University of Kerala, Trivandrum in January, 1990.
2. "Increasing evidence of widespread abuse by children of 8-14 years, who smell volatile solvents, such as glue or benzine." This kind of abuse can lead to sudden death from Cardio Vasculor and respiratory complications or with prolonged use, disease of liver and kindey and damage to the bone marrow.
3. "Not poppy, nor madragora
Nor all the drowsy syrups of the world
Shall ever medicine thee to that sweet sleep
Which thou ow'dst yesterday"

(Shakespeare : Othello)

० ० ०